Battenberg Antiquitäten-Kataloge

Uhren

Battenberg Antiquitäten-Kataloge

UHREN

von Karl-Ernst Becker
und Hatto Küffner

Battenberg Verlag

Umschlagbilder:

Linke Seite, von oben nach unten:

Damentaschenuhr, Goldemail, Frankreich um 1900.
Gold. Rückseite Emailmalerei mit Darstellung eines Putto am Brunnen.
Zifferblatt Email mit römischen Ziffern. Stahlzeiger. 2,9 cm.
Zylinderhemmung.
4 500,–/5 000,–

Taschenuhr, Silberemail, Schweiz um 1840.
Silber vergoldet. Gehäuserand und Bügel mit kleinen Perlen besetzt.
Rückseite Emailmalerei mit Darstellung zweier Tauben vor starkfarbigen
Blumen. Zifferblatt Email mit römischen Ziffern. Stahlzeiger. 6,3 cm.
Duplexhemmung, zentrale Sekunde. Schlüsselaufzug.
20 000,–/22 000,–

Formuhr, Goldemail, Schweiz um 1840.
Gold, graviert und mit transluzidem Email überzogen. Die als Schmuck-
stück getragene Uhr hat die Form eines Cellos. Aufklappbar. Zifferblatt
Email mit arabischen Ziffern. Stahlzeiger. 7 cm.
Spindelhemmung. Schnecke und Kette. Schlüsselaufzug.
7 000,–/7 500,–

Damentaschenuhr, Silberemail, Schweiz um 1840.
Silber vergoldet. Gehäuserand und Bügel mit kleinen Perlen besetzt.
Rückseite Emailmalerei mit Darstellung eines Blumenbuketts auf blauem
Grund. Zifferblatt Email mit römischen Ziffern. Stahlzeiger. 3,3 cm.
Zylinderhemmung. Schlüsselaufzug.
5 500,–/6 000,–

Taschenuhr, Silberemail, Schweiz um 1835.
Silber vergoldet. Gehäuserand und Bügel mit kleinen Perlen besetzt.
Rückseite Emailmalerei mit Darstellung eines hellfarbigen Blumenbu-
ketts vor umbrafarbigem Grund. Zifferblatt Email mit römischen Zif-
fern. Vergoldete Zeiger. 4,6 cm.
Duplexhemmung. Schlüsselaufzug.
7 000,–/7 500,–
(P. M. Kegelmann, Frankfurt)

Rechte Seite:

*Pendule (Louis XV), Frankreich um 1755. »J B Baillon à Paris« auf Zif-
ferblatt.*
(Ausführliche Beschreibung siehe Seite 98, Nr. 70.)

Frontispiz:

*Porträt eines jungen Mannes mit Sonnenuhr von Urs Graf (1485–1527).
Sammlung Hirsch, Basel.*

CIP-Titelaufnahme der Deutschen Bibliothek

Uhren / von Karl-Ernst Becker u. Hatto Küffner. –
5., überarb. Aufl. – Augsburg : Battenberg, 1990
(Battenberg-Antiquitäten-Kataloge)
ISBN 3-89441-269-0
NE: Becker, Karl-Ernst [Mitarb.]

5. überarbeitete Auflage 1990
BATTENBERG VERLAG AUGSBURG
© 1990 Weltbild Verlag GmbH
Alle Rechte vorbehalten
Gesamtherstellung: Bercker Graph. Betrieb GmbH, Kevelaer
ISBN 3-89441-269-0

Inhaltsverzeichnis

EINFÜHRUNG IN DAS SAMMELGEBIET

KATALOG-BILDTEIL

Uhrmacherwerkstatt aus Diderot et d'Alembert, Encyclopédie..., 1751–1772, Horlogerie, Pl. I.

Einführung in das Sammelgebiet

Geschichtlicher Überblick

ZEITMESSUNG IN ANTIKE UND MITTELALTER

Einen zwar unfehlbaren, aber doch recht subjektiven Zeitmesser rühmt ein Römer in einer Komödie von Plautus: »Als Knabe war der Bauch meine beste Sonnenuhr, unter allen die beste und richtigste«.

Die Länge des von der Sonne geworfenen Schattens war für die Menschen der Vorzeit und der Antike das einfachste und deshalb wohl das in allen Kulturen genutzte Maß der Zeit. Kunstvolle monumentale Sonnenuhren sind aus Ägypten, Israel, aus den Städten Griechenlands und dem römischen Reich bekannt. Im Jahre 9 v. Chr. ließ Kaiser Augustus eine riesige Sonnenuhr errichten; sie bestand aus einem 30 m hohen ägyptischen Obelisken und einer Skala von fast 200 m Durchmesser. Schlichtere Sonnenuhren haben sich noch an manchen Häusern in Pompeji erhalten. Aber auch kleinere Sonnenuhren waren in Ägypten und in Rom bekannt. Im 1. Jahrhundert v. Chr. beschreibt der römische Ingenieur Vitruv mehrere Formen solcher *viatoria pensilia* – tragbarer Sonnenuhren, die auf Reisen mitgeführt und an Fäden oder Ringen aufgehängt wurden. Solche Zeitmesser blieben bis in das Mittelalter in Gebrauch. Erst das in der zweiten Hälfte des 15. Jahrhunderts sich verstärkende Interesse an astronomischen und geographischen Problemen führte zur Anfertigung genauerer und verfeinerter Sonnenuhren, die auch die geographische Breite des jeweiligen Ortes berücksichtigten. Seit dem Ende des 15. Jahrhunderts werden zahlreiche Traktate über den Bau von Sonnenuhren veröffentlicht. Dürer beschäftigt sich mit diesem Problem in seiner »Underweysung der Messung«. Sebastian Münster (1488–1552), Theologe, Mathematiker und Geograph, verfaßt drei Schriften über die Gnomonik, die wissenschaftliche Grundlage dieser Methode der Zeitmessung. In Nürnberg, einer Stadt mit großer handwerklicher Tradition, und bald auch in Augsburg werden seit dem Anfang des 16. Jahrhunderts kleine tragbare Sonnenuhren gebaut, deren Form und Konstruktion überaus vielfältig ist. Die damals entstandenen Zeitmesser gehören noch heute zu den schönsten wissenschaftlichen Instrumenten. Nach der Lage der Skala werden solche Reisesonnenuhren als Horizontal- oder Vertikaluhren bezeichnet. Schwieriger war die Herstellung der Äquatorialsonnenuhren, bei denen die Skala parallel zu der Ebene des Äquators eingestellt werden kann.

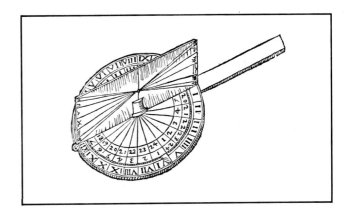

Aequatorialsonnenuhr aus Joh. Paulus Gallucius, De Fabrica et Usu Novi Horologii Solaris..., Venedig 1592.

Um eine genaue Anzeige zu ermöglichen, die dann auch die geographische Breite berücksichtigen muß, besitzen die meisten der tragbaren Sonnenuhren einen verstellbaren Zeiger und die Angabe der Polhöhe der bedeutendsten Städte. Die Ausrichtung der Uhren geschah mit Hilfe eines eingebauten Kompasses.

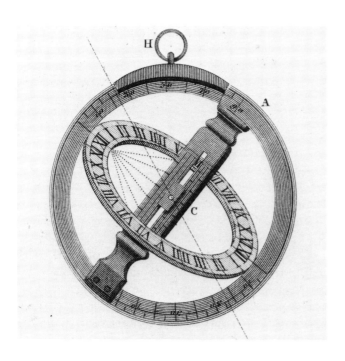

Ringsonnenuhr aus A. Rees, The Cyclopaedia..., London 1820.

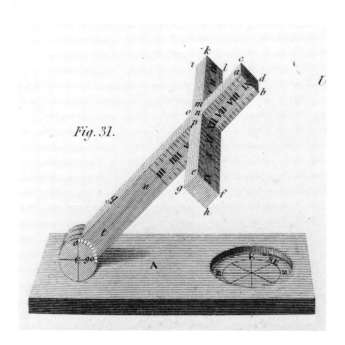

Kreuzförmige Sonnenuhr aus A. Rees, The Cyclopaedia..., London 1820.

Als *horologetti tedeschi,* als deutsche Ührchen, wurden sie in großer Zahl nach Italien und später auch nach Spanien exportiert.

Noch kompliziertere Instrumente wurden im späteren 16. und im 17. Jahrhundert gebaut: Hohlsonnenuhren, bei denen nach antikem Vorbild der schattenwerfende Gnomon in einem halbkugelförmigen Becken stand, Säulen- und Vielflächensonnenuhren, die keinen Kompaß mehr benötigen, und die dann richtig eingestellt sind, wenn auf mindestens zwei Flächen die gleiche Zeit angezeigt wird. Sonnenuhren aus Silber, Bronze und Elfenbein wurden bis in das 19. Jahrhundert gebaut; mit ihnen überprüfte man die Ganggenauigkeit der Räderuhren. Da aber alle den Schatten messenden Instrumente nur die Sonnenzeit direkt an ihrem Beobachtungsort feststellen können, verloren Sonnenzeiten spätestens mit der Einführung der Zonenzeiten, der Festlegung von Gebieten, in denen die gleiche Zeit gilt, ihre jahrtausendalte Bedeutung.

Kulturen, deren ökonomische Grundlage die Bewässerungswirtschaft war, mußten Maßeinheiten für die Verteilung des Wassers entwickeln. Wohl auch aus dieser Notwendigkeit entstanden die frühesten *Wasseruhren.* In Ägypten, Mesopotamien und in China wurden einfache Zeitmesser gebaut, die die vergangene Zeit an der Menge des ausgelaufenen oder eingeflossenen Wassers angaben. Diese einfachen und von astronomischen Beobachtungen unabhängigen Uhren konnten größere oder kleinere Zeitabschnitte festlegen. Eine der ältesten noch erhaltenen Wasseruhren mit recht hoher Genauigkeit stammt aus der Zeit von Amenophis III. (1411–1375). Das steinerne, sich nach unten verjüngende Gefäß trägt an der inneren Wandung die Stundenangaben; da aber der Abfluß des Wassers niemals völlig gleichmäßig erfolgt, sind kleine Ungenauigkeiten unvermeidbar.

Neben den schlichten Auslauf- und Einlaufuhren kannte man mindestens seit dem 4. vorchristlichen Jahrhundert ausgeklügelte, durch den Wasserdruck angetriebene Automaten, bei denen sich Figuren bewegten, tranken und tanzten. Manche dieser mechanischen Werke gaben auch die Zeit durch Gongschläge an. Von dem im 3. Jahrhundert v. Chr. in Alexandria lebenden griechischen Mathematiker und Ingenieur Ktesibios berichtet Vitruv, er habe »Wasserdruckwerke und Automaten und viele Arten ergötzlicher Dinge, darunter auch Wasseruhren« gebaut. Das einströmende Wasser hob »einen Schwimmer, auf

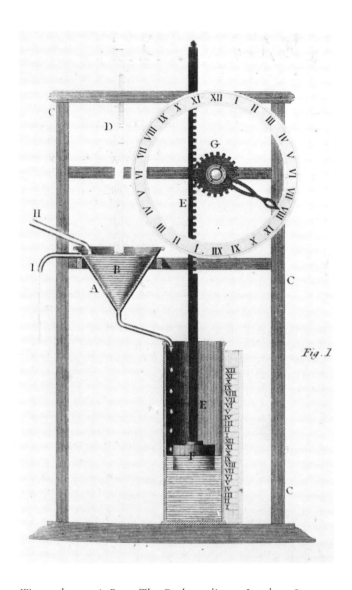

Wasseruhr aus A. Rees, The Cyclopaedia..., London 1820.

Wasseruhr, weil sie auch in der Nacht die Stunden anzeigt; »dann vollbringt auf wunderbare Weise das Wasser auf Erden, was sonst die feurige Kraft der Sonne am Himmel wechselnd vollendet«. Wegen der in der Antike ungleich langen Stunden, – die Zeit vom Aufgang der Sonne bis zu ihrem Untergang wurde in zwölf Stunden geteilt, ebenso zählte die Nacht immer zwölf Stunden, – mußten die Zifferblätter mehrmals im Jahr ausgewechselt werden, um die jeweilige Stundenlänge wenigstens annähernd richtig angeben zu können.

Byzantinische Gelehrte und Kunsthandwerker vermittelten den Arabern die Kenntnis solcher Uhren und Automaten. Im Jahr 807 erhielt Karl der Große aus Bagdad »ein höchst kunstvoll aus Messing gearbeitetes Uhrwerk«, das in den Reichsannalen ausführlich beschrieben wird. »Der Lauf der zwölf Stunden bewegte sich nach einer Wasseruhr mit ebensovielen ehernen Kügelchen, die nach Ablauf der Stunden herunterfielen und dadurch ein darunterliegendes Becken erklingen ließen, ferner waren darin zwölf Reiter, die am Ende der Stunden aus zwölf Fenstern herauskamen und durch ihre Bewegung ebensoviele zuvor offenstehende Fenster schlossen.«

Weniger kostbare und aufwendige Wasseruhren werden in den mittelalterlichen Quellen häufiger erwähnt. In den Klöstern gehörte es zu den Pflichten des Sakristans, sie ständig nachzufüllen, damit man die Stunden des Gebets genau einhalten konnte. Um die Vervollkommnung von wassergetriebenen Uhren bemühten sich Gelehrte und Mechaniker noch im 18. Jahrhundert. Jean und Daniel Bernoulli (1667–1748 / 1700–1782) erhielten im Jahre 1720 von der Pariser Akademie einen Preis von 2000 Franken für eine von ihnen entwickelte Verbesserung der Wasseruhr.

Der jüngste der einfachen Zeitmesser, die *Sanduhr*, ist wohl erst im 15. Jahrhundert entstanden. Zwei meist birnenförmige kleine Glasgefäße stehen mit ihren engen Mündungen gegeneinander. Die Einschnürung dient geradezu als Hemmung, weil sie ein schnelles Durchlaufen des Sandes verhindert. An einer Skala kann die Zeit nach der Menge des eingelaufenen Sandes abgelesen werden. Die Entwicklung solcher Zeitmesser war erst möglich, als man gelernt hatte, durchsichtiges Glas herzustellen. Nürnberg und bald darauf auch Venedig wurden Zentren dieses Kunsthandwerks. Selbst Künstler wie der jüngere Holbein entwarfen Gehäuse für Sanduhren, die oftmals

dem eine Stange angebracht war ..., ebenso rufen andere Stangen, die in der gleichen Weise gezähnt sind und durch einen einzigen Antrieb getrieben werden ... verschiedene Wirkungen hervor, durch die kleine Figuren in Bewegung, Kegelsäulen in Drehung versetzt werden und Blasinstrumente erklingen. Die Stunden werden auf einer Säule oder einem Pfeiler angegeben, eine Figur, die von unten aufsteigt, zeigt sie den ganzen Tag über an«.

Wasseruhren waren in der gesamten hellenistischen und römischen Welt verbreitet. Im 6. nachchristlichen Jahrhundert rühmt Cassiodor, der Kanzler Theoderichs, eine auch mit kleinen Sonnenuhren verbunden wurden. In dem Ständebuch von Jost Amman aus dem Jahre 1568 beschreibt der Sanduhrmacher die Schönheit der von ihm hergestellten Instrumente:

»Ferb die gheuss Grün, Graw, rot und blau
 Drinn man die Stund und Vierteil hab«.

In Zedlers »Großem vollständigem Universallexikon aller Wissenschaften und Künste« heißt es in der Mitte des 18. Jahrhunderts: »Letzlich finden sich auch die so ge-nannten Sand-Uhren, die in Nürnberg sehr häufig gemacht werden, entweder von vier, zwen oder einfachen gedoppelten Gläsern, mit rothen oder weissen Sande angefüllet, und so wohl nach der Grösse der Gläser, als dem Sande, und dem Gehäuse mercklich unterschieden sind. Die Grösse belangend findet man einige kaum eines Fingers lang, die jedoch eine gantze Stunde lauffen. Einige sind wohl einer halben Ellen hoch, die man erst nach etlichen Stunden umwenden darff. Die Gehäuse zu solchen Uhren sind von Holtz oder Meßing, auch wohl von Silber.« Sanduhren maßen – wie die Wasseruhren in der Antike – den Rednern im Parlament und vor Gericht ihre Zeit zu, im Barock standen sie auf vielen Kanzeln, weil, wie ein französischer Moralist 1788 schreibt »zwanzig, fünfundzwanzig oder höchstens dreißig Minuten das rechte Maß einer Predigt sind«. Ärzte benutzten sie, um den Puls zu messen, in den Küchen fehlten sie niemals. Die Sanduhr, die im späten 15. und im 16. Jahrhundert wohl in jedem Haus zu finden war, ist schon im späten Mittelalter – anders als die Räderuhr – zu dem eindrücklichsten Symbol der Vergänglichkeit geworden. Sänftenträger hatten eine Sanduhr am Gürtel, deren Stand ihren Lohn bestimmte. In Nürnberg war noch in den ersten Jahren des 19. Jahrhunderts ein selbständiger Sanduhrmacher tätig.

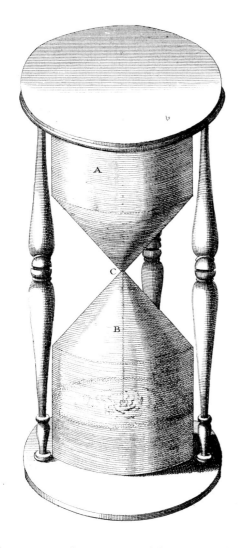

Sanduhr zur Längenbestimmung auf dem Meer nach Chevalier d'Albert aus M. Gallon, Machines et Inventions…, Paris 1724.

Aber nicht nur der Stand der Sonne oder Fluß des Wassers oder des Sandes legte die Stunden fest, auch das *Feuer* maß die Zeit. Im Mittelalter und wohl auch schon in der Antike wurde die Zeit während der Nacht *in cereo*, nach dem verbrannten Wachs einer Kerze bestimmt. Metallkügelchen wurden in regelmäßigen Abständen in die Kerze gedrückt, beim Niederbrennen fielen sie dann in ein Metallbecken und zeigten so die Stunden an. Daß solche Zeitmesser noch im 18. Jahrhundert gebraucht wurden, aber doch als selten und merkwürdig galten, zeigt eine von Boswell überlieferte Geschichte einer Verwandten des berühmten Dr. Johnson. »Sie hatte es so eingerichtet, daß das Wachslicht im Zimmer zu einer bestimmmten Zeit einen Bindfaden entzweibrannte, an dem ein schweres Gewicht befestigt war, das dann plötzlich zu Boden fiel, dadurch wurde sie aus dem Schlaf aufgeschreckt, worauf sie dann keine Mühe mehr hatte, wach zu bleiben und aufzustehen.« Bis in das späte 19. Jahrhundert bleiben Feueruhren, bei denen Fäden, schmale Tücher, Kerne und andere gleichmäßig abbrennende Stoffe in Brand gesetzt wurden, in China und Japan gebräuchlich.

Als nächtlicher Zeitmesser diente vom 17. bis in das 19. Jahrhundert in Europa meist die *Öluhr*. An einer Skala am gläsernen Ölbehälter konnte entsprechend dem Absinken des Brennstoffes die vergangene Zeit recht zuverlässig abgelesen werden.

Im hohen Mittelalter erst setzt die Entwicklung der modernen Zeitmessung ein, wahrscheinlich im 13. Jahrhundert werden die frühesten *Räderuhren* gebaut, deren technische Grundlagen für die Geschichte der Uhrmacherkunst bis in die Gegenwart bestimmend geblieben sind. In manchen Kathedralen, in Straßburg, in Lyon, in Beauvais, stehen noch heute gewaltige mechanische astronomische Werke, die den Lauf der Sonne und des Mondes, die Bewegungen der Planeten, das Datum des Osterfestes, die Fastenzeit, günstige und ungünstige Tage für den Aderlaß und zahlreiche astrologische Indikationen besitzen. In den antiken Quellen werden mehrfach vergleichbare Himmelsmodelle erwähnt. Von dem Speisesaal Neros etwa berichtet Sueton, daß sich die Decke »in einem fort Tag und Nacht wie das Weltall drehte«. Ein arabischer Herrscher schenkte um 1220, wie ein mittelalterlicher Chronist berichtet, Friedrich II. ein Zelt, in dem nach einer sinnreichen Konstruktion »kunstvoll die Bilder der Sonne und des Mondes ihren Lauf in bestimmten und richtigen Intervallen durchlaufen und die Stunden des Tages und der Nacht fehlerlos anzeigen«.

Kunstvolle Automatenwerke, schon in der hellenistischen Welt vielbestaunte »Maschinentheater«, werden in der hochmittelalterlichen Dichtung immer wieder geschildert. Zu den Wundern Roms, von denen im 12. und 13. Jahrhundert den Pilgern erzählt wurde, gehörten eherne Statuen, die Trompeten bliesen, Vögel, die zwitschernd von Ast zu Ast hüpften, und künstliche Bäume, deren Zweige sich im Winde bewegten. Diese Abbilder der Natur verwiesen wie die *figurae mundi*, die Modelle des Kosmos, den Menschen auf die göttliche Schöpferkraft. Wahrscheinlich gehören solche mechanisch bewegten Nachbildungen der Welt und der Geschöpfe geistig und technisch zu den Voraussetzungen der ersten Räderuhren, denn sämtliche noch erhaltenen Monumentaluhren in den Kathedralen des Mittelalters besitzen ähnliche umfangreiche astronomische Indikationen und fast immer komplizierte Automatenwerke. So wird in Sens 1292 eine monumentale Räderuhr erwähnt, aus Beauvais sind um 1300 Zahlungen für ein solches Riesenwerk bekannt.

Uhren des 17. Jahrhunderts aus Johann Amos Comenius, Orbis pictus, Nürnberg 1658.

Recht genau kennt man die 1352 gebaute Uhr im Straßburger Münster aus einer längeren Beschreibung des 16. Jahrhunderts: Der fast 12 m hohe Turm trägt unten eine große Kalenderscheibe, die sich einmal im Jahre dreht, darüber befinden sich die Angaben des Sonnen- und Mondstandes. Im dritten Geschoß ziehen mehrmals am Tage die Figuren der heiligen drei Könige verehrend an der Muttergottes vorbei, Glocken läuten, und ein krähender Hahn schlägt mit den Flügeln. Einen Eindruck von der Größe vieler früher Räderuhren gibt die Nachricht, daß das Gewicht des Schlagwerkes einer für Karl V. von Frankreich um 1370 angefertigten Uhr etwa 250 kg wog und in 24 Stunden mehr als 10 m herabstieg.

Eindeutiger als die zahlreichen, aber oft unklaren literarischen Zeugnisse sind die bildlichen. Schon auf Miniaturen des 14. Jahrhunderts werden gelegentlich größere Räderuhren dargestellt, die oft auf einer Säule oder einem Pfeiler mit breiter Deckfläche stehen. Besonders häufig sind solche Miniaturen in Heinrich Seuses »Büchlein der ewigen Weisheit«, das seit 1328 in einer lateinischen Übersetzung mit dem Titel »*Horologium Sapientiae*« – »Uhr der Weisheit« zu den beliebtesten Büchern des späteren Mittelalters gehörte, und in den zahlreichen Handschriften der Romane der Christine de Pisan. Mit intensivem Interesse an den technischen Einzelheiten haben die Buchmaler die Uhrwerke mit den Zahnrädern, dem Schlagwerk und den einfachen Automaten wiedergegeben. Nur selten besitzen diese frühen Uhren auf den Darstellungen ein Gehäuse.

Die Faszination, die von dem gleichförmigen Ablauf des Werks ausging, die Symbolik, die ein wohlgeordnetes Weitergeben der Antriebskraft für die Menschen des Mittelalters besaß, machen es verständlich, daß manchmal Engel oder die Figur der Temperantia, die Verkörperung des Maßhaltens, vom Himmel her diese Räderuhren regulieren. Seit dem frühen 15.Jahrhundert werden kleinere gewichtsgetriebene Uhren in Innenräumen auf Konsolen, manchmal aber auch in einer blühenden und fruchtbaren Landschaft gezeigt. Diese späteren Abbildungen geben wohl meist zeitgenössische Uhren wieder, der symbolische Sinn der ineinandergreifenden Räder scheint nicht mehr so klar und einsichtig.

Ein in der Staats- und Stadtbibliothek Augsburg aufbewahrtes lateinisches Manuskript, das erst 1971 wissenschaftlich publiziert worden ist, vermittelt einen Überblick über die nach der Mitte des 15.Jahrhunderts gebauten kleineren Räderuhren. Ein deutscher Mönch, Paulus Almanus, beschreibt darin die von ihm – wohl nicht immer ganz fachkundig – in den Jahren 1475 bis 1485 in Rom reparierten Uhren. Von den 30 beschriebenen und in knappen technischen Zeichnungen festgehaltenen Uhren besitzen 23 Gewichts- und 7 Federantrieb. Fast alle haben ein Schlagwerk, die meisten auch noch Kalenderangaben und die Anzeige des Mondstandes. Sogar eine Uhr mit Spielwerk wird erwähnt. Die federgetriebenen Werke sind offensichtlich nicht in Italien entstanden, denn ihre Zifferblätter und Zeigergetriebe sind erst nachträglich der italienischen Stundeneinteilung angepaßt worden, die die Stunden von 1 bis 24 zählte.

Die meisten größeren Räderuhren wurden angetrieben von schweren *Gewichten*, die an starken Seilen hingen und dadurch das erste Rad des Werks in Bewegung setzten, das dann den Lauf der anderen Räder auslöste. Als Gangregler wird die Waag benutzt, ein nach seiner Ähnlichkeit mit einer Waage benannter Schwingbalken, der an einem Faden aufgehängt ist. An der senkrecht zu dem Balken angebrachten Welle befinden sich zwei lappenartige Verbreiterungen, die in die Zähne des Hemmungsrades eingreifen und dadurch dessen Bewegung abwechselnd hemmen oder freigeben. Diese älteste Form der Hemmung, die Spindelhemmung, sicherte zusammen mit der Waag als Gangregler einen allerdings nicht immer gleichmäßigen Lauf des Werks, ihre Erfindung ist aber die eigentliche Voraussetzung für den Bau der Räderuhren. Schon sehr bald wird statt der Waag auch ein radförmiger Gangregler

Räderuhr mit Angabe der Stunden von 1–24 aus Bertholdus, Zeitglöcklein, Augsburg 1492.

benutzt, die Radunrast, die im Jahre 1385 einmal unliebenswürdig das »frouwen gemuete« genannt wird.

Auch die Verwendung des *Federantriebs* wohl schon in der ersten Hälfte des 15.Jahrunderts gehörte zu den Voraussetzungen für die Anfertigung tragbarer Uhren. Längere geschmiedete Stahlbänder wurden in trommelförmigen Federhäusern aus Eisen mit einer Kurbel aufgewunden. Ihre gespeicherte Kraft setzt die Räder des Werks in Bewegung; um ihre Wirkung möglichst gleichmäßig zu halten, wurde von einem unbekannten Handwerker die Konstruktion der Schnecke mit einer Darmsaite entwickelt, die zwischen Federhaus und Räderwerk eingebaut wurde.

Die ältesten erhaltenen Räderuhren stammen aus der ersten Hälfte des 15. Jahrhunderts – so die gewichtsgetriebene Türmeruhr von St. Sebaldus in Nürnberg und die federgetriebene Uhr Philipps des Guten von Burgund aus den Jahren um 1430. Arbeiten des frühen 16. Jahrhunderts sind häufiger und werden auch heute noch gelegentlich im Handel angeboten.

Die Werke dieser frühen Uhren bestehen gänzlich aus Eisen, die Werkgestelle werden von vier an den Ecken stehenden diagonal gesetzten Pfeilern begrenzt und getragen. Die Zifferblätter bestehen aus bemaltem Eisenblech. Gelegentlich wurden die Ziffern auch durch Aussparungen im Blech markiert. Meist haben sie einen feststehenden Zeiger, hinter dem die Scheibe mit den Ziffern sich dreht. Einfache Automaten, Köpfe, die bei dem Schlag des Hammers den Mund öffnen und wieder schließen oder die Zunge herausstrecken, wurden oft von den Schlagwerken angetrieben. Gehäuse scheinen anfangs seltener angebracht worden zu sein.

Die Genauigkeit der ersten Räderuhren war niemals besonders groß. In den nach 1380 entstandenen »Canterbury Tales« schreibt Chaucer von einem Hahn, der jeden Morgen zur gleichen Stunde die Schläfer geweckt hat.

»*Full sickerer was his crowing in his loge*
As is a clock, or any abbey orloge«.
»Viel zuverlässiger war sein Krähen
Als alle Uhren, die in Kirchen stehen«.

Und noch im 15. Jahrhundert erbost sich in Paris ein ehrbarer Handwerksmeister über seinen Gesellen: »Um neun Uhr behauptet er, es sei drei Uhr, und um drei Uhr, es sei Nacht, und macht sich davon, so schnell er kann«. Die mit der Hand oft nicht ganz genau gearbeiteten Zahnräder, die durch die schweren Gewichte rasch abgenutzt wurden, und die immer wieder auftretenden Unregelmäßigkeiten der Hemmung ließen nur selten zwei Uhren gleichgehen. Die bekannte Klage Senecas, eher stimmten einmal die Philosophen überein als die Uhren, wird von den vielen Astronomen der Renaissance, die Räderuhren für die Beobachtung der Sternbewegungen benutzten, wiederholt. Zwar waren die Ursachen der Unzuverlässigkeit schon in den Jahren um 1500 klar erkannt, die störenden Einwirkungen der Temperatur und das durch die weitere Abwicklung der Schnur entstandene größere Gewicht des Antriebs werden oft beobachtet, sie waren aber vor der Einführung des Pendels unvermeidbar. Darum werden noch jahrhundertelang Sonnen- und Sanduhren für die Regulierung benutzt, denn nur die »stille Uhr des Himmels« blieb immer gleich zuverlässig.

DAS 16. UND 17. JAHRHUNDERT

Die meisten frühen Räderuhren waren wohl Wanduhren oder standen auf Holzkästen, in denen die Gewichte abliefen, frei im Raum. In der ersten Hälfte des 15. Jahrhunderts entstanden zwar schon die frühesten federgetriebenen Tischuhren, häufiger werden sie allerdings erst in den Jahren nach 1500.

Eine für das 16. und 17. Jahrhundert besonders charakteristische Form ist die *Türmchenuhr*, deren Äußeres noch die Herkunft aus den Tafeldekorationen des späten Mittelalters verrät. Reich dekorierte Gehäuse, meist aus vergoldeter Bronze, stehen auf Sockeln aus Metall oder schwarz lackiertem Holz. Die Ecken der fast immer rechteckigen Gehäuse sind durch Dreiviertelsäulen, manchmal sogar durch freistehende Säulen hervorgehoben. Das oft etwas gedrungen wirkende Werksgehäuse wird oben von einer steilen Kuppel oder von mehrstöckigen Aufbauten abgeschlossen. Seit der Mitte des 16. Jahrhunderts stehen auf den Ecken kegelförmige Baluster, die in der Architektur und den Möbelentwürfen der Renaissance sehr beliebt sind. Einzelne kostbare Türmchenuhren tragen als Abschluß noch die Statuette des Atlas, der die Weltkugel trägt, oder den kaiserlichen Adler. Auch frühe Beispiele besitzen oft auf allen Seiten Zifferblätter für verschiedene Indikationen, die Anzeige der mittleren Zeit, der Sternzeit, des Laufs von Mond, Merkur, Mars, Venus und der anderen damals bekannten Planeten, in manchen Fällen auch Kalenderangaben. Solche Uhren mußten daher immer frei aufgestellt werden. Fast sämtliche Türmchenuhren besaßen einen Federantrieb mit Radunrast, die aber im späten 17. und im 18. Jahrhundert häufig durch ein Pendel ersetzt worden ist. Die meisten Türmchenuhren sind mit einem Schloßscheibenschlagwerk für die vollen Stunden und einem Weckerwerk, gelegentlich auch mit einem zusätzlichen Viertelschlagwerk ausgestattet. Als leicht tragbare und kostbare Zeitmesser wurden sie wohl häufig auf Reisen mitgeführt, denn die lederbezogenen Schutzgehäuse einiger dieser Uhren sind erhalten geblieben. Weitaus seltener sind die gewichtgetriebenen Türmchenuhren, die dann stets auf einem höheren Holzsockel stan-

Türmchenuhr, Dänemark, Steffen Brenner 1573.

tigung solcher Arbeiten. Die meisten Figurenuhren dieser Zeit sind jedoch eher Objekte des Kunstgewerbes als genau gehende Zeitmesser. In den breiten ausladenden Sokkeln aus dunklem Holz oder getriebener und gravierter Bronze ist das Geh- und Laufwerk untergebracht. Reiterfiguren, von Elefanten oder Pferden gezogene Triumphwagen, Dromedare, Löwen, Greifen, Adler, Schildkröten und Hunde aus vergoldeter Bronze oder Silber tragen oder halten die kleinen Zifferblätter mit einem einzigen Zeiger. Gestalten der antiken Mythologie, Venus, Diana, Bacchus und Mars von oft großer künstlerischer Vollendung, und denkmalhafte Statuetten historischer Persönlichkeiten werden mit Uhren verbunden, die dann fast nur Beiwerk zu sein scheinen. Besonders beliebt waren in Süddeutschland kleine Figuren auf hohem Sockel, die mit einem Stab an dem Zifferkranz einer sich drehenden Kugel die Stunde anzeigten.

Neben diesen profanen Themen werden seit dem späteren 16. Jahrhundert auch christliche Darstellungen mit Uhrwerken verbunden. Adam und Eva unter dem Baum des Paradieses, die Muttergottes mit dem Kind, die Geißelung und die Kreuzigung erinnern an das Heil und die Vergänglichkeit des Irdischen und die Kürze der Zeit.

Augsburg blieb bis in das 18. Jahrhundert führend in der Herstellung kunstvoller Figuren- und Automatenuhren. Die Namen vieler Uhrmacher und Goldschmiede, die solche prächtigen Werke angefertigt haben, sind noch bekannt. Der 1545 geborene Meister Hans Schlottheim, der bei dem berühmten Jeremias Metzker (tätig in den Jahren 1575–1599) in die Lehre gegangen war, hat seit 1680 vielfigurige Maschinentheater für Rudolf II. gebaut. Kleine Figuren auf einer Estrade blasen Trompete, die Hirten huldigen dem neugeborenen Erlöser, über dem Gottvater mit den Engeln im Himmel schwebt. Bei dem Babylonischen Turm des Augsburger Meisters durchlaufen Metallkugeln eine Spiralbahn in genau einer Minute, danach beginnt eine zweite Kugel ihren Lauf. Zu dem stündlich erklingenden Spiel einer Orgel bewegen sich kleine musizierende Figürchen. Die Angabe der Zeit wird bei solchen mechanischen Meisterwerken fast zur Nebensache.

Der Kammeruhrmacher Rudolf II., der Astronom und Mathematiker Jost Bürgi (1551–1632), baute in den Jahren um 1584 eine Uhr mit neuartiger Hemmung und Gangregelung, dem Kreuzschlag, und dem Remontoir, einer Vorrichtung, die der Uhr einen bisher nicht erreichten gleichmäßigen Antrieb vermittelte.

den. Typologisch gehören sie in die Entwicklung der Bodenstanduhren, doch haben auch sie keineswegs immer nur eine einzige Schauseite, sondern wegen ihrer zahlreichen Indikationen meist drei, manchmal auch vier.

Zu den im 16. und 17. Jahrhundert, der Zeit des Manierismus und des Frühbarocks, besonders geschätzten Uhren gehören die *Figurenuhren*. Meist von Goldschmieden gearbeitete Statuetten, manchmal nach antiken Vorbildern, Tiere, Wagen und Schiffe werden spielerisch mit Uhr- und Schlagwerken verbunden. Als Werke der Kleinplastik, die häufig als Automaten sich auch bewegen konnten, galten sie als kostbarer, fast selbstverständlicher Tischschmuck in Palästen der Fürsten und in den Häusern reicher Kaufleute. Augsburg und Nürnberg waren in Deutschland wohl die wichtigsten Zentren für die Anfer-

Diese Konstruktion wurde jedoch nur von wenigen Uhrmachern übernommen, weil sie außerordentliche Sorgfalt und großes technisches Geschick erforderte. Bürgi, der als einer der bedeutendsten gelehrten Mechaniker gilt, arbeitete aber nicht nur für den Kaiser, mehrere astronomische Uhren baute er für den Landgrafen Wilhelm IV. in Kassel, der ihn »den zweiten Archimedes« nannte. Johannes Kepler schreibt im Jahre 1600, Bürgis Ruhm werde in Zukunft dem Dürers gleichkommen. Die technischen Erfindungen und Verbesserungen sicherten dem kaiserlichen Hofuhrmacher eine bedeutende Position unter den größten Meistern seiner Zeit, er ist auch einer der ersten gewesen, die Holz für die Gehäuse mancher Uhren benutzt haben. Dieses Material wird im 17. Jahrhundert als Schutz der Werke immer häufiger gebraucht. In den Jahren um 1600 beschäftigte sich Christoph Margraf (1565?–1624), auch er Hofuhrmacher am kaiserlichen Hof zu Prag, mit dem Bau neuartiger Zeitmesser von hoher Genauigkeit. Für seine Kugellaufuhr, bei der der gleichmäßige Lauf einer Metallkugel über eine schiefe Ebene als Hemmung und Gangregler dient, erhielt er 1595 ein Privileg, das aber in den folgenden Jahren durch ähnliche Konstruktionen von Hans Schlotheim und Christoph Rohr entwertet wurde.

Die Jahrzehnte um 1600 waren die glanzvollste Zeit der deutschen Uhrmacherkunst, die damals von dem Kaiser und vielen Fürsten gefördert wurde. Internationalen Ruhm erlangten die vorzüglichen astronomischen Uhren, die von Johannes Kepler und Tycho de Brahe bei ihren Himmelsbeobachtungen benutzt wurden. Selbst dem Herrscher des osmanischen Reiches brachten kaiserliche Gesandte mehrmals kostbare Automatenuhren. Im Jahre 1591 nennt ein Verzeichnis solcher Geschenke »eine lange Stockuhr, auf deren Gipfel die Figur eines Wolfes stand, der in seinem Rachen eine Gans trug; beim Stundenschlag gab die Figur einen Laut gleich dem Wolfsgeheul von sich, worauf dann die Figur eines Türken hervorsprang, mit einer Flinte dem Wolf nacheilte und bei dem letzten Stundenschlag solchen ereilte«.

Solche kunstvollen Werke gehörten auch noch in späteren Jahrhunderten zu den »Verehrungen«, obwohl schon 1578 ein Gesandter berichten mußte: »Die schönen Uhrenwerke, die ihm vor vielen Jahren her zugekommen sind, soll der Sultan in einem großen Gemach auf einem Haufen stehen haben. Die verderben von dem Rost. Etliche werden verkauft«. Im 17. und 18. Jahrhundert arbeiteten zahlreiche europäische Handwerker, unter ihnen auch

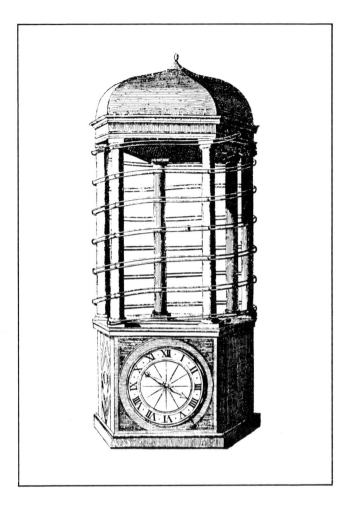

Uhr mit Kugellauf aus Grollier de Servière, Recueil d'Ouvrages..., Lyon 1719.

Uhrmacher, in Konstantinopel. Da seit dieser Zeit bis in das 20. Jahrhundert Groß- und Taschenuhren mit türkischen Ziffern auch in Frankreich und England gebaut worden sind, ist es nicht immer leicht, solche exportierten Werke von den im Lande gebauten zu unterscheiden.

Nach dem osmanischen Reich war es China, das im 17. Jahrhundert durch Jesuitenmissionare mit den Fortschritten der Uhrmacherkunst in Europa bekannt wurde. Die chinesischen Gelehrten der Ming-Dynastie konnten dank den bisher unbekannten Räderuhren ihre astronomischen Beobachtungen auf eine weit sicherere und zuverlässigere Grundlage stellen. Auch nach dem Scheitern der Jesuitenmission gelangten immer wieder europäische Uhren in das Reich der Mitte.

CHRISTIAN HUYGENS UND
DIE PENDELUHR

Nach der Entwicklung der Räderuhren war die Verwendung des *Pendels* als Gangregler der bedeutendste Fortschritt in der Technik der Zeitmessung vor dem 20. Jahrhundert. Schon in der ersten Hälfte des 17. Jahrhunderts war das Pendel – ein Gewicht an einer schmalen Kette – von Astronomen bei ihren Himmelsbeobachtungen benutzt worden. Die Gleichmäßigkeit der Schwingungen diente als Zeitmaß für die Bestimmung des Sonnendurchmessers, der Dauer der Sonnenfinsternisse und der Sternabstände. Schon Galileo Galilei (1564–1642) hatte 1636 ein Meßinstrument gebaut, das die Pendelausschläge als Zeiteinheiten zählte. Weil aber ein Antrieb dabei fehlte – das Pendel mußte immer wieder neu mit der Hand angestoßen werden – war diese Konstruktion noch keine wirkliche Pendeluhr. Galilei hat aber durch die Entdeckung der Gesetzmäßigkeiten von Pendelschwingungen in seinen 1638 erschienenen »*Discorsi*« die theoretischen Grundlagen für den Bau von Pendeluhren gelegt. Kurz vor seinem Tode noch hat der schon erblindete Gelehrte seinem Sohn Anweisungen für die Anfertigung eines solchen Zeitmessers gegeben, der eine der späteren Chronometerhemmung vergleichbare Vorrichtung besitzen sollte.

Erst dem holländischen Mathematiker, Astronomen, Juristen und Diplomaten Christian Huygens (1629–1695) gelingt am Ende des Jahres 1656 die Konstruktion einer Uhr mit einem Pendel als Gangregler. Er hat zwar, wie er selbst schreibt, Galileis »*Discorsi*« gekannt, von der galileischen Konstruktion einer Pendeluhr jedoch nichts gewußt. Zwei Jahre später veröffentlicht er sein »*Horologium*«, die ausführliche Beschreibung der ersten Penduhr, das von Carter und Muir zu den Büchern gezählt wird, »die die Welt verändert haben«.

Er widmet seine Erfindung der »höchsten und mächtigsten Regierung Hollands und Westfrieslands« und schreibt: »Nachdem wir zahlreiche Überlegungen an eine Vielfalt von Konstruktionen verwandt hatten, haben wir schließlich diejenige gewählt, die wir im folgenden beschreiben werden, um sie anderen klarer und leichter zu machen. Nachdem sie aufgenommen ist und in den privaten und öffentlichen Gebrauch kommt, wie es schon allmählich geschieht, wird dieser Nutzen allen zugute kommen, und man wird eine Übereinstimmung zwischen den

Farbtafel 1

Oben:
Tischuhr, Deutschland um 1750.
14 000,–/16 000,–

Unten links:
Pendule mit Figuren, Süddeutschland
um 1760.   14 000,–/16 000,–

Unten rechts:
Pendule mit astronomischen Angaben,
Frankreich um 1800.   40 000,–/45 000,–

Beschreibung siehe Seite 16.

einzelnen Uhren und der Sonne selbst bemerken, so groß, wie sie niemals zuvor bestanden hat, und so groß, wie sie bisher auch kaum erhofft werden konnte.«

Obwohl nur wenige Exemplare dieser Schrift verbreitet wurden, war die neue Erfindung bald weit über die Grenzen der Niederlande hinaus bekannt. Vor allem französische und englische Uhrmacher bauten schon in den nächsten Jahren Uhren nach der neuen Methode, die eine bisher nicht gekannte Genauigkeit erreichten. Die Zeit der modernen Großuhrmacherei hatte begonnen.

Nach diesem neuen System konstruierte Huygens selbst Schiffschronometer. Diese kardanisch aufgehängten und mit einem dreieckigen Pendel versehenen Zeitmesser hatten jedoch bei den sorgfältigen Erprobungen auf hoher See keine befriedigenden Ergebnisse. Nachdem er die Zuverlässigkeit der Großuhren durch die Verwendung eines eigenschwingungsfähigen Gangreglers wesentlich gesteigert hatte, suchte er in den Jahren um 1665 nach technischen Verbesserungen auch für kleinere Uhren mit Waag oder Unrast, um auch deren Genauigkeit zu erhöhen.

Den herkömmlichen Gangreglern dieser Uhren fügte er eine Spiralfeder an, durch die sie eigenschwingungsfähig wurden. Damit konnten die Störungen durch den ungleichmäßigen Antrieb und durch äußere Einwirkungen bei dem Tragen der Taschenuhren verringert werden. Diese neue Konstruktion wurde im Jahre 1675 im Journal der Akademie der Wissenschaften in Paris veröffentlicht. Ludwig XIV. schenkte im Jahre 1663 dem »*grand mathematicien, inventeur de l'horologe de la pendule*«, 1200 Livres, um ihn an Frankreich zu binden. Im gleichen Jahr wird er auch Mitglied der *Royal Society* in London und gehört als einer der ersten Gelehrten der 1666 gegründeten *Académie des Sciences* in Paris an.

Huygens Beiträge zur Verbesserung der Zuverlässigkeit von Zeitmessern waren die entscheidende Voraussetzung für die in den größeren Werkstätten fast serienmäßige Herstellung von Uhren, so daß ein deutscher Reisender in den ersten Jahren des 18. Jahrhunderts vielleicht etwas übertreibend schreiben kann: »Man weis, daß allein in London fünfzig bis sechzig tausend Personen, und eine ebenfalls ansehnliche Anzahl derselben in Paris, von dieser Kunst ihren Unterhalt ziehen.«

Eine weitere technische Verfeinerung brachte die im Jahre 1676 von Robert Hooke erdachte rückführende Hakenhemmung, die besonders bei Standuhren verwendet worden ist. Am Anfang des 18. Jahrhunderts wurde dieses

Christian Huygens aus Christiani Hugenii, Opera Varia, Lugduni Batavorum 1724.

Hemmungsprinzip von dem angesehenen englischen Uhrmacher George Graham (1673–1751) noch verbessert. Er konstruierte um 1715 die ruhende Ankerhemmung für Pendeluhren, die sich allerdings erst im 19. Jahrhundert allgemein durchgesetzt hat.

Weil das Pendel bei Temperaturschwankungen in seiner Länge sich geringfügig, aber die Genauigkeit störend, verändert, suchte Graham nach einer Möglichkeit, diese Einwirkungen zu vermeiden. Durch die Konstruktion von Pendeln mit Quecksilberkompensation, bei der statt der üblichen Linse ein Gefäß mit Quecksilber angebracht ist, gelang ihm ein Ausgleich, denn das Quecksilber verändert bei wechselnder Temperatur sein Volumen und sichert dadurch den immer gleichliegenden Schwerpunkt des Pendels. Eine andere Methode, die Wirkungen unterschiedlicher Temperatur aufzuheben, benutzte John Harrison (1693–1776), der auch einer der ersten war, dem der Bau von Marinechronometern mit ganz geringer Abweichung gelang. Das von ihm gebaute Pendel bestand aus mehreren Messing- und Stahlstangen, deren bei Wärme verschiedene Ausdehnung sich gegenseitig aufhebt.

Wie bei der Weiterentwicklung der Taschenuhren erfolgen die meisten technischen Verbesserungen auch der Großuhren nach dem ersten Drittel des 18. Jahrhunderts in Frankreich. Im Jahre 1727 entwickelt der Chevalier de Béthune eine neue Hemmung für Pendeluhren, die bei vielen französischen Pendulen benutzt wird. Die fast nur bei Großuhren verwendete Scherenhemmung wird von dem bekannten Uhrmacher Louis Amant im Jahre 1741 entwickelt. Dreizehn Jahre später nimmt die Akademie der Wissenschaften in Paris das von Pierre Augustin Beaumarchais (1732–1799) erfundene Hemmungsprinzip in das »Verzeichnis der technischen Errungenschaften und der von der Akademie überprüften Erfindungen« auf.

GROSSUHREN IM BAROCK

Die ersten nach der Konstruktion von Huygens hergestellten Pendeluhren wurden durch Gewichte angetrieben. Diese frühen, nach dem neuen Prinzip gebauten Wanduhren besaßen fast immer ein langes Pendel, das sehr bald in einem schützenden Holzkasten untergebracht wurde. Damit war eine wichtige Voraussetzung für die Entwicklung der neuen Bodenstanduhren, die schon am Ende des 17. Jahrhunderts einsetzte, geschaffen; die gelegentlich seit dem späten 16. Jahrhundert gebauten schmalen Kästen, die eine Räderuhr trugen, enthielten nur die Gewichte. Für das Schwingen des Pendels aber wurden breitere Gehäuse hergestellt, die nicht mehr nur als Ständer oder Untersatz der Uhr dienten.

Die federgetriebenen Uhren besitzen immer ein kürzeres Pendel und haben ein kleineres Gehäuse. Der einfachste Typ dieser Tisch- und Konsoluhren ist die *Stock- oder Stutzuhr*. Ihr hölzernes Gehäuse wird von einem geraden, gestuften oder gewölbten Dach abgeschlossen, dessen Form von der allgemeinen Stilentwicklung und regionalen Traditionen bestimmt wird. Als Bekrönung trägt es meist eine vergoldete Bronzestatuette; seit dem Ende des 17. Jahrhunderts besitzen die Gehäuse regelmäßig einen verzierten Tragegriff aus Messing. Das anfangs freiliegende Zifferblatt wird schon bald durch eine rechteckige verglaste Tür geschützt, die es einrahmt. Seit dem frühen 18. Jahrhundert folgt die Form der Tür mit einem eingezogenen Bogenfeld der Gestalt des Gehäuses. Der aus geschwärztem und poliertem Holz gefertigte Kasten wird nach etwa 1700 häufiger mit meist hellerem Edelholz oder Schildpatt furniert. Als schmückende Auflagen dienen gegossene und vergoldete Bronzeappliken, die nach Entwürfen bekannter Goldschmiede oft in großen Serien angefertigt worden sind. Seltener werden gesägte und gravierte Messingblechauflagen verwandt. Delphine und posauneblasende Figuren gehören zu den am häufigsten verwendeten Motiven.

Während des 18. Jahrhunderts werden Stockuhren in großer Zahl vor allem in England, Deutschland und Österreich hergestellt und sind auf dem Kontinent noch nach 1900 gebaut worden. Die Form der in England hergestellten Stockuhren, der *Bracket-clocks*, hat sich bis in das 19. Jahrhundert nur wenig verändert. Auch die Werke, beibehalten wurden die seit den Anfängen verwendete Spindelhemmung, die Schnecke mit Kette und das Rechenschlagwerk, blieben in der Konstruktion fast unverändert. Viele Stockuhren besitzen zusätzliche Indikationen, die den Stand des Mondes, das Datum, den Wochentag, den Monat, die Zeitgleichung, in Deutschland und Österreich gelegentlich sogar die Römerzinszahl angeben. Neben dem Stundenschlagwerk wird häufig auch ein Schlagwerk für die Viertelstunden und ein Weckerwerk eingebaut. Im 18. Jahrhundert werden besonders in England Stockuhren mit *Carillon*, einem Glockenspielwerk, allgemein beliebt. Die dort und in der Schweiz gebauten Uhren mit Spielwerken galten als die technisch vollendetsten Musikuhren, die bis nach China, Indien und in das osmanische Reich exportiert wurden. In Zedlers großem Universallexikon werden solche Uhren ausführlich beschrieben: »Singe-Uhren nennet man diejenigen, welche zu gewissen Zeiten, auf darnach gestimmten Glocken, allerhand Lieder spielen. Es geschiehet aber solches durch eine große, mit poliertem Eisen überzogene Welle, auf welcher nach der Abtheilung des Tacktes in gewissen Liedern, eiserne Zapffen ausgetheilet sind. Diese wird alle Stunden, halbe Stunden und Viertel-Stunden von der Uhr umgedreht, da denn die Zapffen die darunter angeordneten Klaviere aufheben, welche zu-gleich durch einen Drath die Haemmer aufheben, auf die darüber gehängten Glocken schlagen, und dadurch ein Lied herausbringen.«

Frankreich, Schweiz und England

Die schlichte Form der Stockuhr des 17. Jahrhunderts erfährt in Frankreich vom Ende des Jahrhunderts bis in das ausgehende 18. Jahrhundert formale Veränderungen wie in keinem anderen Land. Dem strengen und majestätischen Stilempfinden des *Louis Quatorze* (1643–1715) entsprach die nach 1660 entstandene *Religieuse*, eine Tischuhr mit hochrechteckigem Gehäuse, das oben gerade oder halbrund abgeschlossen ist. Die Schauseite mit dem Zifferblatt wird von einer verglasten Tür geschützt. Fast nur der meist reiche plastische Dekor dieser Pendulen unterscheidet sie von den englischen und deutschen Stockuhren der gleichen Zeit. Sämtliche französischen Uhren dieser Jahrzehnte besitzen einen Zifferring mit großen römischen Ziffern und zwei Zeigern, darunter befinden sich häufig kleine figürliche Metallappliken. Die vorzüglichen und genaugehenden aus Messing gefertigten Werke verzichten allgemein auf Schnecke und Kette, als Gangregler dient ein an einem Faden aufgehängtes Pendel. Wie fast alle damals entstandenen Werke haben sie eine Spindelhemmung, bei den frühen Pendulen kommt der Antrieb für das Gehwerk und das die halben und vollen Stunden schlagende Schloßscheibenschlagwerk aus einem einzigen Federhaus. Zu den berühmtesten Uhrmachern dieser Zeit, die auch für den Sonnenkönig gearbeitet haben, gehörten Isaac Thuret und Mitglieder der Familie Martinot.

Die Gehäuseformen und der Dekor in Frankreich gebauter Pendulen folgen weit mehr als deutsche und englische Uhren der Stilentwicklung der Zeit, denn häufiger als in anderen Ländern haben dort bekannte Künstler die Gehäuse und ihren Schmuck entworfen. Der Architekt und Kupferstecher Jean Lepautre (1618–1682) veröffentlichte zahlreiche Vorlagen für Verzierungen im »italienischen« und im »römischen« Geschmack, ebenso vermitteln Jean Bérain (1640–1711) und manche anderen die schweren und mächtigen Formen des italienischen Hochbarocks den Ebenisten und Goldschmieden.

In den Jahren um 1700 verliert – wohl unter englischem Einfluß – die Religieuse ihren charakteristischen halbrunden Abschluß. Er wird ersetzt durch einen gewölbten Aufsatz, auf dem kleine Baluster und Figürchen stehen. Die Ecken der einfachen, geraden Gehäuse der älteren Pendulen, die häufig aus geschwärztem und poliertem Holz bestehen, werden durch freistehende Säulen, durch Hermen und Voluten hervorgehoben. Die Gehäuse werden in der Regel mit Schildpatt furniert, in das schmale elegante Ranken aus Messingblech eingelegt sind, eine nach dem Ebenisten André-Charles Boulle (1642–1732) benannte Dekorationstechnik, mit der damals häufiger die Oberflächen von kostbaren Möbelstücken verziert wurden. Vergoldete figurale und florale Bronzeappliken gehören zu fast jeder damals in Frankreich entstandenen Uhr. Am Anfang des 18. Jahrhunderts wird der einfache Zifferkranz mit eingravierten Ziffern aufgegeben und durch Emailfelder mit großen römischen Ziffern ersetzt.

Eine Sonderform der unter Ludwig XIV. entstandenen Pendulen ist die entwicklungsgeschichtlich bedeutende *tête de poupée*, die Puppenkopfuhr. Auf einem breiten, meist in Boulle-Technik dekorierten Sockel steht das im Umriß oft unruhig wirkende Gehäuse, das den Zifferring rahmenartig umgibt. Vorbild für diese Form könnten die Spiegel- und Monstranzuhren des späten 16. und frühen 17. Jahrhunderts gewesen sein. Die eigentümliche Gehäuseform ist durch ihre Trennung zwischen Sockel und Werkgehäuse eine entscheidende Voraussetzung für die unter Ludwig XV. gebauten Pendulen geworden.

Wohl die meisten französischen Pendulen des späten 17. Jahrhunderts haben ursprünglich auf einer zugehörigen Konsole gestanden. Besonders kostbare Pendulen werden um die Jahrhundertwende häufiger von sich nach unten verjüngenden hohen Sockeln getragen, die durch ihre künstlerische Gestaltung die Uhren eindeutig zu Bestandteilen der Inneneinrichtung machen. In den letzten Regierungsjahren Ludwigs XIV. werden in Paris, Lyon und anderen Städten auch die ersten französischen Bodenstanduhren gebaut, formal sind sie abhängig von den Pendulen auf hohem Sockel, funktional von den Holzkästen, die gelegentlich schon seit dem 16. Jahrhundert bei Räderuhren Schnur und Gewichte schützten. Nach der Erfindung des Hakengangs wurden dann hohe Gehäuse erforderlich, die auch das lange Pendel der gewichtsgetriebenen Uhren aufnahmen.

Die in Frankreich übliche Unterscheidung zwischen den in der *Régence* (1715–1723) und dem frühen *Louis Quinze* (1723–1774) entstandenen Pendulen geht eher auf die Gliederung der französischen Geschichte als auf wesentliche formale Veränderungen zurück. Mehr durch die technischen Verbesserungen und das intensive Interesse des Hofes, der Akademie der Wissenschaften, der Mechaniker und vieler bürgerlicher und adeliger Amateure, als durch eine einheitliche stilistische Haltung ist die Herrschaft

Ludwigs XV. zu der glanzvollsten Zeit der französischen Uhrmacherkunst geworden. Ludwig XV. war selbst außerordentlich an den Fortschritten der Uhrmacherkunst interessiert. »Der König wollte auch das kleinste Detail meiner Maschine kennen lernen«, berichtet ein Uhrmacher, der dem Herrscher eine besonders flache Taschenuhr vorgeführt hatte. Talentierte Uhrmacher wurden rasch »Königliche Handwerker«. Verständnis für technische Probleme erwartete man im Frankreich des 18. Jahrhunderts von jedem Gebildeten; er sollte zugleich auch »Architekt, Uhrmacher, Dichter, Komponist und Tischler« sein. Die Akademie, der in ganz Europa gelesene *Mercure de France* und das *Journal des Savants* machten neue Erfindungen und Verfeinerungen wissenschaftlicher Instrumente rasch bekannt. Die von gelehrten Gesellschaften für die Konstruktion noch genauer gehender Uhren ausgesetzten Preise waren verlockend hoch.

Die künstlerische Entwicklung unter Ludwig XV. ist bestimmt durch einen vorher unbekannten Sinn für asymmetrische Formen, die dem Hochbarock fremd waren; ihr Leitmotiv wird die Rocaille, das bevorzugte Ornament des Rokoko. Das Interesse an exotischen Motiven, Figürchen von Negern, Türken und von Chinesen, wächst mit der Kenntnis der außereuropäischen Welt.

Die Gehäuseformen der im späten *Louis Quatorze* entstandenen Pendulen bleiben zunächst unverändert, werden aber bald eleganter und weisen fast stets die charakteristische Einschnürung zwischen dem Unterteil und dem das Zifferblatt einfassenden Oberteil auf. Die schlüssellochförmige verglaste Vorderseite wird geradezu zur Leitform der meisten im 18. Jahrhundert in Frankreich gefertigten Pendulen. Schwungvolle florale Bronzeappliken fassen die Ränder der Gehäuse ein – ein deutscher Uhrmacher des 18. Jahrhunderts beschreibt diese prächtige Schmuckform recht trocken, »die Franzosen verzieren (ihre Uhren) mit allerhand artigen Verzierungen von Laubwerk« – bekrönt werden die Pendulen von eleganten vergoldeten Bronzeaufsätzen. Stets gehört zu ihnen auch eine an der Wand befestigte Konsole. Nach dem ersten Drittel des Jahrhunderts werden dreizehnteilige Emailzifferblätter mit großen römischen und kleinen arabischen Ziffern häufig, die Zeiger bestehen anfangs aus gebläutem Stahl und haben, wie die Uhren des späten *Louis Quatorze*, die Form stilisierter Lilien. Abgelöst werden sie von Zeigern aus gesägtem, graviertem und vergoldetem Messing.

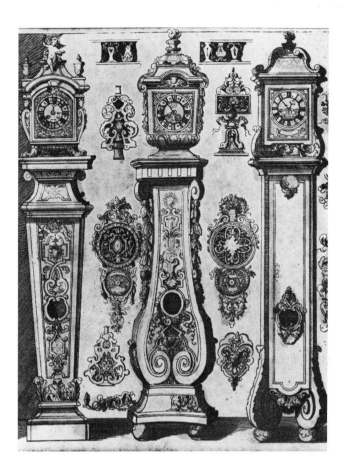

Entwürfe für Bodenstanduhren von Daniel Marot, Second livre d'Orlogeries, Paris 1725.

Zu den schönsten im *Louis Quinze* entstandenen Uhren gehören die *Cartel-Uhren*, kartuschenförmige Wanduhren aus vergoldeter Bronze, deren Form zunächst recht geschlossen wirkte, die aber bald durch meist floralen, manchmal fast abstrakten Rocailledekor zu durchbrochenen freiplastischen Gebilden werden, die die herkömmliche Symmetrie der Rahmung bald verlieren. Vergleichbar sind diese auch technisch bewundernswerten Bronzearbeiten nur den prächtigen Wandleuchtern aus dieser Zeit. Manche dieser vergoldeten Bronzegüsse tragen einen Stempel mit einem gekrönten C, dem *C couronné*, das ein Kontrollzeichen für eine in den Jahren zwischen 1745 und 1749 erhobene Steuer auf Kupfer und Bronze ist. Das Zifferblatt der Cartel-Uhren ist fast stets eine einteilige Emailscheibe. Ihre relativ kleinen Werke besitzen meist kein Selbstschlagwerk, sondern lediglich ein Rufschlagwerk.

Entwurf für eine Cartel-Uhr im Stil Louis XVI von Jean-François Forty um 1780.

Besonders charakteristisch für das 18. Jahrhundert in Frankreich sind die von exotischen Tieren, von Elefanten, Löwen, Kamelen und Gazellen getragenen *Tisch- und Kaminuhren.* Anders als bei den Figurenuhren des Manierismus sind die Zifferblätter unübersehbar, die Kleinplastiken auf prächtigen, profilierten und durchbrochenen Sockeln sind wirklich nur die Träger der Uhren. Um die Mitte des Jahrhunderts werden Tischuhren mit Schäferszenen und Chinoiserie-Motiven sehr beliebt, teilweise Emaillierung gibt ihnen eine zusätzliche Farbigkeit.

Schon während der Regierungszeit Ludwigs XVI. (1774 bis 1792) beginnt der europäische Frühklassizismus Gehäuse und Dekor der französischen Pendulen zu bestimmen. Raphael Mengs, der Maler und Freund Winckelmanns, wendet sich schon 1762 leidenschaftlich »gegen den französischen Geschmack, der von einer Überfülle bedeutungsloser Verzierungen charakterisiert ist«. Ein Jahr zuvor hatte Melchior Grimm, der berühmte Vermitt-

ler französischer Ideen, in seiner »*Correspondance littéraire*« die »*bizarrerie*« der Ornamente gerügt.

Auf Wandkonsolen stehende Pendulen werden nur noch vereinzelt hergestellt, der beliebteste Typ ist jetzt die Tisch- oder Kaminuhr. In den beiden letzten Jahrzehnten des 18. Jahrhunderts werden die Gehäuse erneut symmetrisch, Vasen und Girlanden, antike Strenge, Einfachheit und Klarheit werden nun zu den Leitformen des Dekors. Die Publikationen der Funde aus Pompeji und Herkulaneum fördern und erleichtern die Übernahme römischer Formen. Marmor, Bronze und farbiges Email werden die bevorzugten Materialien.

Säulen und Obelisken tragen die großen, weiß emaillierten Zifferblätter mit schlichten Eisenzeigern. Portaluhren auf lorbeergeschmückten Sockeln und vasen- oder lyraförmige Pendulen werden am Ende des Jahrhunderts hoch geschätzt. Die Cartel-Uhren erhalten eine symmetrische Rahmung mit antikisierenden Schmuckmotiven, die ersten kaum mehr verzierten Pendulen mit zahlreichen Indikationen wirken wie wissenschaftliche Instrumente.

In der Schweiz waren Genf und das damals preußische Neuenburg Zentren auch der Großuhrmacherkunst. Die dort gebauten Zeitmesser folgten formal französischen Vorbildern, verzichteten aber oft auf deren reichen Dekor und waren häufig nur lackiert. Dagegen waren ihre Werke meist von hervorragender Qualität und besaßen in vielen Fällen ein Viertelschlagwerk, eine Zugrepetition und Datumsanzeige. Berühmt waren die Neuenburger Pendulen auch wegen ihrer Spielwerke. Schweizer Uhrmacher hatten seit dem 18. Jahrhundert einen so guten Ruf, daß viele europäische und außereuropäische Staaten ihre Ansiedlung förderten, um die Einfuhr teurer Uhren unnötig zu machen.

Die französische Revolution vertrieb Ferdinand Berthoud (1727–1807), Abraham-Louis Breguet (1747–1823) und andere Hof-Uhrmacher aus Paris. In den ersten Jahren nach dem Sturz des Königtums entstanden Uhren, deren Darstellungen revolutionären Geist atmeten: kleine Guillotinen mit einem Zifferblatt am Sockel, Taschenuhren mit den Allegorien von Freiheit, Gleichheit und Brüderlichkeit. Unter der Herrschaft des Direktoriums, einer Zeit relativen wirtschaftlichen Wohlstandes, werden die im *Louis Seize* üblichen Formen der Gehäuse und des Dekors wieder aufgenommen, doch wird der vorher oft etwas unsichere Frühklassizismus von einer stark an der römischen Antike orientierten Formstrenge verdrängt. Eine neue

Entwurf für eine Pendule im Stil Louis XVI von Jean-François Forty um 1780.

Entwicklung der Jahre kurz vor 1800 sind die *Skelettuhren,* deren Werk geradezu ostentativ sichtbar gelassen wird. Dieser Verzicht auf ein Gehäuse erfordert einen wirksamen Schutz vor Staub und Temperaturschwankungen; zu der Skelettuhr gehört stets der Glassturz.

Bodenstanduhren und die schlichten *Bracket-clocks* sind während des gesamten 18. und noch bis zum Ende des 19. Jahrhunderts die beiden in England fast ausschließlich gebauten Uhrentypen. Die von William Clement seit etwa 1676 angewendete Hakenhemmung war die Voraussetzung für die Anfertigung schlanker Bodenstanduhren, weil bei diesem Hemmungssystem das Pendel weniger weit ausschlägt als bei der Verwendung der Spindelhemmung. Vor den Jahren um 1700 bestehen die Gehäuse wie auch in Frankreich fast stets aus geschwärztem und poliertem Holz, nach dieser Zeit werden hellere, häufig intarsierte Hölzer für den Bau der Gehäuse benutzt. Der Kopf englischer Bodenstanduhren bleibt für Jahrzehnte abhängig von der Gestalt der *Bracket-clock;* wie solche Konsol- und Tischuhren haben sie sehr oft eingebaute Spielwerke und regelmäßig eine Datumsanzeige, in vielen Fällen auch die Angabe des Mondstandes.

Deutschland

Die im Gebiet des alten Deutschen Reiches während des 18. Jahrhunderts entstandenen Uhren stehen formal stark unter dem Einfluß französischer und englischer Vorbilder. Im nördlichen Deutschland folgten die Gehäuseformen meist den in England beliebten Uhrentypen, sowohl der *Bracket-clock* als auch der *Long-case-clock,* der Bodenstanduhr. Doch wurden deren strenge und manchmal fast stereometrisch wirkenden, immer furnierten und polierten Gehäuse nach 1740 auch in Süddeutschland übernommen und variiert, obwohl dort französische Pendulen die Entwicklung am stärksten beeinflußt haben.

Süddeutsche und böhmische Stockuhren sind – verglichen mit französischen Pendulen – gedrungener und noch lange Zeit von den Architekturformen des Barocks bestimmt. Um die Mitte des Jahrhunderts werden in Süddeutschland, besonders häufig in Augsburg, Tischuhren gebaut, bei denen eine getriebene oder gravierte Metallplatte als dekorative Schauseite mit einem kleinen Blechkasten für das Werk verbunden ist. Technisch und formal gleichen sie den älteren Telleruhren, die ebenfalls ein vor dem Zifferblatt schwingendes kurzes Pendel besitzen.

Die Sympathie Friedrich II. für Frankreich führte in Brandenburg – Preußen seit etwa 1740 zur bewußten Übernahme französischer Möbel und Dekorationsformen. Im Jahre 1765 wird Abraham-Louis Huguenin (1733–1804) aus Neuenburg vom König zum »*Inspecteur général d'Horlogerie à Berlin*« ernannt; er sollte die neugegründete Manufaktur in der Hauptstadt leiten, in der fast nur Schweizer Handwerker tätig waren. Obwohl die Unternehmung finanziell bald scheiterte, galten in Berlin gebaute Uhren, die oft Spielwerke besaßen, noch jahrzehntelang als besonders schöne und technisch vollendete Werke.

Besonders intensiv beschäftigten sich während der ersten Hälfte des Jahrhunderts auch Geistliche mit der Konstruktion und der Anfertigung prachtvoller und oft sehr großer Uhren mit astronomischen Indikationen. Der schwäbische Pfarrer Philipp Matthäus Hahn (1739–1790) wird von Herder wegen seiner hervorragenden Werke sogar mit Newton verglichen, seine »große Weltmaschine« wies schon den Lauf der neu entdeckten Monde des Jupiter und der Wandelsterne, andere Uhren enthielten sogar einen Kalender von der Erschaffung der Welt bis zum Jüngsten Gericht.

Seit dem Ende des 17. Jahrhunderts werden in Süddeutschland, besonders im Schwarzwald, einfache Wanduhren oft mit einem kleinen Automaten hergestellt. Ihr Werk ist fast immer ganz aus Holz gearbeitet, selbst die Zahnräder bestehen bei frühen Uhren aus diesem Material. Das Zifferblatt – anfangs stets mit römischen Ziffern – wurde auf eine hölzerne Platte mit Kreidegrund gemalt. Nach dem ersten Drittel des 18. Jahrhunderts werden in zahlreiche dieser Uhren auch Orgelwerke eingebaut. Technisch und formal bleiben diese für den Süden Deutschland typisch gewordenen Wanduhren lange Jahrzehnte fast unverändert. Der seit dem Anfang des 18. Jahrhunderts gelegentlich eingebaute Kuckucksruf wird im 19. Jahrhundert immer mehr zum Merkmal der *Schwarzwalduhren*, die nach 1830 in sehr großer Zahl oft in Heimarbeit angefertigt worden sind. Erst die eine Generation später serienweise gefertigte *Comtoise* war eine vergleichbar billige Konkurrenz für die süddeutschen Uhren auf den europäischen Märkten.

GROSSUHREN DES 19. JAHRHUNDERTS

Die in Frankreich zwischen 1800 und 1830 entstandenen Arbeiten des Kunstgewerbes sind fast immer noch bestimmt von den Formen des Spätklassizismus. Die frühesten Beispiele von Uhren aus dieser Zeit sind durch die Verbindung ägyptischer Dekorationsmotive – Sphingen, Pyramiden, Horusfalken – mit römischen Architekturformen bestimmt. Nach 1800 etwa verbreitet sich der Typ der Pendule mit Figuren, der in Europa und Amerika bis in den Anfang des 20. Jahrhunderts vorherrscht. Auf einem breiten Marmor- oder Bronzesockel steht neben einem Block mit dem Zifferblatt eine antikisierende Figur, oft die verkleinerte Replik einer bekannten antiken Skulptur: Athene, Achilles, Odysseus oder Alexander. Nach Napoleons Sturz werden heroische Themen von Genremotiven verdrängt. Malende und lesende Mädchen, Liebespaare, Kinder mit Tieren und die milderen Gestalten der antiken Mythologie, Leda mit dem Schwan, Aphrodite, Amor und Psyche, geben den Tischuhren weniger Würde als sentimentale Schönheit.

Die feinen farbigen Kontraste zwischen Marmor und vergoldeter Bronze werden durch die Verwendung von Email und anderen Materialien von gelegentlich fast greller Buntheit abgelöst. Bilder historischer Persönlichkeiten und Ereignisse schmücken manche Uhren; Caesar überquert den Rubikon, Kreuzfahrer erobern Jerusalem. Auch die Geschichte der Zeitmessung wird geschildert: Eine 1838 in Sèvres entstandene Tischuhr trägt in zarter Emailmalerei die Darstellung Anaximanders, der die richtige Aufstellung eines Gnomons vorführt, eine andere Uhr zeigt Huygens, der seine Pendeluhr der Akademie vorstellt.

Die Abfolge der historisierenden Stile in der Architektur des 19. Jahrhunderts spiegelt sich in dem Wandel der Gehäuseformen der Tischuhren besonders eindeutig. Triumphbögen und grandiose Portale tragen im Klassizismus Zifferblatt, Werk und Pendel, noch vor der Mitte des Jahrhunderts werden die ersten Uhren mit gotisierenden Gehäusen gebaut, Kapellen und Brunnen, oft auch aus Gußeisen, tragen dann die Zifferblätter. In den Jahren um 1800 und im Biedermeier werden in Wien zahlreiche Tischuhren gebaut; auch hier arbeiteten – in das Land gerufen von Joseph II. – zunächst fremde Handwerker in den kleineren Manufakturen, besonders Genfer Meister. Sie setzten die Tradition einheimischer Uhrmacher fort, die einzelne prachtvolle astronomische Uhren gebaut hatten. Im Jahre 1816 waren in der Hauptstadt 148 Handwerker mit der Fertigung von Kleinuhren und 104 mit dem Bau von Großuhren beschäftigt.

Nach 1850 benutzten viele Uhrmacher Architekturmotive der Renaissance und des Barock zur Rahmung der Gehäuse, die jetzt in der Regel aus vergoldetem Zinkguß bestehen. Unter Napoleon III. werden wohl in bewußter politischer Erinnerung an den Kaiser sogar ägyptisierende Formen wieder aufgenommen. Der Stilpluralismus der Zeit macht die Datierung solcher Uhren oft nicht ganz leicht.

Kleine technische Meisterwerke sind Automatenuhren mit Darstellungen von Handwerkern, Jägern, Gärtnern und Schäferinnen, von kämpfenden Tieren und apportierenden Hunden. Ganz verschiedene Materialien, Porzellan, Email, Bergkristall, Marmor, Bronze, Korallen und Holz werden zur Steigerung der realistischen Nachbildungen verwendet. Fast alle nach 1600 entwickelten Uhrentypen werden damals kopiert oder variiert, nur die frühen Räderuhren scheinen vergessen zu sein. Die Zifferblätter dieser Uhren sind fast immer emailliert mit römischen oder arabischen Ziffern, die Zeiger nur vereinzelt in Anlehnung an gotische, meist aber an barocke Zeiger gestaltet.

Die in England, Deutschland, Österreich und Italien während des 19. Jahrhunderts entstandenen Tischuhren folgen oft französischen Vorbildern. Die Weltausstellungen und zahlreiche Veröffentlichungen machen die modischen Entwicklungen rasch und allgemein bekannt. Tisch- und Kaminuhren folgen in Frankreich nach 1900 formal stärker den künstlerischen Idealen des *Art Nouveau;* in Deutschland aber bestimmt der Jugendstil die Form der Gehäuse weit geringer.

Technische Weiterentwicklungen

Uhren herzustellen, die völlig genau die Zeit anzeigen, ist immer das Ziel aller Uhrmacher gewesen, jede neue Konstruktion galt dieser Bemühung. Nach der Einführung des Pendels glaubte man, diesem Ziel ganz nahegekommen zu sein. Die atmosphärischen Einflüsse auf das Pendel und der niemals ganz gleichförmige Antrieb und Ablauf des Werks machten es aber dennoch unmöglich, daß Uhren den ständig wachsenden Ansprüchen an wissenschaftliche Genauigkeit völlig entsprachen. Seit der Erfindung des Kompensationspendels um 1725 konnten die Einflüsse der Temperatur auf die Länge und damit auf die Schwingungsdauer eines Pendels weitgehend vermieden werden, die Einwirkung wechselnden Luftdruckes und des dadurch variierenden Luftwiderstands auf die Geschwindigkeit der Pendel konnte seit dem Ende des 19. Jahrhunderts durch eine an der Pendelstange befestigte barometrische Kompensation – eine Barometerdose mit einem aufgesetzten Gewicht – oder durch die Unterbringung der ganzen Uhr in einem luftdichten Gehäuse ausgeglichen werden, die Störungen bei dem Antrieb des Gangreglers konnten bei kleineren Uhren aber erst durch die Erfindung freier Hemmungen – die freie Ankerhemmung und die Chronometerhemmung, bei denen die Unruhschwingung fast ganz ohne Kontakt zur Hemmung und zum Werk erfolgt – weitgehend beseitigt werden. Dieses Konstruktionsprinzip verwendete der Münchener Uhrmacher Johann Mannhardt (1798–1878) auch bei Pendeluhren, der eine Hemmung »mit konstanter Kraft« konstruierte, bei der das Antriebsgewicht des Werks jede Minute kurz auf das Hemmungsrad und das Pendel einwirkt, indem es einen zusätzlichen Antriebsmechanismus spannt. Der Antrieb des Pendels erfolgt dadurch gleichmäßig und ohne direkte Verbindung zu dem Werk.

»Der Uhrmacher«. Aus Christoph Weigel, Abbildung der gemein-Nützlichen…, Regensburg 1698.

Die von Christian Huygens vor drei Jahrhunderten durch die Erfindung der Pendeluhr bestimmte Epoche der Zeitmessung fand ihren Höhepunkt in den technisch vollendeten Konstruktionen von Sigmund Riefler (1847–1912), der als erster die barometrische Kompensation benutzt und seine astronomischen Pendeluhren in luftdichte Gehäuse eingebaut hat. Die Feinregulierung erfolgt durch eine Veränderung des Luftdrucks innerhalb des Gehäuses. Der Antrieb für das Hemmungsrad wird gleichmäßig durch ein kleines Gewicht bewirkt, das etwa alle 30 Sekunden von einem Elektromagneten angehoben wird. Bei jeder Schwingung erhält das Pendel einen Antrieb über die stählerne Blattfeder, an der es aufgehängt ist. Hatte Riefler zunächst Pendel mit einer Quecksilberkompensation verwendet, so baute er seit dem Anfang des 20. Jahrhunderts Pendel mit einer Stange aus Invar, einer neuen von dem französischen Physiker E. Guillaume entwickelten Nikkelstahllegierung, die einen ganz geringen Ausdehnungskoeffizienten besitzt. Noch heute stehen Uhren Rieflers in vielen Sternwarten, der letzte Regulator wurde im Jahre 1960, fast genau dreihundert Jahre nach dem Bau der ersten Pendeluhr, an das Institut für Uhrentechnik in Stuttgart geliefert.

Noch vor der Mitte des 20. Jahrhunderts aber hat die dritte Epoche in der Geschichte der Zeitmessung begonnen. Quarz- und Atomuhren messen die Zeit nach einem völlig neuen technischen Prinzip, besonders die Atomuhren scheinen den jahrtausendealten Traum von einer absolut genauen Zeitbestimmung zu erfüllen.

KLEINUHREN

Die Anfänge

Die Verwendung der Zugfeder für den Antrieb von Räderuhren, schon vor der Mitte des 15. Jahrhunderts ein Problem, mit dem sich noch Leonardo beschäftigte, war die entscheidende Voraussetzung für den Bau von Uhren, die so klein waren, daß man sie »aus wenig Eisen mit sehr vielen Rädern bauen konnte, die, wie immer man sie legt, ohne jedes Gewicht 40 Stunden zeigen und schlagen, selbst wenn sie auf der Brust oder in der Börse getragen werden.« So beschreibt Johannes Cochläus (1479–1552) in seiner 1512 erschienenen »*Brevis Germaniae Descriptio*«, einem »zum Ruhm des deutschen Vaterlandes« und der Stadt Nürnberg verfaßten Büchlein, die ersten tragbaren Uhren Peter Henleins (1480–1542). Urkunden aus mehreren Städten Italiens sprechen allerdings schon seit 1488 von der Anfertigung kleiner federgetriebener Uhren. In Frankreich wird am Anfang des nächsten Jahrhunderts Blois zu dem Zentrum für die Herstellung von kleinen Uhren, deren Gehäusedekor vielfach von bedeutenden Künstlern der Schule von Fontainebleau entworfen worden sind.

Die frühesten bequem tragbaren, federgetriebenen Uhren besaßen in allen Teilen aus Eisen gearbeitete Werke, die von kugel- oder trommelförmigen Bronzegehäusen geschützt wurden. Die Gehäuse der frühen Kleinuhren haben fast immer die Form einer kleineren Dose, seltener sind die »Bisamapfeluhren«, die am Handgelenk getragen wurden und bei denen das Werk von einer allseitig durchbrochenen Metallkugel geschützt wurde. Peter Henlein hat mehrfach in solche ursprünglich nur für die Aufbewahrung von Riechstoffen angefertigten Behälter kleine Uhrwerke eingebaut. Fast immer waren sie mit einem Metallring versehen, um an einer Kette getragen werden zu können. In Technik und Verzierung entsprechen sie den zur gleichen Zeit gebauten größeren Tischuhren mit horizontalem Zifferblatt. Die Kraft der gespannten Feder wird über eine Darmsaite und die Schnecke an die Räder des Laufwerks weitergegeben. Die Spindelhemmung sichert mit der Löffel- oder Radunrast als Gangregler den gleichmäßigen Ablauf. In Deutschland wird seit dem Anfang des 16. Jahrhunderts häufiger der *Stackfreed*, eine vielleicht von Peter Henlein entwickelte Federbremse, zum Ausgleich der wechselnden Antriebskraft gebraucht.

Halsuhren

Berühmt für die Herstellung dieser »newen Orrlein« wurde in den Jahren nach 1500 Nürnberg, eine Stadt, in der die Schlosser- und Goldschmiedekunst eine große Tradition hatte; diese beiden Handwerke beherrschten die technischen Voraussetzungen für den Bau der ersten Uhren. Der letzte Abt von St. Ägidien in Nürnberg schenkte Luther eine solche Nürnberger Uhr, die jener in seinem Dankesbrief ein »höchst angenehmes Geschenk« nennt, »denn vordem habe ich etwas derartiges nie gesehen«. Obwohl die neuen kleinen Uhren bald sehr begehrt waren und wohl auch in größerer Zahl gebaut wurden, blieben sie bis zum Ende des Jahrhundert ein teurer und kostbarer Besitz, der auf Bildnissen von Fürsten und Patriziern ostentativ zur Schau gestellt wird. Daß in der Mitte des 16. Jahrhunderts noch keineswegs jeder begüterte Stutzer eine Halsuhr oder kleinere Dosenuhr besaß, zeigt eine Stelle aus Pietro Aretinos »*Ragionamenti*«. Von dem jungen Mann, der das Treffen mit der Geliebten kaum mehr abwarten kann, heißt es: »Er rannte gleich zum Uhrenturm, um zu sehen, wie spät es wäre.« Die frühen dosen- oder kugelförmigen Uhren werden einige Jahrzehnte später von einer wohl in Frankreich entstandenen Gehäuseform verdrängt. Seit der Mitte des 16. und bis in das erste Drittel des folgenden Jahrhunderts besitzen fast alle dieser Halsuhren ein ovales, manchmal auch ein langgestrecktes sechs- oder achteckiges, oder ein rundes Gehäuse. Die technisch kaum veränderten Werke haben meist, wie schon die ersten von Peter Henlein gebauten Uhren, ein Schlagwerk, das selbsttätig die Stunden auf eine Glocke schlägt. Kleine abnehmbare Weckerwerke, die vom Laufwerk ausgelöst werden, konnten oft auf das Zifferblatt aufgesetzt werden; seit dem späteren 16. Jahrhundert werden sie allgemein in dem Gehäuse untergebracht. Blois und Lyon in Frankreich, London in England und das damals noch nicht zur Eidgenossenschaft gehörende Genf waren die wichtigsten Zentren der Herstellung dieser dekorativen Trageuhren.

Die Zifferblätter der runden Halsuhren werden häufig von einem ornamental durchbrochenen Bronzedeckel geschützt, durch den die Zeit abgelesen werden kann. Uhren mit ovalem oder achteckigem Gehäuse haben fast immer einen gewölbten und geschlossenen Metalldeckel, der mit floralen und figuralen Gravierungen verziert ist. Die Zifferblätter bestehen meist aus Messing mit eingravierten römischen Ziffern, oft stehen neben ihnen auch noch die arabischen Ziffern von 13 bis 24. Gelegentlich werden zusätzlich noch die halben und Viertelstunden markiert. Zifferblätter aus Silberblech mit gravierten und emaillierten Ziffern kommen erst am Ende des 16. Jahrhunderts auf. An Tastknöpfen konnte bei vielen Uhren durch Abzählen auch im Dunkeln die Zeit festgestellt werden. Alle Kleinuhren besitzen bis etwa 1700 nur einen einzigen Zeiger, meist aus gebläutem Eisen.

Wie sehr solche Uhren bis in die ersten Jahrzehnte des 17. Jahrhunderts als Schmuckstücke betrachtet wurden, zeigen die phantasievollen Gehäuse, die seit der Mitte des 16. Jahrhunderts von Goldschmieden angefertigt werden. Die immer feiner und kleiner gefertigten Werke werden eingebaut in silberne und bronzene Totenköpfe, in Kreuze, Sterne, Muscheln und kleine Bücher, in Tauben oder Kaninchen. Besonders kostbare Gehäuse bestehen sogar fast vollständig aus Bergkristall: das sichtbar gelassene Werk ist dann meist reich verziert. Diese aus Gold, Silber oder Bergkristall gefertigten Uhrgehäuse sind ebenso wie ihre Werke oft signiert, während die älteren Dosenuhren nur selten unverdächtige Signaturen besitzen. Uhrengehäuse des späten 16. und des frühen 17. Jahr-

hunderts tragen häufig in Emailmalerei oder Gravur Darstellungen der christlichen Heilsgeschichte, der Geburt Christi oder der Kreuzigung. Profane Themen, Allegorien der Zeit und der Vergänglichkeit, Embleme und Porträts werden gegen Ende des Jahrhunderts, als der Symbolwert der Räderuhren verlorengegangen ist, immer zahlreicher.

Die Jahre von 1600 bis 1675, die Zeit vor der Erfindung der Unruh mit Spiralfeder, bringt zwar eine Vereinfachungen bei dem Bau der Uhrwerke, aber keine grundsätzlichen technischen Veränderungen. Die Werke werden jetzt allgemein aus Messing gefertigt, einem Material, das sich leichter bearbeiten läßt und das weniger korrosionsanfällig ist; das Fehlen eines zuverlässigen Gangreglers, der von der unterschiedlich großen Antriebskraft und Erschütterungen nicht gestört wird, verhinderte jedoch eine höhere Genauigkeit. Immer häufiger werden seit dem Ende des 16. Jahrhunderts auf den Zifferblättern zusätzliche Indikationen angebracht: die Angabe der Mondphase, des Datums, des Wochentags und des Monats, die vom Gehwerk über Zwischenräder und Schalthebel bewegt werden. Das Mittelfeld der Ziffernkränze mit fast stets gravierten römischen Ziffern wird bis etwa 1640 oft mit einer Landschaft oder mit figürlichen Darstellungen gefüllt. Floraler Dekor oder kleine Menschen- oder Tierfiguren schmücken auch die seitlichen Flächen.

Sackuhren

In den Jahrzehnten nach 1600 werden die Halsuhren rasch von flacheren und runden Uhrgehäusen abgelöst, die bequemer benutzt und leicht in Taschen getragen werden konnten. Schon vor der Mitte des 17. Jahrhunderts beschränkt sich der Gebrauch des Emails nicht mehr auf die Füllung der Ziffern und kleine Ornamente, die ersten Kupfer- und Silbergehäuse werden von französischen und Genfer Künstlern mit vollendeten Emailmalereien geschmückt. Jean Toutin (1578–1644) in Blois ist einer der ersten bekannten Künstler, der auf das weiß emaillierte Gehäuse Miniaturen malt. Nach der Mitte des Jahrhunderts werden besonders häufig in Genf Uhren gebaut, deren Gehäuse farbige Emailbilder tragen. Die berühmtesten Emailmaler sind die bis 1720 tätigen Mitglieder der Familie Huaud, deren künstlerische Tradition die Stadt zu einem Hauptort dieser Dekorationstechnik gemacht hat.

Vorlagen für Emailmalereien von Jacques Vauquer um 1660.

Dargestellt werden in dunkler Farbigkeit Porträts berühmter Zeitgenossen, etwa Ludwig XIII. und Richelieu, aber auch Miniaturkopien damals beliebter Bilder. Die Sack- und Taschenuhren mit solchen Darstellungen waren im Barock vielfach ein auszeichnendes Geschenk des Porträtierten oder auch Ausdruck einer persönlichen oder politischen Beziehung zu der abgebildeten Persönlichkeit. Emailmalereien wurden damals nicht nur auf dem Gehäuse, sondern auch auf der Innenseite angebracht.

Während in Genf und in Frankreich immer kostbarer verzierte Uhren angefertigt werden, entstehen in England nach 1640 – vielleicht beeinflußt durch den nüchternen Geist des Puritanismus – schlichte und fast schmucklose Uhren, bei denen nur der kleine Kloben der Unrast durch Ranken und Blüten hervorgehoben wird. Deutschland hat spätestens seit dem Ausbruch des Dreißigjährigen Krieges seine führende Stellung bei der Herstellung von Klein- und Großuhren eingebüßt.

Hemmung, Unruh und andere technische Neuerungen

Die Zuverlässigkeit und Genauigkeit aller Hals- und Sackuhren war recht gering, da der nicht eigenschwingungsfähige Gangregler trotz der Verwendung der Schnecke oder des *Stackfreeds* durch den nicht gleichmäßigen Antrieb beeinflußt wurde. Zudem störten die wechselnden äußeren Einwirkungen, Temperaturschwankungen und Erschütterungen, den gleichmäßigen Lauf des Werkes.

Eine neue Epoche der Geschichte der Taschenuhr beginnt im Jahr 1674, als Christian Huygens seine Erfindung der Unruh mit Spirale in Paris der Akademie der Wissenschaften vorstellt. Er hatte die herkömmliche Unrast mit einer Spiralfeder so verbunden, daß sie eigenschwingungsfähig wurde. Durch diese fundamentale Verbesserung konnten die Mängel der vorher niemals gleich großen Federkraft weitgehend vermieden werden. Ein französischer Historiker schreibt über die beiden technischen Neuerungen, durch die Huygens die Zuverlässigkeit der Groß- und Kleinuhren so entscheidend gesteigert hat, die Verbindung des Pendels mit der Uhr und die Unruh: »Diese zwiefache Erfindung teilt die Geschichte der Uhr und der Zeitmessung sehr deutlich in zwei Abschnitte: Der erste Abschnitt war die Zeit der Vorbereitung, der tastenden Versuche, der zweite die Zeit der Entwicklung der Pendeluhr und der Unruh. Der zweite Abschnitt dauerte zweieinhalb Jahrhunderte und fand erst sein Ende, als die Elektronik die Uhrmacherei ebenso erneuerte wie alle anderen Techniken, die Zeitmessung ebenso wie alle anderen Wissenschaften.«

Uhren sind jetzt nicht mehr wie im 16. und im frühen 17. Jahrhundert vielbewunderte Curiosa und »Kleynodien«. Im letzten Viertel des Jahrhunderts werden sie wirkliche Zeitmesser, die allgemein gebraucht und auch bei wissenschaftlichen Untersuchungen erfolgreich benutzt werden. Anders als in beiden Jahrhunderten zuvor gehören sie zu dem selbstverständlichen Besitz nicht länger allein der Fürsten und des Adels, sondern auch des begüterten Bürgertums.

Huygens Erfindung wird sofort von den Uhrmachern aller europäischen Länder übernommen; englische, niederländische, französische und Genfer Handwerker bauen seit etwa 1680 keine Taschenuhren mehr ohne Unruh. Wurden anfangs die Werke meist funktionell ohne Dekor hergestellt und später nur die Spindelkloben oder die Brücke und das Gesperr künstlerisch gestaltet, so werden seit dem Ende des Jahrhunderts auch die Werkspfeiler oft zu reich verzierten Pilastern. Bei englischen Taschenuhren werden besonders oft die Unruhkloben, bei auf dem Kontinent entstandenen Uhren die Unruhbrücken zu kleinen ornamentalen Kunstwerken. Die schönsten damals gebauten Uhren sind die in Frankreich und in der Schweiz gebauten Zeitmesser. Die Gehäuse dieser Taschenuhren, die wegen ihrer Form *Oignons* (Zwiebeln) genannt werden, sind allgemein aus Messing angefertigt und vergoldet, die der englischen bestehen aus Silber, häufig sind sie noch durch ein getriebenes Umgehäuse vor Beschädigungen geschützt. Seit dem Anfang des 18. Jahrhunderts bestehen die Zifferblätter französischer Taschenuhren regelmäßig aus Emailfeldern mit aufgemalten Ziffern auf gegossener, gravierter und vergoldeter Bronze, während die englischen Taschenuhren meistens silberne Metallzifferblätter in Champlevé-Technik besitzen.

Durchbrochene Metalldeckel und Deckel aus Bergkristall hatten seit der zweiten Hälfte des 16. Jahrhunderts ein Ablesen der Zeit ermöglicht und Zifferblätter und Zeiger geschützt. Erst die Fortschritte bei der Herstellung von durchsichtigem Glas erlaubten seit der Mitte des 17. Jahrhunderts dessen Verwendung auch bei Kleinuhren. In Deutschland beschäftigte sich vor allem Johann Kunckel (1630–1702), der seit 1654 bei den Herzögen von Lauenburg und später auch beim Großen Kurfürsten in Berlin als Hofalchimist tätig war, mit neuen Methoden, klares Glas zu produzieren. Geeignete Schleif- und Poliermaschinen konstruierten 1664 Robert Hooke und im Jahre 1683 auch Christian Huygens. Dadurch wurden die exakte Bearbeitung und die Einpassung der Gläser möglich. Seit etwa 1680 hat fast jede Taschenuhr einen verglasten Deckel, der sich über dem Zifferblatt wölbt und ihr die bis in das 19. Jahrhundert charakteristische Form verleiht.

Die große technische Erfahrung französischer Uhrmacher bereicherte durch die Vertreibung der Hugenotten nach 1685 die Uhrmacherkunst in den protestantischen Ländern Europas; in England, in den Niederlanden und für einige Jahrzehnte auch in Preußen arbeiteten aus Frankreich eingewanderte Meister.

Besonders stark beeinflußten und förderten diese Flüchtlinge die Uhrenanfertigung in Genf. Die Jahre vor 1700 und die folgenden Jahrzehnte sind eine Zeit intensiver Beschäftigung mit dem Problem der technischen Verbesserung und Verfeinerung der Werke. Die bedeutendsten Erfindungen in den ersten Jahrzehnten des 18. Jahrhunderts

gelangen englischen Gelehrten und Uhrmachern, etwas später wurden auch in Frankreich viele bedeutende neue Konstruktionen veröffentlicht.

Europas Uhrmacher auf der Suche nach der genauen Zeit

Der Theologe und Mathematiker Edward Barlow (1636–1716), der bereits 1676 ein Rechenschlagwerk für Großuhren entwickelt hatte, baute um 1686 ein Repetierwerk auch für Taschenuhren. Da vorher während der Dunkelheit die Zeit nur an den Tastknöpfen abgelesen werden konnte, erhöhte diese Erfindung den Nutzen von Kleinuhren ganz entscheidend. Schon vor 1700 werden die ersten Taschenuhren mit 7½-Minuten-Repetierschlagwerken gebaut. Im Jahre 1704 erhält Nikolaus Fatio (Nicholas Facio de Duillier), ein in England lebender Schweizer Mathematiker, ein Privileg für die Verwendung gebohrter Lagersteine für Uhren. Diese neue Technik verringerte die Reibung und Abnutzung der Radzapfen. Die Zylinderhemmung, die bereits 1695 von dem Uhrmacher Thomas Tompion (1637–1713) konzipiert worden war, wird um 1725 von seinem Mitarbeiter und späteren Geschäftsnachfolger George Graham (1673–1751) vervollkommnet. Wegen seiner Erfindung und der Qualität der in seiner Werkstatt gebauten Uhren rühmt ihn in der Mitte des Jahrhunderts ein deutscher Uhrmacher mit den Worten: »Alle übertraf der vortreffliche Engländer Gra-

Kadratur eines Repetierwerks von Taschenuhren aus A. Rees, The Cyclopaedia..., London 1820.

29

ham. Erleuchtet von der Theorie der Mathematik und der Gelersamkeit, und von der Erfahrung unterstüzzet, lieferte dieser gelerte Uhrmacher der Welt seine mühsame Erfindungen, und diese Welt ist gegen seine Verdienste so wenig undankbar gewesen, und wann ist sie es jemals gegen reelle Verdienste?« Wie schwierig und zeitraubend allerdings die Anfertigung komplizierter Hemmungen war, verrät die Feststellung Jean-André Lepautes (1720–1788) aus dem Jahre 1755, daß ein geschickter Uhrmacher allein für die Anfertigung eines einzigen Zylinderhemmungsrades drei Tage benötigte.

Der Engländer Henry Sully (1680–1728) und der berühmte französische Uhrmacher Julien Le Roy (1686 bis 1759) führen um 1715 die Ölsenkungen ein, winzige Hohlräume für das Schmieröl an den Lagerlöchern. Der Abbé de Hautefeuille (1647–1724), der als erster die Ankerhemmung bei Taschenuhren anwendete (Rechenan-

ker), berichtet im Jahr 1717 von Jean-Baptiste Dutertre (1684–1734), dieser habe eine Taschenuhr gebaut, deren Unruhschwingungen selbst dann gleich blieben, wenn man die Uhr heftig schüttele. Die in diesem Werk verwendete Hemmung ist die früheste Form der Duplexhemmung. Die Konstruktion einer leichter anzufertigenden und wirksamen Hemmung war im 18. Jahrhundert das zentrale Problem der Uhrmacherkunst; daher schreibt 1753 der junge Uhrmacher Pierre-Augustin Caron (1732–1799) an die Pariser Akademie der Wissenschaften: »Das Hemmungsprinzip der Uhrwerke war das Objekt meiner Überlegungen. Seine Mängel zu beseitigen und seine Funktion zu vereinfachen und zu vervollkommnen, darin bestand das Ziel meiner Bestrebungen.«

Die Akademien in Frankreich und England förderten durch die Aussetzung von Preisen und die prompte Veröffentlichung neuer Konstruktionen alle Bemühungen um die Erhöhung der Genauigkeit von Klein- und Großuhren. Sullys Hemmung für Schiffschronometer und seine Konstruktion von Rollenlagern für die Welle der Unruh werden 1716 im Journal der Akademie der Wissenschaften in Paris veröffentlicht, im Jahre 1732 teilt Julien Le Roy der Akademie seine Vervollkommnung der von Sully erdachten Hemmung mit, er ersetzt die ursprünglich dreieckigen Zähne des Hemmungsrads durch hakenförmige Zähne und den an der Unruhwelle befestigten schraubenförmigen Teil der Hemmung durch zwei Scheiben mit herausgenommenen Segmenten, durch die das Hemmungsrad geführt wird. Sein Sohn Pierre (1717–1785) publiziert 1748 die Beschreibung einer neuen Hemmung für Chronometer, die Voraussetzung für die noch bis in unser Jahrhundert benutzte Chronometerhemmung geworden ist. Wenige Jahre später gelingt ihm auch eine entscheidende Verbesserung der Duplexhemmung. Seit dem Jahre 1754 verwendet Thomas Mudge (1715–1794) bei dem Bau von Taschenuhren die freie Ankerhemmung.

Die meisten wichtigen Erfindungen und Verbesserungen der Konstruktion von Taschenuhren liegen vor der Mitte des 18. Jahrhunderts. Englische und französische Uhrmacher haben die Entwicklung fast allein bestimmt. Deutsche Handwerker finden auch im 18. Jahrhundert nur schwer Anschluß an die hervorragenden Leistungen in Frankreich und England. Immer größere Bedeutung bei der Herstellung von Taschenuhren erlangt die Schweiz, besonders Genf ist berühmt für seine zuverlässigen Uhren, die billiger sind als die in Frankreich gebauten. Seit

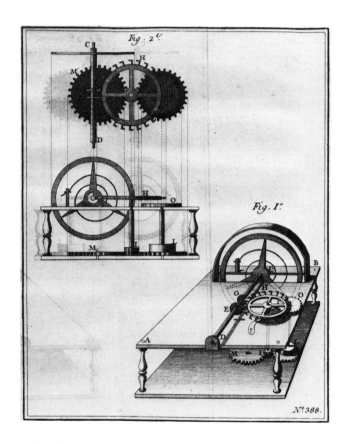

Sullys Hemmung, von J. Le Roy verbessert, aus M. Gallon, Machines et Inventions..., Paris 1732.

dem Ende des 16. bis in das 19. Jahrhundert arbeiteten Uhrmacher aus Genf sogar in Konstantinopel.

Auch der Vater Jean-Jacques Rousseaus war einige Jahre dort tätig und nannte sich nach seiner Rückkehr in die Heimat stolz »Uhrmacher des Serails«.

In Zedlers großem Universallexikon (Halle und Leipzig 1732–1794) heißt es: »… Die Genffer Uhren kommen darum in Betrachtung, weil sie wohlfeil zu haben; wie sie denn auch so häufig daselbst gemacht werden, daß man sie in Menge einkauffen, und, wie viel Genffer Kauffleute thun, hin und wieder in der Welt verhandeln kan.«

Das höchste Ansehen in der Uhrmacherkunst erreichten Schweizer Meister nach der Mitte des 18. Jahrhunderts, zu einer Zeit, als die kleineren Manufakturen zunehmend von fast industrieller Fertigung abgelöst wurden. Allein in Le Locle und in La-Chaux-de-Fonds wurden im Jahre 1756 15 000 Gold- und Silberuhren hergestellt.

Die künstlerisch vollendetsten Gehäuse wurden mit Emailmalereien in kräftigen hellen Farben geschmückt. Viele Pariser und Genfer Maler, selbst der berühmte Pastellmaler Jean-Étienne Liotard (1702–1789) gehörte zu ihnen, stellten Blumengebinde, Schäferszenen und Porträts auf den Deckeln und dem Boden der goldenen Taschenuhren dar. Niemals vorher oder später entstanden Taschenuhren vergleichbarer Schönheit und differenzierterer Farbigkeit.

Die Handwerker, die an dem Bau einer Taschenuhr mitarbeiten, führt ein Autor des 18. Jahrhunderts gewissenhaft auf:

»… Übrigens werden die Uhrmacher in ihren Arbeiten bedient durch die Gehäusemacher, durch die Stecher, welche das Zieferblat mit Figuren versehen, durch die Federmacher, durch den Emalgirer; die Uhrkette, woran man den Schlüssel hängt, liefern die Goldschmiede, und die Engländer sezzen die neuern aus polirten Stalgelenken zusammen. Alle Räder, Getriebe, Schrauben usw. schneiden die Uhrmacher selbst, und sie behaupten vor allen Metallarbeitern den Vorzug, daß sie ihre Sachen zu einer vollkommneren Rundung zu drehen wissen.«

Nach einer Angabe in der *Encyclopédie* beschäftigen sich fünfzehn Arbeiter mit der Herstellung einer Uhr, zu ihnen gehörte auch die *Fendeuse*, die die Aufgabe hatte, die Räder auszuspeichen.

Technisch führend blieben aber lange Zeit die stabilen englischen Uhren. Bis in die vierziger Jahre des 18. Jahrhunderts galten diese robusten Taschenuhren als die genaue-

sten. Die Handelsbeziehungen Englands erleichterten den Export zahlreicher Uhren nach Indien, China und Japan, nach dem osmanischen Reich und Nordamerika. Wie sehr Uhren in den außereuropäischen Ländern geschätzt wurden, beschreibt Anfang des 18. Jahrhunderts ein deutscher Reisender: »Sonderlich aber pflegen Christliche, nach Barbarischen Oertern reisende Abgesandte viel dergleichen mit sich zu führen, um sich unterwegens, dieses oder jenes barbarischen Amtsmannes, oder Stadthalters Gunst, und eine desto freyere Reise, dadurch zuwege zu bringen.«

Das Ansehen in England gebauter Taschenuhren und die in diesem Land hochentwickelte Technik rühmt 1763 Joh. Samuel Hallens: »… Die Sackuhren, deren Gebrauch heutigen Tages fast allgemein worden, belangend, so werden deren fast hin und wieder in gantz Europa gemacht, also, daß nicht leichtlich eine Stadt ist, in welcher sich nicht ein oder mehr Urmacher befinden solten. Unter allen aber hält man die Englischen Uhren für die besten,

Sullys Schiffschronometer aus M. Gallon, Machines et Inventions…, Paris 1717.

sonderlich die so genannten Repetier-Uhren, welche so künstlich eingerichtet, daß sie nicht allein von sich selbst schlagen, sondern, wenn nur das Gewercke an der Seite eingedrucket wird, so wohl die Viertel- als die gantzen Stunden, so, wie es an der Zeit ist, bemercken, und dieses zehen- ja zwanzig- und mehrmahl in einer Stunde, so offt sie nehmlich gedrücket werden, so gar, daß man auch nicht nöthig hat, dieselben aus dem Sacke hervor zu langen, sondern selbige nur darinne mit einer Hand drücken darff.«

Kurz vor der Mitte des 18. Jahrhunderts aber begann der Ruhm französischer Uhrmacher den aller anderen Länder zu überstrahlen. Ein Zeitgenosse schreibt damals: »Seit den Zeiten des englischen Graham stehen die englischen Uhren in einem so guten Rufe, daß ein Käufer schon von dem Namen London, welchen die Uhrmacher in Europa auf ihre Werke stechen müssen, wenn sie leben wollen, alle Befriedigung erwartet. England legte ganze Uhrenfabriken an, so lange als das Orakel der Zeit in London ausgesprochen ward. Endlich fiel das Vorurteil mit dem Namen ihrer großen Künstler, und man kann heut zu Tage keinen Erfinder in England aufweisen. Die Kunst scheinet sich dagegen nach den Ufern der Seine gewandt zu haben. Der Lauf der Natur hat einmal das Gesezze angenommen, daß Künste, wie die Handwerksgesellen, wandern müssen. Und in der That, es leisten jezzo die Franzosen gewis was vorzügliches in der Verfertigung der Uhren. Der französische Ehrgeiz, zu gefallen und den Beifall einer erleuchten Akademie zu gewinnen, hat nichts anders thun können, als der Theorie eine Aufklärung, und der Ausübung allen möglichen Grad der Richtigkeit zu geben.«

Schon vor der Mitte des Jahrhunderts werden die Gehäuse der Taschenuhren kleiner und handlicher, vielleicht auch bedingt durch die immer subtiler gebauten Werke. Der junge Uhrmacher Caron, der später unter dem Namen Beaumarchais literarischen Ruhm erlangte, preist vor Ludwig XV. die von ihm gebauten Taschenuhren, »die so flach sind, daß sie allgemein für die flachsten gehalten werden, die jemals hergestellt wurden.« Fast alle Uhren besitzen seit dieser Zeit einteilige Emailzifferblätter, kleinere Ziffern und zusätzlich noch den Minutenzeiger. Die Gehäuse der in Frankreich und in Genf hergestellten kostbaren Taschenuhren tragen Emailmalerei, meist kleinere Darstellungen im Zentrum des Gehäusebodens, die von Ranken und Blüten umgeben sind.

Charakteristisch für englische Uhren sind seit der Mitte des Jahrhunderts die silbergetriebenen Umgehäuse mit mythologischen Darstellungen. In Frankreich, der Schweiz und Deutschland verzichtet man im allgemeinen auf Umgehäuse, weil hier besonders leichte und flache Uhren geschätzt werden.

Welche Ansprüche nach der Mitte des Jahrhunderts an die Ganggenauigkeit von Taschenuhren gestellt wurden, zeigt die Feststellung eines deutschen Uhrmachers. »...Und daher thut eine Taschenuhr alles ihrige, wenn sie in 24 Stunden um eine Minute, oder in einer Woche um eine Viertelstunde irrt, und so kann man sie alle Woche einmal stellen.«.

Wie viele Mönche und Pfarrer seitdem späteren 17. Jahrhundert arbeitete auch der schwäbische Pfarrer Philipp Matthäus Hahn (1739–1790) an der Verfeinerung der Uhrentechnik und baute zusammen mit seinen Brüdern und Söhnen vorzügliche Uhren. Von den französischen Meistern übernahm er die in Paris schon häufiger verwendete Zylinderhemmung. Es gelang ihm als einem der wenigen deutschen Uhrmacher die Anfertigung von Taschenuhren mit zusätzlichen Indikationen, die den besten französischen Arbeiten ebenbürtig waren.

Die intensive Beschäftigung mit den Problemen einer immer größeren Ganggenauigkeit bestimmt die Uhrmacherkunst im gesamten 18. Jahrhundert. Schon im Jahre 1714, danach in den Jahren 1741, 1753 und 1774 hatte das englische Parlament den Erfindern besonders genau gehender Uhren, die für die Längenbestimmung auf offener See benötigt wurden, hohe Summen versprochen. Auch die Pariser Akademie der Wissenschaften und die Regierungen der Niederlande und Spaniens setzten Preise für solche Konstruktionen aus. Als erstem gelang John Harrison (1693–1776) der Bau eines Zeitmessers mit bis dahin unerreichter Zuverlässigkeit. Auf einer Reise nach Barbados wurde 1764 dieser Chronometer erfolgreich benutzt, der Erfinder erhielt allerdings erst neun Jahre später die letzte Rate des Preises von 20000 Pfund. In Frankreich bemühte sich der in der Schweiz geborene Ferdinand Berthoud (1727–1807) um die Konstruktion solcher Marinechronometer. Auf einer Schiffsreise erweist sich 1769 sein Chronometer als so zuverlässig, daß Ludwig XV. ihm dafür ein Patent bewilligt und ihn mit dem Bau aller Marinechronometer für die Königliche Flotte beauftragt.

Abraham-Louis Breguet

Das Ansehen der französischen Uhrmacher in der zweiten Hälfte des 18. Jahrhunderts zeigt ein Brief Abraham-Louis Breguets (1747–1823) an den Wohlfahrtsausschuß in Paris, in dem er schreibt: »Der Wunsch, Erfahrungen zu sammeln, bestimmte mich, mein Geburtsland, die Schweiz, zu verlassen, um mich in Frankreich niederzulassen, überzeugt, daß es die einzige Nation war, die in der Lage ist, die Fähigkeiten eines Künstlers zur Entfaltung zu bringen.« Der in der Schweiz geborene Uhrmacher zog im Jahre 1765 nach Paris, um dort seine Kenntnisse zu erweitern. Einige Zeit arbeitete er bei dem berühmten Ferdinand Berthould. Im Jahr 1775 gründete er seine Firma am *Quai de l'Horloge*. Schon seine ersten Taschenuhren machten ihn rasch am Hof bekannt, besonders bewundert wurden seine Uhren mit automatischem Aufzug. Er benutzte dabei das Pedometerprinzip, bei dem ein an einem Hebel befestigtes Gewicht während des Tragens auf und ab schwingt und dadurch die Zugfeder spannt. Einen solchen Aufzug besaß sicherlich die zweite von ihm signierte Uhr. Als Hemmung diente die Zylinderhemmung, für die wahrscheinlich bereits ein Zylinder aus Stein angefertigt worden war.

Abraham-Louis Breguet,
Lithographie von Louis-Leopold Boilly.

Da er als einer der ersten Uhrmacher die Unruh zwischen den Platten des Werks unterbrachte, waren die Gehäuse seiner Uhren außerordentlich flach. Ihre schlichte, niemals übertroffene Eleganz wurde noch gesteigert durch das Guillochieren, eine Dekorationstechnik, bei der wiederkehrende Muster maschinell eingraviert werden.

Breguet ist zwar, wie er auch selbst eingeräumt hat, nicht der erste gewesen, der Uhren mit Selbstaufzug gebaut hat. Schon von dem in Neuenburg tätigen Abraham-Louis Perrelet (1729–1826) weiß man, daß er vor 1780 Taschenuhren mit Selbstaufzug gebaut hat. Er hatte damals auch schon den später für den Aufzug automatischer Armbanduhren verwendeten Rotor in einer seiner Uhren benutzt. Breguet jedoch hat den Selbstaufzug so weit verbessert, daß er wirklich zufriedenstellend arbeitete; nur durfte die Uhr niemals in die Hände eines unerfahrenen Uhrmachers geraten. So fragt der schwedische Baron Axel von Fersen, dem Marie Antoinette einige Jahre zuvor Breguets Uhr No. 14 mit Selbstaufzug geschenkt hatte, ob der Meister nicht das Werk auswechseln könne, da diese Uhren sehr empfindlich seien und es nur wenige Mechaniker gebe, die sie einrichten können. Die Königin schätzte Breguets Taschenuhren höher als die Arbeiten der beiden Hofuhrmacher Lépine und Robin. Auch Ludwig XVI., der in seiner Jugend selbst als Schlosser und Uhrmacher ausgebildet worden war, kaufte mehrmals Uhren bei Breguet. Eine 1783 von einem Offizier der königlichen Garde in Auftrag gegebene Uhr, die alle um das Ende des 18. Jahrhunderts bekannten Besonderheiten aufweisen sollte, wurde wohl auch wegen damit verbundenen Schwierigkeiten von Breguet erst 1823 fertiggestellt. Sie besitzt einen automatischen Aufzug, einen »ewigen Kalender«, sie zeigt die Aequation (die Zeitgleichung, den Unterschied zwischen wahrer und mittlerer Zeit) an, sie hat ein Minuten-Repetierwerk, ein eingebautes Thermometer und eine unabhängige Sekundenanzeige. Das Werk ist vollständig – mit Ausnahme der Triebe – aus Gold gefertigt, die Zapfen der Räder laufen in Saphirlagern.

Der radikalste Versuch, die Einteilung des Tages in 24 Stunden und die unterschiedliche Länge der Monate abzuschaffen, wurde im Jahre 1793 unternommen. Der Konvent will die »ère vulgaire« durch eine neue Ordnung ersetzen. Das Jahr soll in Zukunft aus 12 Monaten mit je 30 Tagen bestehen, jeder Monat aus 3 Dekaden, der Tag soll in 20 Stunden unterteilt werden. Diese Kalenderreform, die einen völligen Bruch mit jahrtausendalten Traditionen bedeutete, galt offiziell bis zum 1. Januar 1805, an dem wieder der Gregorianische Kalender die revolutionäre Ordnung ablöste. Aus dem Jahrzehnt der neuen Zeiteinteilung haben sich zahlreiche Taschenuhren erhalten, die allerdings meist zugleich die alten und die neuen Angaben auf den Zifferblättern besitzen. Auf vielen Uhren waren die Allegorien von Freiheit, Gleichheit und Brüderlichkeit oder Embleme der Revolution dargestellt.

Während der Revolutionsjahre hielt sich Breguet in der Schweiz, in Neuenburg, auf. Dort beschäftigte er sich mit Verbesserungen des aus einem Edelstein gefertigten Zylinders, der Zylinderhemmung und des Repetierwerks für Taschenuhren.

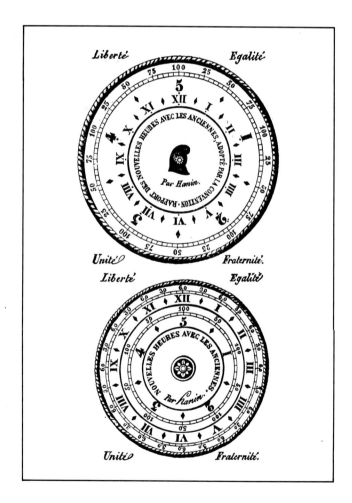

Entwürfe für Taschenuhr-Zifferblätter von dem sonst unbekannten Emailmaler Hanin, nach 1793

Farbtafel 2

Spindeltaschenuhr mit Goldemail, Frankreich um 1745. »Julien le Roy à Paris 230« auf hinterer Platine.
Gold. Auf der Rückseite in Emailmalerei Darstellung eines jungen Mannes, der einem Mädchen als Liebeszeichen eine Taube in einem Vogelbauer schenkt. Innenseite Darstellung einer Landschaft. Zifferblatt Email mit römischen Ziffern. 4,6 cm.
Spindelhemmung. Kette und Schnecke. **22 000,–/24 000,–**

Taschenuhr mit Automat, Schweiz (Genf) um 1800. »Robert & Courvoisier« auf hinterer Platine.
Gold. Verglaste Emailmalerei mit Darstellung einer Küferwerkstatt. Die aus mehrfarbigem Goldblech ausgeschnittenen Figuren vor einem Landschaftsausblick beginnen zu arbeiten, sobald der Automat ausgelöst wird. Gleichzeitig scheint auch das Wasser an dem von einem Delphin bekrönten Pfeiler herabzufließen und das Feuer unter dem Faß zu brennen. Zifferblatt mit Reguliervorrichtung Email mit arabischen Ziffern. Stahlzeiger. 5,8 cm.
Ankerhemmung. Automatenmechanismus, der durch Druck auf den Bügelknopf gespannt und ausgelöst wird. **55 000,–/60 000,–**

Taschenuhr (Savonnette), England um 1880.
Gold 18 Kt. Sprungdeckel mit Darstellung eines Jockeys auf Rennpferd nach einem Bild des in der 1. Hälfte des 19. Jhs. tätigen englischen Malers Henry Alken in Emailmalerei, eingefaßt von einem Rahmen in Renaissanceformen mit kobaltblauem Emailgrund und kleinen inkrustierten Brillanten. Zifferblatt Email mit römischen Ziffern. Stahlzeiger. Rückseite Monogramm mit Brillantrosen. 5,7 cm.
Ankerhemmung. Breguet-Spirale. Viertelstundenselbstschlag, Minutenrepetition. Chronograph. **38 000,–/40 000,–**

Taschenuhr, England um 1830. »Ilbery London 6240« auf dem Werk.
Umgehäuse Gold guillochiert und graviert. Ornamentale Emailmalerei. Der Rand gewellt und durchbrochen. Gehäuse Gold guillochiert und graviert. Ornamentale Emailmalerei in blau und rot. Rand mit kleinen Schallöchern. Zifferblatt Email mit zentralem Sekundenzeiger. 6,4 cm.
Duplexhemmung mit aufgeschnittener Unruh. 3/4-Stundenselbstschlag-Werk auf Glocke. **45 000,–/50 000,–**
P. Ineichen, Zürich

Im Jahre 1795 kehrt er nach Paris zurück. Noch im gleichen Jahr gelingt es ihm, mögliche Lagefehler der Unruh einer Taschenuhr dadurch auszugleichen, daß er sie zusammen mit den Hemmungsteilen in einem separaten Gestell, dem sogenannten *Tourbillon* unterbringt, der, vom Sekundenrad der Uhr angetrieben, sich einmal in der Minute dreht. Wie begehrt Taschenuhren von Breguet gewesen sind, verrät schon die Bezeichnung »Souscription« für jene einzeigerigen flachen Uhren, deren Werke aus nur 14 einzelnen Teilen bestehen. Sie konnten nur nach vorheriger Bestellung geliefert werden, bei der eine Anzahlung, eben die *Souscription*, geleistet werden mußte. Seit 1795 baut Breguet auch Taschenuhren mit »ewigem Kalender«, er benutzt die Tonspirale als Klanggeber, er verändert die herkömmliche Form der Spiralfeder der Unruh so, daß das Unruhsystem seinen Schwerpunkt beim Schwingen nicht mehr verlagert. In den Jahren um 1800 entwickelt er auch die nach ihm benannte Zeigerform, die hinter der Spitze erweitert und durchbohrt ist. Wie sehr der Name Breguet bald zur Bezeichnung für hervorragende Uhren geworden ist, zeigt eine Stelle aus Puschkins »Eugen Onegin« (1825): »...ein Stutzer, der die Promenaden besucht, schlendert dort müßig, bis ihn seine wachsame Breguet an den Mittag erinnert.« Jules Verne läßt seinen Phileas Fogg seine »Reise um die Welt in achtzig Tagen« mit einer Breguet unternehmen.

Von der »Zwiebel« zur Armbanduhr

Aber noch über die Mitte des 19. Jahrhunderts hinaus werden Taschenuhren mit Spindelhemmung gebaut, deren Gehäuse jedoch viel flacher geworden sind. Die damals in Genf gefertigten Uhren besitzen häufig auf der Rückseite kleinere figürliche Emailmalereien, die nach etwa 1850 von schlichtem floralem Dekor abgelöst werden. In diesen Jahren kommen auch die einfarbig, meist blau, emaillierten Taschenuhren auf, deren Goldgrund oft guillochiert ist. Gegen Ende des Jahrhunderts beschränkt sich die Emaillierung im allgemeinen auf die Füllung von gravierten Ornamenten. Auf dem Lande wurden bis zum Jahrhundertende die gewohnten dicken Silber- oder Nikkeluhren, die »Zwiebeln« oder »Brater« als besonders robust und zuverlässig geschätzt. Wilhelm Busch beschreibt seine erste Uhr, die er als Sechzehnjähriger erhielt, recht zurückhaltend als »alt, nach dem Kartoffelsystem.« Während für den Herrn seit der zweiten Hälfte des 18. Jahrhunderts die Taschenuhr ein selbstverständlicher Besitz geworden ist – im Jahre 1771 schon schreibt ein Journal von »den Sackuhren, deren Gebrauch heutigen Tages fast allgemein geworden ist« – werden erst nach 1850 Damentaschenuhren in größerer Zahl gebaut. Die einfacheren Modelle sind lediglich verkleinerte Taschenuhren, bald danach entstehen aber auch die ersten *Formuhren* des 19. Jahrhunderts. Diese meist in der Schweiz, in Frankreich und Österreich gebauten Uhren besitzen nicht die phantasievolle Vielfalt der in der Renaissance und im Manierismus angefertigten Formuhren. Solche mit Brillanten eingefaßten und farbig emaillierten Uhren, deren Gehäuse am häufigsten kleine Käfer nachbilden, waren jedoch vielfach eher Schmuckstücke als zuverlässige und regelmäßig benutzte Zeitmesser.

Nach der Mitte des Jahrhunderts wird die *Savonette*, eine flache Taschenuhr mit vorderem Sprungdeckel, die beliebteste Taschenuhrform. Dieser häufig gravierte und mit dem Monogramm des Besitzers versehene Deckel schützte die in der Westentasche getragene Uhr vor Stößen und vor Beschädigungen. Nur in England behalten noch bis über die Jahrhundertmitte fast alle Taschenuhren die hochgewölbten Silbergehäuse. Auch bei den für die dortigen Manufakturen typischen Spitzzahnankeruhren befindet sich die Unruh noch immer auf der hinteren Platine. Flachere »englische« Uhren besitzen oft ein aus der Schweiz importiertes Werk. Während die Schweizer Uhrmacher ihre führende Stellung auch nach 1800 bewahren konnten, verloren die englischen Meister an Ansehen bei der Herstellung von Taschenuhren. Dennoch ermöglichten die neu gewonnenen Kolonien einen gewaltigen Absatz oft technisch recht einfacher Uhren. Der Erbauer der berühmten Uhr in Westminster, Edward John Dent (1790–1853), und Georg Prior (1782–1830) stellten in ihren Manufakturen zahlreiche Uhren für den Export in das osmanische Reich her.

Bei der Herstellung von hervorragenden Taschenchronometern, die meist als Beobachtungsuhren an Deck der Schiffe benutzt wurden, behielt die englische Uhrmacherei jedoch im 19. Jahrhundert ihre große Bedeutung. Firmen wie Arnold, Dent, Frodsham, Pennington und viele andere bauten solche Zeitmesser oft in größeren Serien. Auch in Frankreich wurden in dieser Zeit Schiffschronometer, allerdings in kleinerer Zahl, hergestellt. Auch die Produktion von Taschenuhren spielte hier eine geringere Rolle als im 18. Jahrhundert. Nur wenige Uhrmacher wie Joseph-Thaddäus Winnerl (1799–1886), bei dem Adolf Lange aus Dresden einige Jahre in Paris gearbeitet hat, erwarben sich internationale Anerkennung. Nach England war Frankreich das Land, in dem während des 19. Jahrhunderts die meisten Schiffschronometer gebaut worden sind.

Die im 19. Jahrhundert entstandenen Taschenuhren haben meist ein weiß-emailliertes Zifferblatt, schon seit dem Ende des vorausgehenden Jahrhunderts regelmäßig mit arabischen Ziffern. Die Anzeige der Sekunden erfolgt, abgesehen von den Spindeltaschenuhren, auf einem kleineren Hilfszifferblatt. Die nach Breguet benannte Zeigerform wird seit 1830 bei den meisten Taschenuhren verwendet. Gegen Ende des Jahrhunderts entstandene Taschenuhren besitzen gelegentlich Zifferblätter mit römischen Ziffern, für deren Einteilung Großuhren des 18. Jahrhunderts vorbildlich sind; sie haben oft auch Zeiger, die barocke Formen variieren oder wiederholen.

Die technische und künstlerische Tradition bei dem Bau von kostbaren und von relativ billigen Taschenuhren war die Grundlage für die Entwicklung der Schweizer Uhrenindustrie im 19. und in der ersten Hälfte des 20. Jahrhunderts. Im Jahre 1760 arbeiteten allein in der Stadt Genf mehr als 800 selbständige Uhrmachermeister, 1870 waren 2095 Männer und 1139 Frauen in der Stadt mit der Herstellung von Uhren beschäftigt, in Neuenburg waren damals fast 15000 Menschen in der Uhrenindustrie tätig. Durch eine weitgehende handwerkliche Spezialisierung, durch neu entwickelte Maschinen und vorgefertigte Einzelteile wurde die Massenherstellung genauer und doch billiger Taschenuhren ermöglicht.

Adrien Philippe (1815–1894) konstruierte 1842 den ersten Kronenaufzug, der den Uhrenschlüssel überflüssig macht. Zwei Jahre später erkennt der Comte de Patek die Vorteile des neuen Aufzugsystems und gründet zusammen mit dem Uhrmacher Philippe die Firma Patek, Philippe & Co., deren schlüssellose Uhren bald den Markt beherrschten. Auch Antoine Lecoultre fügte seit 1846 seinen Uhren den Kronenaufzug an. Die Firma Vacheron & Constantin exportiert seit den dreißiger Jahren viele Taschenuhren in die Vereinigten Staaten; 1865 bestellt selbst der Kaiser von China hier eine außergewöhnliche, kostbare Uhr.

Gegen Mitte des 19. Jahrhunderts gewinnt Deutschland vornehmlich durch Adolf Lange (1815–1875) im sächsischen Glashütte neuen Ruhm in der Herstellung präzis ge-

arbeiteter Taschenuhren. Der junge Uhrmacher ging nach seiner Lehrzeit bei dem »Königlichen Hofuhrenmacher« Christian Friedrich Gutkaes (1784–1845) in Dresden für drei Jahre nach Paris, um dort bei dem Breguet-Schüler Joseph-Thaddäus Winnerl (1799–1886) seine Kenntnisse zu erweitern. Nach Dresden zurückgekehrt, tritt er in das Geschäft seines ehemaligen Lehrherrn als Teilhaber ein. In den folgenden Jahren baut er nach eigenen Plänen astronomische Pendeluhren und Chronometer. 1845, im Todesjahr von Gutkaes schließt er mit der sächsischen Regierung, die durch Darlehen die Schaffung neuer Arbeitsplätze fördert, einen Vertrag, in dem er sich verpflichtet, »in einem neuen Fabrikationsbetrieb« 15 Ausbildungsplätze für Umschüler einzurichten. Im gleichen Jahre beginnt in Glashütte die Produktion von Taschenuhren. Zunächst wurden hier Zeitmesser mit dem einfachen Stiftenanker gebaut, der jedoch bald durch einen Anker mit Steinhebeflächen ersetzt wird.

Als einer der ersten Uhrmacher benutzte Lange ausschließlich das metrische Maßsystem und nicht mehr das früher übliche Pariser System mit zwölf Linien, baute Zehntelmaße und neuartige Mikrometer und legte so Grundlagen für eine genauere maßhaltige Herstellung der einzelnen Werkteile. Verbesserte Fräsmaschinen zum Schneiden der Räder wurden eingeführt, die Triebzahnungen wurden aus bereits gehärtetem Stahl hergestellt. Durch eine noch exaktere Bearbeitung der Werkteile wurden Uhren hergestellt, die trotz ihrer herkömmlichen Konstruktion außerordentlich zuverlässig waren. Das Hemmungssystem der frühen Lange-Uhren besteht meist aus einem Anker und einem Ankerrad aus Gold. Die hintere Platine ist eine 2/3-Platine, Anker und Unruh besitzen einen separaten Kloben, als Deckstein für die Unruh wird stets ein Diamant verwendet. Der Regulierhebel hat seit etwa 1880 die charakteristische Schwanenhalsform. Die ersten Taschenuhren mit Kronenaufzug werden von Lange schon um 1850 gebaut. Schon vor dem Jahr 1900 waren in Glashütte bei der Firma Lange & Söhne mehr als 40000 Taschenuhren hergestellt worden. Die Gründung der Uhrmacherschule in Glashütte im Jahr 1878 – Moritz Großmann (1826–1885) war ihr erster Leiter – zeigte die Bedeutung dieser Stadt für die Herstellung genauer und zuverlässiger Uhren. Inzwischen waren dort auch Betriebe entstanden, die Werkzeuge für die Uhrenfertigung oder auch ganze Uhren herstellten und häufig mit der Firma A. Lange & Söhne geschäftlich verbunden waren.

Nachdem die Kleinuhren in den ersten Jahrhunderten nach ihrer Erfindung meist an einer Kette um den Hals getragen worden waren, befestigte man sie seit dem 18. Jahrhundert auch häufig am Gürtel, oft an einer eigenen Uhrkette, der Châtelaine, oder trug sie in der Westentasche. Schon vor 1800 werden kleine Uhren gelegentlich in Armreifen eingebaut. Im Jahre 1880 bestellte das Kaiserliche Marineamt in Berlin bei einer Schweizer Firma für Seeoffiziere kleinere Uhren, die an einem Metallreifen um das Handgelenk getragen werden sollten, aber erst nach 1920 verdrängt die Armbanduhr rasch die jahrhundertealte Taschenuhr. Ihr Werk und Aussehen haben sich in den beiden letzten Jahrzehnten durch die Fortschritte in der Elektronik, die Verwendung des Quarzes als Regulator, unterschiedlicher digitaler Anzeigen und die immer kurzlebiger werdenden Moden verändert.

Die in den letzten drei Jahrhunderten immer schneller aufeinander folgenden Verbesserungen bei der Technik der Zeitmessung bestätigen das Wort, das im Jahre 1696 ein Erfinder über die Mitteilung seiner neuen Konstruktion gesetzt hat: »Was einmahl ist erfunden, machst leicht du allen Stunden.«

»Schwarzwälder Uhrenindustrie«. Holzstich um 1880

Ratschläge für den Sammler

ERFORDERLICHE KENNTNISSE

Das kritische Sammeln von alten Uhren ist wahrscheinlich schwieriger als das anderer Objekte des Kunstgewerbes, weil der Sammler einerseits auf das Äußere, das Gehäuse und dessen kunstgeschichtliche Stellung achten muß und andererseits fähig sein sollte, den Zustand des Inneren, des Werks und etwaiger Ergänzungen annähernd zu beurteilen. Bei der Bewertung von Großuhren werden mehr detaillierte Kenntnisse der stilistischen Entwicklung und der Technik benötigt als bei Taschenuhren. Da aber ein solcher Überblick nur schwer zu gewinnen ist, empfiehlt sich eine Beschränkung auf bestimmte zeitliche Epochen oder auf regionale Typen.

Schon das Studium etwa der französischen Pendulen des 18. Jahrhunderts erfordert, wenn es ernsthaft betrieben wird, Kenntnisse der wichtigsten Werkskonstruktionen, der sich wandelnden Gehäuseformen, ihrer in bestimmten Jahrzehnten bevorzugten Materialien – etwa Schildpatt, gefärbtes Horn, Vernis Martin, Marmor und Email – und der stilistischen Veränderungen bei den verwendeten Appliken aus vergoldeter Bronze und von deren technischer Bearbeitung. Ein weniger geübtes Auge kann leicht von Nachbauten des 19. Jahrhunderts getäuscht werden, die sich allerdings durch die eingebauten Werke, die Herstellungsmethode der Gehäuse und die Bearbeitung des Bronzedekors von Stücken des 18. oder späten 17. Jahrhunderts unterscheiden. Auch mit den Namen und dem Werk der berühmtesten Meister, soweit deren Arbeiten noch im Handel angeboten werden, sollte der kritische Sammler einigermaßen vertraut sein.

Deutsche Tischuhren mit horizontalem Zifferblatt aus dem 17. und 18. Jahrhundert sind ebenfalls ein reizvolles Sammlungsgebiet. Die Entwicklung ihrer Bronzegehäuse von den ursprünglich fast immer runden zu den späteren quadratischen oder polygonalen Formen zusammen mit ihrem schlichten Dekor, die beide gemeinsam erst eine zeitliche Festlegung ermöglichen, müssen dem Sammler wenigstens in den Grundzügen bekannt sein. Ebenso wichtig für eine Datierung sind die gravierten Schmuckformen an sichtbaren Teilen des Werks, an Schloßscheibe, Kloben oder Unruhbrücke, die Ausgestaltung der Schlagwerkshämmer und die Form der Signaturen. Das wiederum setzt eine gewisse Kenntnis der Entwicklung der Ornamentik im 17. und 18. Jahrhundert voraus, die im allgemeinen leichter zu erlangen ist als ein Überblick über die in dieser Zeit verwendeten Werkskonstruktionen.

Den engagierten Sammler von Taschenuhren leitet meist mehr das Interesse an der technischen Vollkommenheit als an den Schmuckformen der Gehäuse, obwohl etwa die Goldemailtaschenuhren fast immer wegen ihrer Schönheit und ihres künstlerischen Wertes erworben werden. Die technischen Meisterwerke des 19. Jahrhunderts, die Taschenuhren von A.-L. Breguet, die vieler bekannter Schweizer Uhrmacher, die in Glashütte gebauten Uhren, werden jedoch von Sammlern, die sich von der Konstruktion des Werks faszinieren lassen, besonders geschätzt.

SAMMLUNGSGEBIETE

Da ein zuverlässiger und umfassender Überblick über die Entwicklung der Zeitmesser heute kaum mehr möglich scheint und das kenntnisreiche Sammeln von Beispielen sämtlicher Epochen wohl bei den meisten Sammlern auch auf finanzielle Schranken stößt, wird man sich auf gewisse Teilgebiete konzentrieren müssen. Die silbernen Spindeltaschenuhren des späten 18. und frühen 19. Jahrhunderts können für viele angehende Sammler ein Ausgangspunkt für eine später umfassendere Kollektion sein, weil sie in größerer Zahl und zu günstigeren Preisen noch auf dem Markt erhältlich sind. Selbst kompliziertere Uhren etwa mit einem Viertelstunden-Repetierschlagwerk kosten oft wesentlich weniger als um 1900 entstandene Taschenuhren mit vergleichbarer Technik. Als technisch und ästhetisch reizvolle Arbeiten machen sie den Sammler mit Konstruktionen und – in einem gewissen Maße – auch mit der stilistischen Entwicklung vertraut. Ein solches Sammlungsgebiet läßt sich dann auf frühere Stücke wie etwa die reizvollen französischen Oignons der Zeit um 1700 oder auch auf die technisch anspruchsvolleren Uhren des späteren 19. Jahrhunderts sinnvoll erweitern und ausbauen.

In jedem Falle sollte der ernsthafte Sammler mit einem bestimmten und überschaubaren Gebiet beginnen, auf dem er sich Qualitätsmaßstäbe und Marktkenntnisse relativ schnell erwerben kann. Zahlreiche Publikationen von allerdings sehr unterschiedlichem Wert informieren über die Geschichte der Zeitmessung, über einzelne Epochen und bestimmte Uhrentypen. Neben den größeren handbuch-artigen Werken müssen von dem ernsthaften Sammler besonders die meist kleineren Darstellungen über die Entwicklung einzelner Uhrenformen herangezogen werden. Seit etwa zwei Jahrzehnten erscheinen immer häufiger fotomechanische Nachdrucke von Büchern über die Uhrmacherkunst aus dem 18.–19. Jahrhundert, die mehr für den Sammler mit größeren Kenntnissen nützlich sind, weil sie im allgemeinen das in früheren Jahrhunderten weiter verbreitete Wissen über Anfertigung und Technik von Uhren voraussetzen und ihre Terminologie keineswegs immer der heutigen entspricht.

Entscheidender als Bücher ist ein geschultes Auge. Kein Sammler kann auf den Besuch von Museen, Kunstmessen und Händlern verzichten, wo er den Originalstücken begegnet. Erst die genaue und vergleichende Kenntnis möglichst vieler Uhren, ihres Dekors und ihrer Werke, ist die Voraussetzung für ein begründetes Urteil über Qualität, Zustand und Ergänzungen. Nur diese ständige Übung führt zu einer wirklichen Sicherheit bei der Beurteilung und läßt den Liebhaber alter Uhren oft noch ein von anderen übersehenes und unterschätztes Stück entdecken, was ja die Hoffnung eines jeden Sammlers ist.

MUSEEN UND SAMMLUNGEN

Einen Überblick über die Geschichte der Zeitmessung und die Entwicklung der Uhren erlangt der künftige Sammler am leichtesten durch den wiederholten Besuch von Museen und Sammlungen. Obwohl es nur relativ wenige gänzlich diesem Gebiet gewidmete Museen gibt, findet der interessierte Besucher reizvolle und historisch bedeutsame Stücke immer in den großen und häufig auch in den kleineren Museen. Leider fehlen sehr oft wissenschaftlich zureichende Veröffentlichungen, aber gerade in den kulturhistorischen Sammlungen begegnet der Liebhaber den Kunstwerken und den Zeugnissen des alltäglichen Lebens der Zeit, aus der die ausgestellten Uhren stammen.

In Deutschland sind besonders zu empfehlen die Sammlungen in Berlin (Kunstgewerbemuseum), in Dresden (Staatlich-Mathematisch-Physikalischer Salon mit Zeitmessern aus dem 16. bis 18. Jh.), in Kassel (Astronomisch-Physikalisches Kabinett mit Uhren und astronomischen Instrumenten aus dem 16. und 17. Jh.), in München (Bayerisches Nationalmuseum und Residenzmuseum mit Uhren aus dem 16. bis in das 19. Jh. und die instruktive Sammlung im Deutschen Museum mit Objekten von den Anfängen der Uhrmacherkunst bis in den Beginn des 20. Jh.), Nürnberg (Germanisches Nationalmuseum mit Beständen vom 15. bis in das 18. Jh.) und die reichhaltige Kollektion in Stuttgart (Württembergisches Landesmuseum, das auch die glanzvolle Sammlung des Kienzle-Uhrenmuseums in Schwenningen und die Prunkuhren des 16. Jahrhunderts aus der Sammlung Fremersdorf übernommen hat).

Während in den zahlreichen Heimatmuseen sich meist nur in der Region entstandene Uhren befinden, bewahren Burgen und Schlösser oft Uhren, die in Frankreich oder England gebaut worden sind und die von dem intensiven Austausch von Kenntnissen und Formen der Uhrmacherei im Europa der letzten Jahrhunderte zeugen. Viele der mittleren Museen besitzen respektable und interessante Sammlungen, das Maximilianmuseum in Augsburg (16.–17. Jh.), das Historische Museum in Bamberg (16.–18. Jh.), die Veste Coburg (18.–19. Jh.), das Stadtmuseum in Ulm (16.–18. Jh.) und das Mainfränkische Museum in Würzburg (15.–18. Jh.).

Nur einige wenige Museen in Deutschland beschränken ihre Sammlungstätigkeit einzig auf dieses Sammlungsgebiet: die Historische Uhrensammlung der Staatlichen Ingenieurschule für Feinmechanik in Furtwangen, in die jetzt die glanzvolle Sammlung des Kienzle-Uhrenmuseums (früher Schwenningen) eingegliedert ist, und das von der Firma Abeler begründete Uhrenmuseum in Wuppertal.

Anders ist es in der Schweiz; zu den bedeutendsten fast nur der Geschichte der Uhren gewidmeten Museen gehören in Basel das Haus zum Kirschgarten (17.–19. Jh.), in Genf das *Musée de l'Horlogerie* und das *Musée d'Art et d'Histoire* (Taschenuhren und Automaten vom 17.–19. Jh.), in Le Locle das *Musée d'Horlogerie* (17.–19. Jh.), in Neuchâtel (Neuenburg) das *Musée d'Art et d'Histoire* (Automaten und Taschenuhren 17.–19. Jh.), in Winterthur die im Rathaus untergebrachte Sammlung (16.–18. Jh.) und in Zürich das Schweizer Landesmuseum (16.–18. Jh.).

Außerordentlich reiche Bestände an Uhren und Zeitmessern der verschiedensten Konstruktionen besitzen die Museen in London: das *Clockmakers Company Museum*, das *British Museum* mit der berühmten *Ilbert-Collection*, das *Victoria-and-Albert-Museum*, das *Science-* und das *National Maritime Museum*.

In Frankreich bewahrt das *Musée des Arts Décoratifs* in Paris Pendulen vom 17. bis in das 19. Jahrhundert, andere wichtige Beispiele findet man in den zahlreichen Schlössern, deren Ausstattungen den Sturm der Französischen Revolution überstanden haben oder die neu eingerichtet worden sind wie in Versailles, in Blois oder Chantilly.

In Österreich gewähren die beiden Wiener Sammlungen, die des Kunsthistorischen Museums und des Uhrenmuseums der Stadt Wien, einen instruktiven Überblick über die Geschichte der Uhrmacherkunst vom 16. bis in das 19. Jahrhundert.

In Utrecht befindet sich das *Museum en Archief van Tijdmeetkunde*, das vornehmlich schöne Beispiele englischer und niederländischer Uhren präsentiert.

In den USA ist für den Uhrenliebhaber von besonderem Interesse die Sammlung des National Museum of History and Technology in der Smithonian Institution in Washington.

Nur wer viele Uhren genau und verständnisvoll betrachtet und mit anderen Stücken verglichen hat, wird sich bei seinen Erwerbungen sicher fühlen.

DER KAUF ALTER UHREN

Im allgemeinen wird man heute bei Fachhändlern kaufen, weil sie anders als die Auktionatoren für ihre Ware haften; den Trödlern, bei denen man zwar manchmal ein hübsches Objekt finden kann, fehlt oft die umfassende Kenntnis, was in vielen Fällen auch überhöhte Preise bedingt. Auktionen von Uhren sind in den letzten Jahren immer häufiger geworden, in Deutschland und in der Schweiz haben sich einzelne Firmen erst nach dem Kriege ganz auf die Versteigerung von Groß- und Kleinuhren spezialisiert. Auch bei allgemeinen Kunstauktionen ist das Angebot von Uhren ständig größer geworden. Die in den Katalogen gegebenen Beschreibungen sind nicht immer von absoluter Zuverlässigkeit, weil sie oft unter zeitlichem Druck entstanden sind. Dennoch sind die Auktionskataloge das gegenwärtig beste Mittel, den Markt nach Angebot und Preisen zu übersehen. Die auf Auktionen gezahlten Preise – der Käufer sollte allerdings niemals außer Acht lassen, daß der Preis durch Aufgeld und Steuer sich noch um etwa 20 % erhöht – bestimmen den Handelswert vergleichbarer Stücke auch auf dem restlichen Markt. Der Sammler sollte in jedem Fall die Möglichkeit der Vorbesichtigung nutzen, um den Zustand des ihn interessierenden Objektes zu überprüfen. Wenn er bei der Auktion nicht selbst anwesend sein kann, was oft nachteilig ist, weil nicht alle Auktionatoren Ergebnislisten verschicken, bleibt ihm nur ein schriftliches Gebot auf das gewünschte Stück. Oftmals wird er das von ihm festgelegte Limit später bedauern, wenn er erfährt, daß die Uhr für einen nur geringfügig höheren Preis versteigert worden ist. Kommt es bei den Auktionen auf schnelle Entschlüsse an – meist unter zeitlichem Druck – so ist ein Kauf bei einem spezialisierten Händler oft das Ergebnis eines längeren Gespräches und fachlicher Beratung, zudem haftet der Händler für die zugesicherten Eigenschaften eines Stückes. Er wird in der Regel die von ihm angebotenen Uhren genauer kennen als es einem Auktionator schon aus zeitlichen Gründen möglich ist. Ein Händler wird in vielen Fällen auch bereit sein, eine bei ihm gekaufte Uhr bei dem Erwerb eines größeren Objektes in Zahlung zu nehmen. Vorsichtig sollte man bei den von privater Seite angebotenen Uhren sein, weil fast immer das Stück schon vorher mehrfach Händlern angeboten worden ist, die den Ankauf abgelehnt haben, und die geforderten Preise meist unverhältnismäßig hoch sind.

AUFBEWAHRUNG

Alte Uhren sollten stets in einem nicht zu warmen und nicht zu feuchten oder trockenen Raum aufbewahrt werden. In überheizten Zimmern sind die Furniere und Kästen von Uhren mit Holzgehäusen gefährdet, weil schon bald ein Austrocknen des Holzes zu Rissen führt, dabei lösen sich meist auch die Furniere. Viele französische Pendulen mit Schildpattfurnieren, die oft mehr als zwei Jahrhunderte unbeschädigt geblieben sind, erleiden wie viele furnierte und intarsierte Möbelstücke erst heute größere Schäden durch die trockene Heizungsluft. Die meisten der im Handel angebotenen Luftbefeuchter bieten einen wirksamen Schutz vor solchen Schäden, schon ein einfaches Hygrometer zeigt die Luftfeuchtigkeit, die etwa bei 60 % bis 70 % liegen sollte, recht zuverlässig an. Größere Temperaturschwankungen sollten ebenfalls vermieden werden, weil dadurch die Ganggenauigkeit beeinflußt wird und die Zugfeder leidet.

Alte Taschenuhren werden zweckmäßig in Vitrinen oder geschlossenen Schränken aufbewahrt, damit sie vor Erschütterungen und Beschädigungen gesichert sind, auch sie sollten wie Großuhren möglichst vor dem Eindringen von Staub geschützt werden, weil ihre Gehäuse nicht immer völlig staubdicht sind, was durch geeignete Etuis oder durch Einschlagen in weiches Fensterleder oder Stoffbeutel geschehen kann.

Uhren, besonders aber Taschenuhren, sind anders als Möbel stärker diebstahlgefährdete Objekte, weil sie leicht transportiert werden können, oft auch einen hohen materiellen Wert besitzen und nicht immer rasch identifiziert werden können. Darum sollten sie in guten Fotos und exakten Beschreibungen mit Maßangaben dokumentiert werden, was bei einem Diebstahl eine Nachforschung entscheidend erleichtert. Auch der Verlust einer kleineren Sammlung ist nicht selbstverständlich durch eine Hausratversicherung gedeckt, sie muß entweder separat versichert werden oder bei dem Abschluß oder einer Veränderung des Versicherungsvertrages angegeben werden.

REPARATUREN UND PFLEGE

Auch zuverlässig laufende Uhren sollten nach einigen Jahren von einem auf die Reparatur alter Uhren spezialisierten Meister überprüft werden, weil nur dadurch etwaigen Schäden vorgebeugt werden kann und auch bei einem gut funktionierenden Werk manche Stellen gesäubert und neu geölt werden müssen. Bei Schäden an Gehäuse oder Werk sollte man sich stets an den Fachhändler wenden, der in manchen Fällen eine eigene Werkstatt besitzt oder aber einen Fachmann nennen wird, dessen Fertigkeit er kennt. Vor den Dilettanten, die angeblich auch alte Uhren reparieren können, sei eindringlich gewarnt. Selbst ausgebildete, verantwortungsbewußte Uhrmachermeister lehnen vielfach die Reparatur alter Uhren ab, weil sie wissen, daß

dazu eine Erfahrung gehört, über die sie nicht immer verfügen. Viele Beschädigungen an Gehäusen und Dekor können von erfahrenen Restauratoren behoben werden. Die meisten seriösen Händler arbeiten mit mehreren Restauratoren zusammen, die sich auf einzelne Gebiete spezialisiert haben, sei es, daß sie die Wiederherstellung verlorengegangener Intarsien, etwa in der komplizierten Boulletechnik, beherrschen oder Emailpartien an Zifferblättern ergänzen können. Nicht alle Handwerker haben das gleiche Geschick bei den Reparaturen von Taschenuhrgehäusen, die gelegentlich ausgebeult oder gelötet werden müssen.

Die Wartung und Reparatur alter Werke muß in jedem Fall von erfahrenen Fachleuten vorgenommen werden. Sie reinigen zunächst sämtliche Teile des Werks (das ist die entscheidende Voraussetzung jeder sorgfältigen Instandsetzung), danach werden, soweit das notwendig ist, die Zapfen aller Räder poliert und die Radlager erneuert. Die Bestandteile des Hemmungsmechanismus werden auf ihre Maßhaltigkeit überprüft und korrigiert. Verschlissene Teile werden möglichst nicht durch neue ersetzt, sondern durch Strecken oder Ansetzen wieder funktionstüchtig gemacht, denn der Wert einer Uhr ist in hohem Maße auch bestimmt von der Erhaltung des Originalzustandes. Die Kosten einer solchen zeitraubenden Reparatur sind daher viel höher als bei Reparaturen, bei denen serienmäßig gefertigte Teile ausgetauscht werden können. Schon die Wiederherstellung eines nur gering abgenutzten Werks einer französischen Pendule aus dem 19. Jahrhundert beschäftigt einen handwerklich geschickten Meister mindestens einen vollen Arbeitstag, schwierigere Reparaturen benötigen oft tage- oder wochenlange intensive Arbeit.

Bewahrung und Pflege der Zeugnisse einer vergangenen Zeit sind die eigentlichen Grundlagen einer lebendigen Sammlung, deren Sinn aber verlorengeht, wenn sie nicht stetig weiterwächst.

Kleines Fachlexikon für Uhrensammler

Die Ziffern nach den Erläuterungen verweisen auf Abbildungen im Katalogteil, die Beispiele für das betreffende Stichwort darstellen. Abbildungen von Hemmungen ohne Herkunftsangabe sind einer Tafel ohne Verfasserangabe entnommen.

Altaruhr Tischuhren, manchmal auch Monumentaluhren, deren Gehäusefront mit Säulen und Sprenggiebel, gelegentlich sogar mit einem gemalten Altarblatt, dem Vorbild barocker Altäre folgt. A. wurden während des ganzen 17.Jh.s vornehmlich in Italien, jedoch auch in Süddeutschland angefertigt, oft auch als Nachtuhren. 89

Anker Der in das Hemmungsrad eingreifende ankerähnliche Teil der Ankerhemmung. → *Hemmung*

Ankerhemmung → *Hemmung*

Appliken Flache, meist gegossene und vergoldete Metallreliefs (Bronze oder Zinn), die besonders häufig seit der zweiten Hälfte des 17.Jh.s auf Gehäusen und in den Zwickeln seitlich der Ziffernringe angebracht werden. 49, Farbtafel 3

Aufziehen der Zugfeder Bei Groß- und Taschenuhren erfolgt das Aufziehen mit einem Schlüssel, der auf den Vierkant des Federkerns gesteckt wird. Bei Taschenuhren wird um 1850 der Kronenaufzug gebräuchlich. Dabei wird durch Drehen des außen am Gehäuse angebrachten und mit der Aufzugwelle verbundenen Griffstückes, der sogenannten Krone, die Feder über die Aufzugräder gespannt.

Augenwender Durch das Hin- und Herschwingen des Pendels oder einen anderen Antrieb werden die Augen einer mit der Uhr verbundenen Figur bewegt. → *Automatenuhr* 168, 172, 173

Automatenuhr Seit der Antike gebaute Zeitmesser mit mechanisch bewegten Figuren oder Gegenständen. Einfache A. besitzen oft statt des Schlagwerkhammers eine kleine Figur, die mit einem Hämmerchen auf die Glocke schlägt oder mit dem Pendelausschlag ihre Augen hin- und herbewegt. Schon früh werden einzelne Figuren zu Gruppen miteinander verbunden. Nicht nur das Werk von Großuhren dient als Antrieb solcher Automaten, auch Taschenuhren besitzen häufiger Automaten mit ganz verschiedenen Themen. → *Augenwender* 16, 20, 135, 166, 167, 173, 177, 198, 199, 269

Béthune-Hemmung → *Hemmung*

Bilderuhr Gemälde, meist mit Architekturdarstellungen, in die ein Uhrwerk eingebaut ist. An passender Stelle, oft an Türmen, befindet sich als Teil des Bildes das Zifferblatt. Häufig ist auch ein Spielwerk mit der Uhr verbunden. Seit dem Ende des 18.Jh.s werden Bilderuhren in Deutschland, Österreich und der Schweiz gefertigt. Exakte topographische Ansichten sind im Biedermeier besonders beliebt. 166, 167, 168, 169, 170

Bläuen Künstliche Oxydation von Stahlteilen, etwa von Zeigern, die mindestens seit dem 16.Jh. gebräuchlich ist. Die polierten Teile werden so lange erhitzt, bis der gewünschte Farbton erreicht ist.

Bodenstanduhr Zusammenfassende Bezeichnung für sämtliche Großuhren, deren Gehäuse auf dem Boden steht. B. sind fast immer gewichtsangetrieben. Ihre Form ist aus dem seit dem 16.Jh. die Gewichte schützenden

Entwürfe für Louis-XVI-Bodenstanduhren von J. Hauer (1748–1820)

Holzkasten entstanden. Durch den Einbau des langen Pendels entwickelten sich die eigentlichen B., die in zahlreichen regionalen Abwandlungen seit dem Ende des 17. Jh.s gebaut werden. 51, 65, 74, 77

Boulle-Technik Nach dem Franzosen André-Charles Boulle (1642–1732) benannte Dekorationstechnik für Möbel und Uhrengehäuse, bei der die Oberflächen ein Schildpattfurnier erhalten, in das Messing, Perlmutter, Elfenbein und gefärbtes Holz eingelegt werden. Die Entwicklung geht von einer ursprünglich dunklen zu einer helleren Farbigkeit. 52, 53, 54

Bracket-clock Englische Bezeichnung der → *Stockuhr*. In England seit etwa 1670 gebaute Uhren, die anfangs wohl meist auf Konsolen standen, oft mit Schlagwerk und zusätzlichen Indikationen. Das Gehäuse der B. besteht fast immer aus einem zumindest vorn verglasten Holzkasten, der oben einen Tragegriff besitzt. Der große Ziffernring wird in den Zwickeln von vergoldeten Bronzeappliken eingefaßt. Die Front ist zunächst rechteckig, erhält jedoch ab etwa 1720 ein oben eingezogenes Bogenfeld. 49, 93, 94

Breguet, Abraham-Louis (1747–1823), einer der bedeutendsten Uhrmacher, war tätig in Paris seit 1776 und erfand u. a. den → *Tourbillon*, die → *Breguet-Spirale*, die Ankerhemmung mit verteilten Hebungsflächen, die Parachute-Stoßsicherung für die Lager der Unruhewelle und stellte als erster zuverlässige Taschenuhren mit automatischem Aufzug her.
Siehe auch Seite 33

Breguet-Spirale Im Jahre 1788 von Abraham-Louis Breguet (1747–1823) entwickelte Unruhspirale mit nach oben und innen gebogener Endkurve, die beim Schwingen der Unruh ihren Schwerpunkt nicht verlagert.

Breguet-Zeiger Von Breguet benutzte gerade, schlanke, meist stählerne Zeiger mit einer gebohrten kreisförmigen Erweiterung nahe der Spitze. 205, 206

Brocot-Hemmung → *Hemmung*

Bronze Kupfer-Zinn-Legierung, die für Uhrengehäuse (→ *Carteluhr*) und Dekor seit dem 16. Jh. benutzt wird.

Brücke 1. Brückenförmige Lagerplatte in Taschenuhrwerken für das hintere Spindellager oder Unruhwellenlager mit zwei Befestigungspunkten. → *Kloben.* – 2. Brückenförmige Lagerplatte für das hintere Lager der Laufräder eines Taschenuhrwerks, gelegentlich auch bei Großuhren. Sie wird anstelle voller Platinen benutzt und ermöglicht eine bessere Kontrolle und Korrektur der Ein-

griffe sowie einen Einblick in das Werk. Die Lagerplatte wird seit etwa 1835 in der Schweiz von der Firma Vacheron & Constantin bei Taschenuhren angewandt. In Frankreich ist sie vereinzelt bereits im späten 18. Jh. in Gebrauch.

Brunieren Färbung von Metallen durch Chemikalien, um einen bestimmten Farbton zu erzeugen.

Bügel Offener Ring zum Anhängen der Kette an Taschenuhren. Die Enden des Rings sind meist beweglich an dem Uhrengehäuse angebracht. 283, 284, 287

Capucine Kleinere Pendule, die auch als Reiseuhr diente, fast stets mit Schlag- und Weckerwerk, immer mit Messinggehäuse, Glocke und Tragegriff. C. wurden in Frankreich von der Mitte des 18. bis in die zweite Hälfte des 19. Jh.s hergestellt. 99, 184

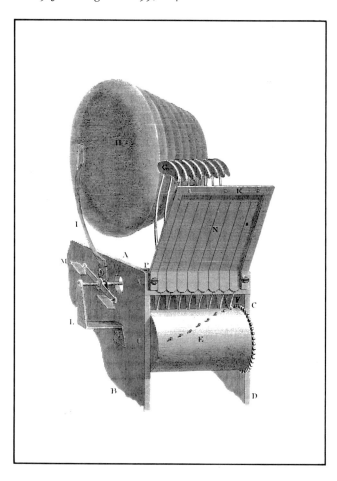

Carillon, Abb. aus: A. Rees, The Cyclopaedia..., London 1819–1820. Clocks, Watches and Chronometers, Pl. VII, Fig. 3.

Entwurf für eine Louis-XVI-Carteluhr von J. A. Le Paute (1720–1774)

Carillon Glockenspielwerk. Vereinzelt sind Carillons schon mit gotischen Uhren verbunden. Im späten 17. und 18. Jh. besitzen zahlreiche Großuhren, gelegentlich sogar Taschenuhren, Glockenspiele mit oftmals mehreren Melodien. 50, 92

Carteluhr In Deutschland nach ihrem Aussehen (*cartel* = Rahmen) benannte und in Frankreich seit etwa 1730 bis gegen 1800 gebaute federangetriebene Wanduhren mit kartuschenförmiger Front aus vergoldeter Bronze. Die schönsten Carteluhren stammen aus dem Louis XV. Billigere Nachbauten sind in Österreich und der Schweiz entstanden. 66, 67, Farbtafel 5

Champlevé Auch Furchenemail genannt; eigentlich Grubenschmelztechnik. Bei Uhren zur Bezeichnung aus der Fläche hervortretender und mit Email markierter Teile – etwa der Ziffern – gebraucht. 34, 113, 213

Châtelaine Im späten Mittelalter eine kürzere Kette, an der Schmuck und Gebrauchsgegenstände (Schlüssel, Pet-schaften, kleine Messer) befestigt waren und die damals am Gürtel getragen wurde. Im 18. Jh. war die Châtelaine als Uhrkette mit verschiedenen, oft kostbaren Anhängern weit verbreitet. 104, 105, 106

Châton Metallring, der als Fassung des Lagersteins dient. Zu unterscheiden sind verschraubte und gepreßte Châtons. Letztere sichern einen besseren Sitz der Lager-steine. 264

Chronograph Stoppvorrichtung an einer Taschen- oder Armbanduhr für die genaue Messung meist kleiner Zeit-abschnitte. Auch Bezeichnung für Uhren mit einer derar-tigen Technik. 204, 242, 254

Chronometer Besonders exakt gehende Uhren, deren hohe Ganggenauigkeit durch das Zertifikat eines Chrono-meter-Prüfungsinstituts bescheinigt worden ist. Geprüft werden Chronometer etwa von der Sternwarte in Ham-burg. Taschen-, Armbanduhren und Schiffschronometer können dieses Zertifikat erhalten.

Chronometerhemmung → *Hemmung*

Comtoise In der Franche-Comté (daher auch »Burgun-der Uhren«) seit etwa 1670 hergestellte Wanduhren, häufi-ger jedoch Standuhren in bemalten oder lasierten Kästen. Schon frühe Exemplare besitzen ein Pendel als Gangregler und Spindel- oder Ankerhemmung. Die Zifferblätter sind einfach, tragen auf der hochrechteckigen Fassade einen Ziffernring aus Zinn oder Messing und eine Bekrönung aus gesägtem Messingblech. Bald werden auch Zifferblät-ter mit Bronzereliefs und Emailfeldern gebräuchlich. Seit etwa 1740 werden Zifferplatten aus Fayence und Bronze-bekrönungen mit einem Hahn (»Hahnenuhren«) verwen-det. Die gegenwärtig häufig angebotenen C. mit oft präch-tigen breiten Pendeln und Fassaden aus gepreßtem Mes-singblech sind erst nach 1850 entstanden und wurden noch bis etwa 1935 gebaut. 159, 160

Congreve, William (1772–1828) erhielt 1808 ein Patent für eine Kugellaufuhr. → *Kugellauf.* 152

Contre-Boulle-Technik Umkehrung der eigentlichen Boulle-Technik, bei der das Grundmaterial Messingblech ist und die eingelegten Ornamente aus Schildpatt, später auch aus Horn, Elfenbein und Perlmutter bestehen. Sie wird seit dem Anfang des 18. Jh.s gelegentlich, im *Louis XV* häufiger angewandt. 54

Darmsaite Aus Katzendärmen angefertigte Verbindung zwischen Federhaus und Schneckenrad. Nach 1600 wird sie allmählich durch eine Stahlkette ersetzt.

Datumsanzeige Angabe des Tages, manchmal auch der Woche, des Monats, des Jahres, die seit dem 16. Jh. auf Großuhren häufig erscheint. Gelegentlich werden auch die wechselnde Länge des Februars und die Schaltjahre berücksichtigt (sog. Ewiger Kalender). Seit dem 17. Jh. befinden sich Datumsanzeigen auch auf Taschenuhren. → *Kalenderuhr*

Deckstein Edelstein oder Halbedelstein, der über das Lager eines Rades oder der Unruhwelle gesetzt ist und das Seitenspiel (die seitliche Beweglichkeit) begrenzen soll.

Dezimaluhr → *Revolutionsuhr*

Digitalanzeige Zeitangabe, bei der die Anzeige nicht durch einen Zeiger erfolgt, sondern die auf einer sich drehenden Scheibe angebrachten Ziffern in einem Ausschnitt der Front erscheinen. Diese Anzeigeform wird seit dem 18. Jh. häufiger angewandt. 37, 229, 246, 286

Dosenuhr Tragbare Uhren in Dosen- oder Trommelform, die seit etwa 1500 bis ins 17. Jahrhundert angefertigt worden sind. Ihr Gehäuse, fast immer aus Messing, trägt auf der Oberseite das Zifferblatt mit nur einem Zeiger. Kleinere Dosenuhren wurden wahrscheinlich auch von Peter Henlein in Nürnberg hergestellt. 46

Eisen Bei Uhren Bezeichnung für Stahl, der bis über die Mitte des 16. Jh.s bei den Räderuhren das einzige Material für Werk und oft auch Gehäuse war.

Eisenuhren Zusammenfassende Bezeichnung für gewichtsgetriebene Wanduhren des 14. bis 17. Jhs. und in einzelnen Fällen noch spätere, bei denen Werk und Gehäuse aus Eisen bzw. Eisenblech gefertigt worden sind.

Ewiger Kalender Kalendermechanismus, der auch die wechselnde Länge des Februars und die Schaltjahre berücksichtigt. 148, 149, 150, 241, 243

Fadenaufhängung Bei Großuhren angewandte Aufhängung der Gangregler Waag, Radunrast und Pendel an einem Faden aus Seide oder Hanf.

Feder Seit dem Anfang des 15. Jh.s bei Räderuhren verwendeter Antrieb, der erst den Bau tragbarer Uhren ermöglichte. Schmale geschmiedete Stahlbänder werden spiralförmig gekrümmt, ihre Elastizität ist besonders groß, um das Werk antreiben zu können.

Federaufhängung Seit dem Ende des 17. Jh.s aufgekommene Pendelaufhängung an einem schmalen Stahlblechstreifen. Diese Form verdrängte mehr und mehr die Fadenaufhängung der Pendel.

Federhaus Trommelförmiges Gehäuse zur Aufnahme der Triebfeder, meist mit einem Deckel verschlossen. Bei Uhren mit *Schnecke* ist das Federhaus nicht gezahnt, bei Uhren ohne Schnecke jedoch fast immer gezahnt und somit das erste Rad der Uhr. Ausgenommen sind feststehende mit einer Platine verschraubte Federhäuser, bei denen der Federkern die Zahnung trägt. → *Abb. Schnecke*

Feueruhr In Europa und Asien bis in das 19. Jh. gebrauchte Zeitmesser, bei denen das Verbrennen bestimmter Materialien (Kerzenwachs, Öl oder Wollfäden) den ungefähren Ablauf der Zeit anzeigte. 10

Figurenuhr Tischuhren, deren Gehäuseform durch vollplastische menschliche Figuren, gelegentlich auch Tieren, bestimmt ist, die in einer manchmal zufällig wirkenden Weise kompositionell oder ikonographisch mit der

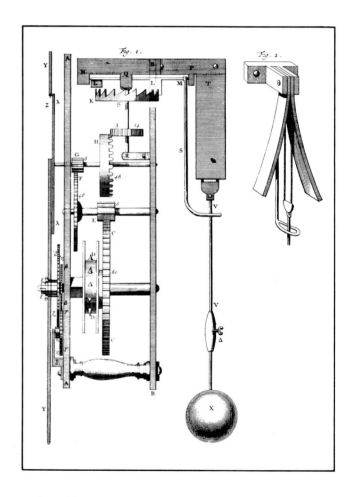

Gabel. Abb. aus: Christian Huygens, Opera varia, Leyden 1724, Tafel II

Uhr verbunden sind. Die F. der Renaissance und des Frühbarock zeigen oft Darstellungen religiöser Themen (→ *Kruzifixuhren*), im Hochbarock umgeben Allegorien der Zeit, der Vergänglichkeit und der Tugenden die Uhr. Vom Empire bis in die späten Klassizismus sind antikisierende Figuren oder Figurengruppen sehr häufig. Seit der Mitte des 19.Jh.s werden oft ganz beliebige Motive, die meist dem Genre entnommen sind, als schmückendes Beiwerk verwendet. 21, 84, 85, 249, Farbtafeln 1, 6

Flötenuhr Meist Stand-, gelegentlich auch Wanduhren, die zusätzlich ein mechanisches Orgelwerk mit offenen oder gedeckten Pfeifen besitzen. Musikalische Automaten sind seit dem 16.Jh. häufiger mit Uhren verbunden. Oft im Schwarzwald angefertigte F. waren im 18. und im frühen 19.Jh. auf dem Kontinent weit verbreitet.

Foliot Französische Bezeichnung für → *Waag.*

Formuhr Auch Phantasieformuhren. Kleine federangetriebene Uhren, deren oft kostbare Gehäuse die Form anderer Gegenstände (Tiere, Bücher, Blumen, Totenköpfe) nachbildet. Gegen Ende des 16.Jh.s besonders beliebt. Solche Uhren sind im späteren 18. und 19.Jh. vor allem wohl als Goldschmiedearbeiten geschätzt worden. 142, 219, 220, 221

Freimaureruhr Taschenuhren des 19. und des frühen 20.Jh.s mit fast immer dreieckigem Gehäuse, deren Zifferblatt oft statt der Ziffern freimaurerische Embleme trägt. 284

Gabel Verbindungsteil zwischen Spindel, bzw. Ankerwelle, an der sie befestigt ist, und dem Pendel, das durch den aufgeschnittenen Teil der Gabel mit seiner Stange hindurchgeführt ist. Die Gabel gibt an das Pendel die Antriebskraft des Gehwerks weiter.

Gangregler Zusammenfassende Bezeichnung für → *Waag,* → *Radunrast,* → *Pendel* und → *Unruh.*

Gegenpendel Kleineres Pendel, das in der Verlängerung der Stange des eigentlichen Pendels an der Spindel oder der Ankerwelle befestigt ist und oberhalb der Welle mitschwingt. Häufig ist es an seinem oberen Ende mit einem Spiegel oder einem geschliffenen Glasstein versehen und hinter einem Ausschnitt im Zifferblatt sichtbar. Die Wirkung des Gegenpendels als Gangregler verstärkt die gangregelnde Funktion des eigentlichen Pendels und ermöglicht eine Verkürzung des Hauptpendels. 50

Gehäuse Schützende und schmückende Verkleidung des Uhrwerks. Wahrscheinlich waren frühe Eisenuhren häufig offen, doch ist seit dem 16.Jh. ein Gehäuse üblich. Die Gestalt und der Dekor der G., die oft von besonderen Gehäusemachern angefertigt worden sind, folgen der allgemeinen Stilentwicklung im Kunstgewerbe. Seit dem 17.Jh. gibt es Kupferstich-Vorlagen, die von Künstlern wie Dietterlin, Marot, Piranesi und Boulle stammen, als Musterblätter. Durch diese weitverbreiteten graphischen Blätter wurden stilistische und modische Neuerungen rasch bekannt, gleichzeitig sicherten sie die stilistische Einpassung von Gehäusen in die Gesamtausstattung von Innenräumen. Gehäuse von Taschenuhren haben die gleiche Funktion, sind jedoch nicht so sehr formalen Veränderungen unterworfen, da sie möglichst glatt und leicht sein sollen.

Gehwerk Das Werk einer Räderuhr, das die Zeitanzeige bewirkt. 28

Gesperr Aus dem gezahnten Sperrad und dem eingreifenden Sperrkegel bestehend, ermöglicht das G. ein Aufziehen der Uhr und verhindert zugleich, daß die durch das Aufziehen eingebrachte Energie nach der Beendigung des Aufziehens reversiv wieder frei wird.

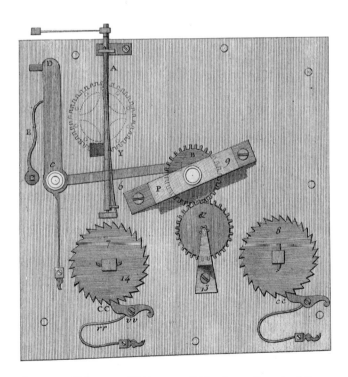

Gesperr. Abb. aus: Diderot et d'Alembert, Encyclopédie…, 1751–1772, Horlogerie, Pl.III, Fig.7

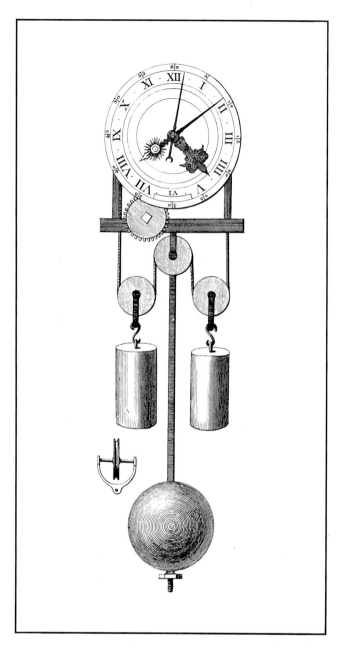

Gewichtsantrieb. Abb. aus: Diderot et d'Alembert, Encyclopédie..., 1751–1772, Horlogerie, Pl. IX

Gewichtsantrieb Seit den Anfängen der Uhrmacherkunst benutzter gleichmäßiger Antrieb der Räderwerke durch Gewichte (Eisen, Blei, Steine), die, an einer Schnur oder Kette hängend, auf das erste Rad des Werks einwirken. Bis in die Gegenwart wird der Gewichtsantrieb bei Bodenstand- und Wanduhren gebraucht. 87, 146, 154, 160

Glassturz Oben halbrund geschlossenes Glasgefäß auf einem Holzsockel. Erst seit dem Ende des 18. Jh.s werden, besonders in Frankreich, Pendulen häufiger durch eine über die Uhr gesetzte Glasglocke vor eindringendem Staub geschützt. Auch die oft vorzüglich erhaltene Vergoldung französischer Uhren beruht zum großen Teil auf diesem Schutz. 143, 146

Globusuhr Uhren mit einem sich drehenden Globus wurden in vielen formalen Abwandlungen besonders häufig im 19. Jh. gebaut. Sie zeigen neben der Zeit das Datum und die Stellung der Erde zur Sonne an. 151

Glocke Bei Räderuhren für Wecker- und Schlagwerke als Klanggeber verwendet, in der Regel aus gegossener Bronze, gelegentlich auch aus Glas oder Eisen. → *Carillon*. 13, 15

Goldemailuhr Taschenuhren, deren goldenes Gehäuse Emailmalerei trägt, oft nach Vorlagen bekannter Künstler. Kostbare G. waren im 18. und frühen 19. Jh. besonders beliebt. Farbtafel 7

Graham-Hemmung → *Hemmung*

Grande sonnerie → *Vierviertelschlag*

Guillochieren Die maschinelle Herstellung wellen-, bogen- und kreisförmiger Furchen auf einer Metallplatte, bei der die gewünschten Muster nach einer Schablone eingetieft werden. Diese Dekorationstechnik ist seit dem 18. Jh. bekannt, allgemein verbreitet ist sie jedoch erst während des 19. und im ersten Drittel des 20. Jh.s 245

Halbsavonnette → *Savonnette* mit kreisförmigem Fenster im vorderen Deckel, durch das die Zeit auch ohne Öffnen des Deckels abgelesen werden kann. 244

Halsuhr Vor 1600 entstandene, am Hals getragene Uhr, die sich aus der Dosenuhr entwickelt hat. Sie kann die verschiedensten Formen besitzen, ist jedoch meist oval. Oft ist das Uhrwerk in kleine, runde Behälter eingebaut, die zur Aufbewahrung von Duftschwämmen gedient haben (»Bisamäpfel«), in kreuzförmige Gehäuse aus Messing oder Bergkristall, in kleine Totenköpfe aus Silber oder andere Gegenstände. 24, 25, 26

Hemmung Vorrichtung zwischen Laufwerk und Gangregler, die den freien Ablauf des Werks hemmt und mit Hilfe des Gangreglers dosiert erfolgen läßt. Man unterscheidet nach der Bewegung des Hemmungsrades die rückfallende und die ruhende H. Bei der freien H. schwingt der Gangregler nach jedem Impuls ohne Verbindung mit der H.

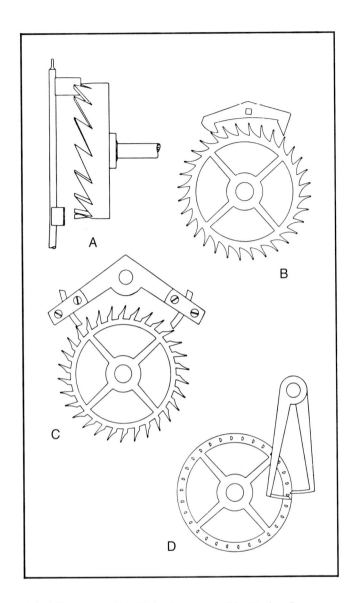

Haken- und Graham-Hemmung und Varianten dieses Prinzips.

Hakenhemmung Von William Clement 1680 eingeführte rückfallende Hemmung mit einem Hemmungsrad, dessen Zähne senkrecht zum Trieb stehen. Der ankerförmige Teil der Hemmung gibt im Wechsel einen Zahn frei und hemmt dabei gleichzeitig den anderen. Diese Form der Hemmung ist möglicherweise einige Jahre zuvor bereits von Robert Hooke (1635–1703) erfunden worden. Abb. (B)

Grahamhemmung Von George Graham (1673–1751) um 1715 erfundene ruhende Hemmung. Abb. (C)

Béthune-Hemmung Von Chevalier de Béthune 1727 entwickelte rückfallende Hemmung für Pendeluhren, die eine Variante der Spindelhemmung ist. Sie besitzt senkrecht zum Trieb des Hemmungsrades stehende Zähne und eine geteilte Spindel, deren Lappen an zwei verschiedenen

Spindelhemmung (A), Hakenhemmung (B), Grahamhemmung (C) und Scherenhemmung (D)

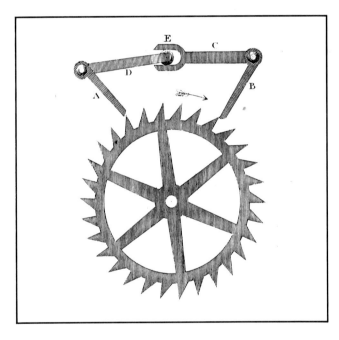

Abb. aus: A. Rees, The Cyclopaedia..., London 1819–1820, Clocks, Watches and Chronometers. Pl. XXXIII

Die *Spindelhemmung* ist die älteste (rückfallende) H. an Räderuhren (Groß- und später auch Taschenuhren): Abwechselnd greifen die Lappen der Spindel (die Welle mit den beiden lappenartigen und im Winkel von etwa 110° [bei Taschenuhren] zueinanderstehenden Fortsätzen) in das Hemmungsrad ein, das die Form eines Kronrades mit sägezahnähnlichen Spitzen hat, und lassen es um jeweils einen Zahn weiterlaufen. → *Waag*. Abb. (A)

Ankerhemmung Zusammenfassende Bezeichnung für

Wellen befestigt sind, die durch zwei Hebel miteinander in Verbindung stehen.

Scherenhemmung Auch Stiftenhemmung. Von Louis Amant 1741 entwickelte ruhende Hemmung mit einem Hemmungsrad, das senkrecht zum Radreifen stehende

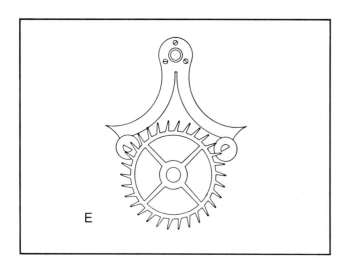

E

Stifte trägt, die durch die hin- und hergehende »Schere« hindurchgeführt werden. Abb. (D)

Brocot-Hemmung Von Louis Gabriel Brocot 1826 erstmals vorgeführte ruhende Ankerhemmung, für die er 1847 ein Patent erhielt. Die B. hat zwei senkrecht zur Fläche des Ankers stehende halbrunde Stifte aus Stahl oder häufiger aus Stein, die als → Paletten dienen. Bei französischen

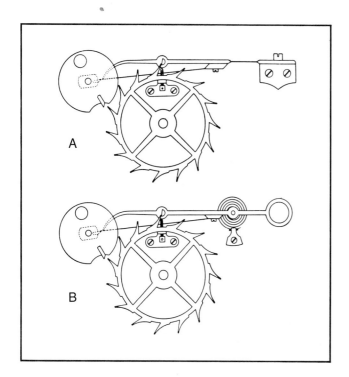

A

B

Chronometerhemmung mit Feder (A) und Wippe (B).

Pendulen ist die B. sehr häufig in einer Aussparung des Zifferblattes sichtbar angebracht. Abb. (E)

Chronometerhemmung Von Pierre Le Roy (1717–1785) 1748 entwickelte freie Hemmung, die häufig in Schiffschronometern verwendet wurde. Auch heute noch wird sie gelegentlich in abgewandelter und verbesserter Konstruktion gebraucht. Man unterscheidet die Ch. mit Feder (meist in Schiffschronometern und anderen Großuhren, Abb. oben) und die Ch. mit Wippe (meist in Taschenuhren, Abb. unten).

Bei der Ch. mit Feder hält der an der Feder befestigte Ruhestein das Hemmungsrad an, bis der an einem Teller an der Unruhwelle befindliche Auslösestein die Feder anhebt und damit den Ruhestein aus dem Hemmungsrad herauszieht, das sich weiterdreht und mit einem Zahn auf den an dem Teller befestigten zweiten Stein, den Antriebsstein, fällt und die Unruh antreibt. Diese erhält beim Zurückschwingen jedoch keinen Antrieb. Er erfolgt nur bei jeder zweiten Schwingung (freie Hemmung).

Hemmungen bei Uhren mit Unruh (Taschenuhren)

Zylinderhemmung Von Thomas Tompion (1639–1713) entwickelte, von George Graham (1673–1751) im Jahre 1720 verbesserte und rasch allgemein übernommene, ruhende Hemmung. Bei der Z. wird das Hemmungsrad durch den sogenannten Zylinder, eine aufgeschnittene Röhre, die Teil der Unruhwelle ist, geführt.

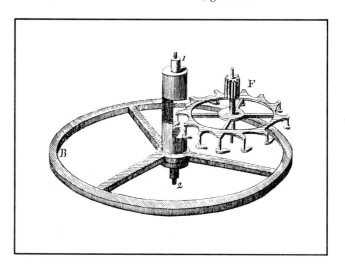

Abb. aus: Diderot et d'Alembert, Encyclopédie…, 1751–1772, Horlogerie, Pl. X, Fig. 3

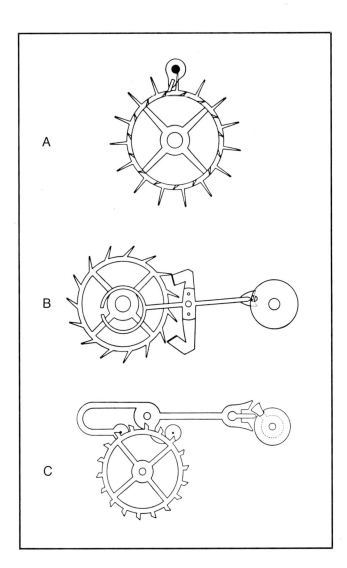

Duplexhemmung (A), Spitzzahnankerhemmung (B) und Roskopf-Stiftenhemmung (C).

Duplexhemmung Im Jahr 1724 von Jean-Baptiste Dutertre (1684–1734) erfundene ruhende Hemmung, deren Hemmungsrad zwei Reihen (duplex) von Zähnen besitzt, die senkrecht zueinander am Radreifen angebracht sind. Abb.(A)

Spitzzahnankerhemmung Besonders häufig in England während des 19.Jhs. verwendete Ankerhemmung, deren Hemmungsrad auffallend spitze Zähne trägt. Abb.(B)

Roskopf-Stiftenhemmung Bei → *Roskopfuhren* verwendete freie Ankerhemmung mit zwei runden Stahlstiften als → *Paletten.* Abb.(C)

Holzuhr Uhren, deren Werk weitgehend aus Holz hergestellt und die vom 17. bis in das 19.Jh. gebaut worden sind. Von den Großuhren aus Holz sind die Schwarzwälder Uhren die bekanntesten. Taschenuhren aus Holz sind seltener. → *Schwarzwalduhr.* 235, 236

Horizontalsonnenuhr → *Sonnenuhr*

Huygens, Christian (1629–1695), niederländischer Mathematiker, veröffentlichte im Jahre 1658 sein Horologium, in dem er seine Konstruktion einer Räderuhr mit einem Pendel als Gangregler beschreibt. Im Jahre 1674 stellte er der Akademie der Wissenschaften in Paris seine Erfindung der Unruh mit Spiralfeder vor.

Diese beiden Erfindungen, die die Fertigung sehr exakter Uhren erst ermöglichten, wurden grundlegend für die

Zifferblatt mit verschiedenen Indikationen. Abb. aus: A.Rees, The Cyclopaedia…, London 1819–1820, Pl.XXIV.

Uhrenherstellung bis in die ersten Jahrzehnte unseres Jahrhunderts. Siehe auch S. 16 und S. 28

Kadratur einer Taschenuhr mit Repetierwerk. Abb. aus: Diderot et d'Alemberg, Encyclopédie... 1751–1772, Horlogerie, Pl. X, Fig. 6

Indikationen Zusammenfassende Bezeichnung für die Angaben einer Uhr, wie die Anzeige des Kalenders, der Römerzinszahl (die sogenannte Indiktion, ein Zyklus von 15 Jahren), der Mondphasen oder der Zeit anderer Zonen. → *Kalenderuhr,* → *Revolutionsuhr*

Auf dem Zifferblatt von außen nach innen: Anzeige der Minuten, der Stunden und Viertelstunden, exzentrisch nach oben versetzt der Sekundenkreis. Der senkrecht nach unten weisende Zeiger gibt die Aequation an. In dem unteren Halbkreis finden sich die Angaben des Monatsdatums, des Mondalters und des Mondstandes. In den Zwickeln von links nach rechts die Anzeigen des Zodiakus, des Standes der Sonne im Tierkreis, des Sonnenaufgangs sowie des Sonnenuntergangs in Stunden und Minuten, und des jeweiligen Monats.

Kadratur Vorlegewerk. Die Gesamtheit der meist vor dem Werk angebrachten Teile eines Schlag-, Repetier-, Spiel- oder Automatenwerks.

Kalenderuhr Uhren mit Datumsanzeige. Häufig werden auch der Wochentag, der Monat und sogar das Jahr angegeben. Kalenderangaben finden sich schon bei frühen Großuhren der Gotik und Renaissance und werden bei zahlreichen Stockuhren und Bodenstanduhren sowie gelegentlich bei Taschenuhren angebracht. 95, 98, 115, 120, 124, 197, 255, Abb. S. 51

Kardanische Aufhängung Von Geronimo Cardano (1501–1576) um die Mitte des 16. Jh.s nach antiken Berichten und Entwürfen Leonardos entwickelte Aufhängevorrichtung auch für Uhren, die aus zwei Ringen besteht. Die Achsen der Ringe sind rechtwinklig zueinander versetzt. Am inneren Ring ist bei → *Schiffschronometern* das Werk befestigt, der äußere Ring ist am Gehäuse der Uhr gelagert. Das Werk behält so stets seine waagrechte Lage. 216, 217, 218

Karossenuhr In Kutschen oder am Sattel mitgeführte größere, robuste, federangetriebene Uhr, oft mit Schlag- und Weckerwerk, meist in der Form einer Taschenuhr. Seit dem Anfang des 18. Jh.s sind K. gebräuchlich. 116, 117, 118

Karusselluhr → *Tourbillon*

Kette → *Schnecke*

Kloben 1. Gestufte Platte für das Lager des hinteren Spindel- oder Unruhzapfens mit nur einem Befestigungspunkt. Meistens wird der oft reich verzierte Kloben bei englischen Taschenuhren verwendet. – 2. Bei Großuhren, die nur eine Platine haben, tragen von dieser Platine aufsteigende Kloben das zweite Lager der Radzapfen. 111

Kompensationspendel Pendel, die störende atmosphärische Einflüsse selbsttätig ausgleichen. Von George Graham (1673–1751) wurde 1725 das erste K. mit Temperaturkompensation gebaut. Es war ein Pendel mit einem quecksilbergefüllten Gefäß als Pendelgewicht, das Längenveränderungen als Folge wechselnder Temperaturen ausglich. Dieser Ausgleich ist auch durch die Verwendung verschiedener Metalle (Stahl und Messing oder Zink) möglich, die durch ihre jeweiligen Ausdehnungswerte die Länge des Pendels konstant halten. Veränderungen durch den wechselnden Luftdruck werden auch vermieden durch ein luftdichtes Gehäuse oder eine Kompensiervorrichtung an dem Pendel in Form einer Barometerdose mit aufgesetztem Gewicht, das entsprechend gehoben oder

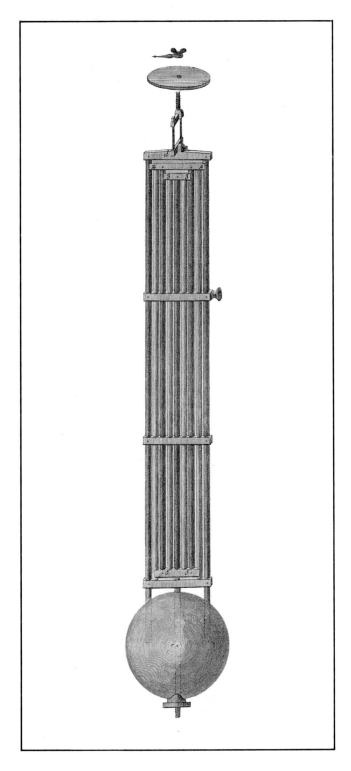

gesenkt wird und dadurch das Pendel beschleunigt oder verlangsamt. 165, 289

Kompensationsunruh Unruh mit Temperatur-Kompensation, ursprünglich mit Kompensationsvorrichtung am Regulierzeiger, später meist mit bimetallischen Unruhreifen, die eine Größenveränderung bei wechselnden Temperaturen vermeiden.

Kruzifixuhr Vom ausgehenden 16. bis in das 18. Jh. hergestellte Figurenuhren, fast immer aus Bronze, bei denen

*Laternenuhr. Abb. aus: Diderot et d'Alembert, Encyclopédie...,
1751–1772, Horlogerie, Pl. I.*

ein größerer Sockel eine meist vollplastische Kreuzigungsgruppe trägt. Das hohe Kreuz trägt oben einen Zifferkranz auf einer Kugel, die vom Werk im Sockel angetrieben wird. 22, 23

Kugellauf Der K. dient meist als Hemmung und Gangregler. Dabei durchläuft eine Metallkugel eine bestimmte Bahn und löst an deren Ende den Lauf der nächsten Kugel

Kompensationspendel. Abb. aus: Diderot et d'Alembert, Encyclopédie..., 1751–1772, Horlogerie Pl. II, Fig. 17

aus. Die Zahl der einzelnen Abläufe wird gezählt und in die Zeitanzeige umgesetzt. Eine Variante der Kugellaufuhr ist die → *Congreve*, die nur eine Kugel besitzt. Sie bewirkt am Ende ihres Laufs ein Zurückkippen der geneigten Laufbahnfläche und läuft dann in der Gegenrichtung zurück. 152

Laternenuhr Auch Lantern-clock. Im Querschnitt quadratische Wanduhren, gelegentlich auch federangetriebene Tischuhren mit Schlagwerk, deren Messinggehäuse an Laternen erinnert. L. wurden während des 17. und 18. Jhs. meist in England angefertigt, sind aber auch auf dem Kontinent gebaut worden. 56, 57, 58, 59

Zifferblatt einer Monduhr. Abb. aus: Paulus Gallucius, De fabrica, et usu novi Horologii Solaris, Lunaris…, Venedig 1592

Laufwerk Antriebsteil eines Uhrwerks ohne Hemmung und Zeigerwerk.
Linse Kreisförmige, gewölbte Scheibe am unteren Ende eines Pendels. Durch das Verschieben der Linse kann die Schwingungsdauer des Pendels verändert und so der Lauf der Uhr reguliert werden. 154, 155, 156, 157
Löffelunrast Kleinerer, häufig in Hals- und frühen Taschenuhren verwendeter waagähnlicher Gangregler mit zwei kleinen, meist ausgehöhlten Halbkugeln an den Enden.
Messing Kupfer-Zink-Legierung, die seit etwa der Mitte des 16. Jh.s für die Anfertigung von Teilen der Uhrwerke und gelegentlich auch der Gehäuse benutzt wird.
Mondphasenanzeige Die Angabe des Mondstandes schon bei frühen Großuhren und bei Stock-, Boden-

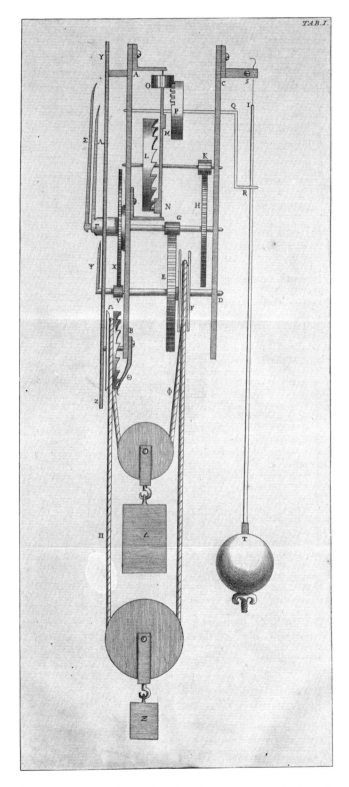

Werk der ersten 1658 von Christian Huygens (1629–1695) veröffentlichten Penduluhr. Abb. aus: Christian Huygens, Opera Varia, Leyden 1724

stand-, gelegentlich auch bei Taschenuhren mit Hilfe einer hinter einem Ausschnitt des Zifferblatts bewegten, meist bemalten Scheibe. 36, 255

Monduhr Ein bei Mondschein verwendeter, einer Horizontalsonnenuhr ähnlicher Zeitmesser, dessen Skala auf das jeweilige Mondalter eingestellt werden muß. Die Anzeigegenauigkeit der M. ist nicht sehr groß. 5

Mysterieuse Tischuhren mit unsichtbarem Antrieb der Zeiger. Die von Robert Houdin (1805–1871) vervollkommneten Uhren besitzen eine sich drehende Glasscheibe mit darauf befestigtem Zeiger, die über eine an ihrem Rand verdeckt angebrachte Zahnung angetrieben wird. Eine zweite feststehende Glasscheibe trägt den Ziffernring. Bei Figurenuhren als M. ist zunächst nicht erkennbar, wodurch das Pendel angetrieben wird. Die das Pendel haltende Figur erfährt aus dem Werk ein winziges Drehmoment, das das Pendel in Schwingung hält. 182, 247

Nachtlichtuhr Tischuhren unterschiedlicher Form und Konstruktion, an denen auch im Dunkeln die Zeit abgelesen werden kann. Die aus dem sich drehenden Ziffernring ausgesägten Ziffern werden durch eine hinter der Uhr stehende Lichtquelle sichtbar. Nachtlichtprojektionsuhren werfen das Bild der Ziffern auf eine Wand. Nachtuhren wurden seit dem Ende des 17. Jh.s gebaut und waren bis in die Mitte des 19. Jh.s in Gebrauch. 88, 89

Offiziersuhr Technisch vollendete und dekorative Reiseuhren des 18. und frühen 19. Jh.s, meist mit einem Messinggehäuse (→ *Capucine*), Schlagwerk und Repetition, häufig auch mit Viertelstundenschlagwerk und Weckerwerk. 98

Oignon Frühe französische Taschenuhren (Sackuhren), die vor 1720 entstanden sind. Ihre Dicke hat zu der Bezeichnung Oignon (Zwiebel) geführt. Sie haben fast immer ein Bronzezifferblatt mit Emailfeldern für die Ziffern und meist nur einen Zeiger. 34, 35, 38, 40

Paletten In das Hemmungsrad eingreifende Teile des Ankers. Bei den meisten Taschenuhren und einigen Großuhren sind sie aus Edelsteinen gefertigt, sonst aus Stahl.

Pendel Gangregler, der von Christian Huygens (1629–1695) im Jahre 1656 mit einer Wanduhr zur Erhöhung der Ganggenauigkeit verbunden worden ist. Diese Konstruktion brachte eine vorher niemals erreichte

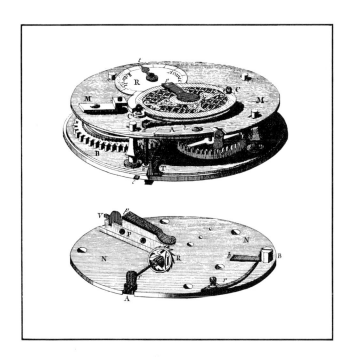

Platinen. Abb. aus: Diderot et d'Alembert, Encyclopédie…, 1751–1772, Horlogerie, Pl. X, Fig. 7 und 8

Exaktheit der Zeitangabe, weshalb auch zahlreiche frühe Räderuhren im 17. und 18. Jh. ein Pendel als Gangregler erhielten. 14, 18, 19

Pendule Zusammenfassende Bezeichnung für die seit der zweiten Hälfte des 17. bis gegen das Ende des 19. Jh.s in Frankreich und nach französischen Vorbildern in anderen Ländern gebauten → *Stockuhren*, deren Gehäuseform und Dekoration sich im Lauf der Zeit sehr stark ändern. Die → *Religieuse* entspricht formal noch den kastenähnlichen Stockuhren, doch seit dem späten Louis XIV werden die Gehäuse immer kostbarer, farbiger und mit feinen vergoldeten Bronzeappliken geschmückt (→ *Boulle*, → *Vernis Martin*). Unterhalb des Zifferblattes ist ihr Gehäuse in der Regel seit etwa 1720 eingezogen. Gegen Ende des 18. Jh.s werden Form und Farbe schlicht und zurückhaltend. Varianten der französischen Pendulen entstehen in der Schweiz, in Deutschland und auch in England. 52, 53, 61, 70

Pfeiler Verbindungsstücke zwischen vorderer und hinterer → *Platine* eines Uhrwerks.

Platine Werkplatten aus Metall, seltener aus Holz, zwi-

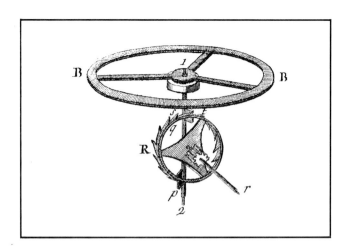

Radunrast. Abb. aus: Diderot et d'Alembert, Encyclopédie...
1751–1772, Horlogerie, Pl.X, Fig.16

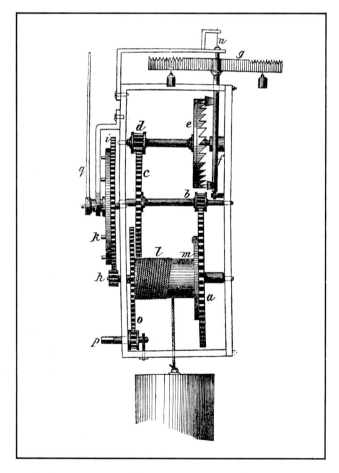

Räderuhr mit Waag. Abb. aus: P. Fintan Kindler, O.S.B., Die
Uhren..., Den Haag o.J., Fig.7

schen die die Räder eingesetzt sind. Taschenuhren besitzen seit etwa 1840 häufig nur eine Platine, auf der das Werk mit Brücken sich aufbaut. Die hintere Platine, die oft graviert und durchbrochen ist, trägt vielfach die Signatur. 92

Portaluhr Uhren, bei denen zwei oder vier Säulen bzw. Pfeiler mit einem Architrav die eigentliche Uhr, fast immer Werke mit Pendel, tragen. Vorläufer der Portaluhr sind bereits aus dem 17.Jh. bekannt, allgemein verbreitet sind sie vom späten 18.Jh. bis zum Empire und Spätklassizismus. 121, 122

Prismenbauweise Jeweils zwei Werkpfeiler stehen sich bei diesem Werktyp, der vom 15. bis in das 17.Jh. gebräuchlich ist, diagonal gegenüber. 13

Quatre-couleurs → *Vierfarbiges Gold*

Radunrast Radförmiger Gangregler ohne Eigenschwingungsfähigkeit. Er ist nach der → *Waag* der älteste Gangregler, der bei Räderuhren mit mechanischer Hemmung verwendet worden ist. Abgelöst wurde die R. durch die von Chr. Huygens erfundene und 1673 publizierte Radunrast mit Spindelhemmung → *Unruh.* 13

Räderuhren Seit dem 13.Jh. gebaute Uhren mit Zahnradtriebe und mechanischer Hemmung, die bis in die Mitte des 20.Jh.s die meistverbreiteten Zeitmesser waren. 13, 15

Rahmenuhr Uhren, deren Front nur das Zifferblatt – oft in einem vergoldeten Strahlenkranz – trägt und von einer umlaufenden Rahmenleiste eingefaßt ist. R. wurden besonders häufig in Österreich während der ersten Hälfte des 19.Jh.s gebaut. Ihre schlichte Form entspricht dem nachwirkenden Klassizismus. 175

Rattrapante An einem Werk mit Chronographen zusätzlich angebrachter Zeigermechanismus, mit dessen Hilfe Zwischenzeiten gestoppt werden können, ohne daß der eigentliche Sekundenzeiger des Chronographen angehalten werden muß.

Rechenschlagwerk → *Schlagwerk*

Regulator Besonders genau gehende Pendeluhr, die in der Regel ein → *Kompensationspendel* besitzt und, möglichst erschütterungsfrei aufgestellt, häufig in Sternwarten gebraucht wurde. 165, 288, 289

»Regulator« Vom Handel aufgebrachte irrige Bezeichnung für Wiener Wanduhren mit Pendel und Gewichtsantrieb. Ebenso unrichtig werden auch Wanduhren des späten 19.Jh.s Regulatoren genannt. 155, 156, 157

Reiseuhr Kleinere tragbare Uhren, meist mit einem Schlag- und Weckerwerk, die auf Reisen benutzt wurden. Jede federangetriebene Tischuhr: Dosenuhren, Uhren mit horizontalem Zifferblatt, Türmchenuhren und sogar Stockuhren oder Bracket-clocks konnten in einem Futteral oder einem ausgepolsterten Holzbehälter als Reiseuhr mitgeführt werden. Im 19. Jh. entwickelt sich in Frankreich aus dem Capucine-Typ die schlichte, allseitig verglaste R., die bis in den Anfang des 20. Jh.s in Gebrauch bleibt. → *Karossenuhr*, → *Offiziersuhr*. 97, 181, 183, 185

Religieuse Französische Pendule der Zeit vor 1700, deren Name angeblich wegen der Ähnlichkeit ihres Gehäuses mit einem Kirchenportal gewählt worden ist. Das rechteckige dunkelfarbige Gehäuse wird oben meist durch einen flachen Bogen abgeschlossen. Frühe Beispiele besitzen nur ein Federhaus für Geh- und Schlagwerk. Farbtafel 3

Repetition Die meisten Rechen-Selbstschlagwerke (→ *Schlagwerke*) sind so eingerichtet, daß sie die zuletzt geschlagene Zeit wiederholen, wenn ein entsprechender Auslösemechanismus betätigt wird. Viele Groß- und Taschenuhren besitzen ein zusätzliches Repetierwerk (Rufschlagwerk), das die jeweilige Zeit mit Stunden und Viertelstunden, häufig auch mit den Minuten, angeben kann.

Revolutionsuhr Uhren, fast stets Taschenuhren, mit der Dezimaleinteilung, die seit der Kalenderreform des Jahres 1793 in Frankreich bis zum Ende des Jahres 1805 offiziell galt. Damals wurde der Tag in 20 Stunden und das Jahr in 12 Monate zu je 30 Tagen eingeteilt; eine solche Einteilung steht häufig noch neben der herkömmlichen. Gelegentlich tragen die R. in Emailmalerei noch die allegorischen Darstellungen von Gleichheit, Freiheit und Brüderlichkeit. 119. 120

Roskopfuhr Größere, robuste und billige Taschenuhren einfacher Bauart, die seit 1865 von Georg Friedrich Roskopf (1813–1889) angefertigt worden sind und die als »montre du prolétaire« bezeichnet wurden. → *Hemmung*. 231

Rubin In der Uhrmacherei gebrauchter Ausdruck für einen → *Deck*- oder Lagerstein aus echtem oder synthetischem Rubin.

Rufschlagwerk → *Schlagwerk* und → *Repetition*

Sägeuhr Gewichtsangetriebene Uhren, bei denen das Uhrwerk mit Zifferblatt durch sein eigenes Gewicht an einer Zahnstange abwärts rückt. Bei den seit dem 17. Jh., gelegentlich auch von Amateuren im 18. und 19. Jh., hergestellten sind mehrfache Abwandlungen dieses Prinzips benutzt worden. Es gibt auch S. mit Federantrieb, die an der Zahnstange nach unten geschoben werden müssen, wenn man sie aufziehen will. Bei derartigen Zeitmessern steigt das Uhrwerk also aufwärts. 81, 82, 83

Sanduhr Erst nach Erfindung relativ durchsichtigen Glases im 15. Jh. aufgekommene Zeitmesser aus zwei mit der Öffnung gegeneinander stehenden Glasbirnen. Eine bestimmte Menge Blei- oder Marmorsand rinnt von dem einen Glasgefäß in das andere. Manchmal kann an einer Skala, je nach dem Stand durchgelaufenen Sandes, die seit dem Umdrehen der Uhr vergangene Zeit abgelesen werden. In Venedig und Nürnberg, den beiden Städten, in denen Sanduhrmacher mehrfach erwähnt werden, wurden auch S. mit zwei, drei und vier Doppelgläsern hergestellt. 11, 12

Savonnette Meist flache Taschenuhren mit Sprungdeckel, die vom späten 18. bis in das 20. Jh. hergestellt worden sind. Zifferblatt und Zeiger sind anders als bei der → *Halbsavonnette* nicht sichtbar, ohne daß der Deckel geöffnet wird. 241, 255, 281

Schiffschronometer Auf Schiffen seit dem 17. Jh. mitgeführte Uhren, meist mit → *Chronometerhemmung* und → *kardanischer Aufhängung* des Werkgehäuses. Benutzt werden Schiffschronometer zur Längenbestimmung auf See. 216. 217. 218

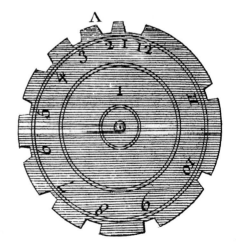

Schloßscheibe. Abb. aus: Diderot et d'Alembert, Encyclopédie…, 1751–1772, Horlogerie, Pl. III, Fig. 13

Schlagwerk Ein mit einer Federzug- oder Gewichtsuhr verbundenes Werk, das die vollen, die halben oder die Viertelstunden je nach seiner Konstruktion allein oder in einer Kombination durch akustische Signale (meist durch Schlag auf eine Glocke oder eine Tonfeder) angibt.

Stundenschlagwerk nennt man ein S., das die Stunden, Viertelschlagwerk ein S., das die Viertelstunden angibt. Das Viertelschlagwerk ist nicht immer vom Stunden-

Rechenschlagwerk. Abb. aus: A. Rees, The Cyclopaedia...,
London 1819–1820, Clocks, Watches and Chronometers,
Pl. XII, Fig. 1

schlagwerk getrennt, sondern gelegentlich auch mit dem Stundenschlagwerk kombiniert. Die Angabe der jeweils erreichten Zeitabschnitte erfolgt entweder automatisch (selbsttätiges S.) oder durch Betätigen einer Auslösevorrichtung, die meist zugleich auch die Spannvorrichtung für das S. ist (Rufschlagwerk).

Bei den Schlagwerken werden zwei Konstruktionen unterschieden, das Schloßscheiben- und das Rechenschlagwerk.

Schloßscheibenschlagwerk Älteste Form des Schlagwerks an Räderuhren. Beim S. wird die jeweilige Schlagzahl an

der Schloßscheibe, einem Rad, das an seinem Umfang entsprechend verschiedene Einteilungen trägt, abgetastet. Wird das S. einmal nicht zu dem entsprechenden Zeitpunkt ausgelöst, was dadurch geschehen kann, daß ein Fehler auftritt oder die Feder des Schlagwerks bereits abgelaufen ist, obwohl das Gehwerk noch läuft, so stimmt die Stellung der Schloßscheibe nicht mehr mit der Zeitangabe des Gehwerks überein, und das S. hat bei der nächsten Auslösung nicht mehr die richtige Schlagzahl. Zur Kontrolle des S. haben Uhren des 16. und 17. Jh.s häufig eine separate Anzeige der zuletzt geschlagenen Stunde.

Rechenschlagwerk Von Edward Barlow (1636–1716) um 1676 erstmals gebautes → *Schlagwerk.* (Barlow gilt als Erfinder des dem R. zugrundeliegenden Prinzips.) Das R. tastet die erforderliche Schlagzahl in der Regel an der Stundenstaffel ab, einer gestuften Scheibe, die an der Röhre des Stundenrads befestigt ist. Der Rechen, ein gezahntes Kreissegment, der durch seine jeweils freigegebene Zahnung die Schlagzahl bestimmt, wird so in die entsprechende Stellung gebracht. Das R. vermeidet den Nachteil des Schloßscheibenschlagwerks, sich verschlagen zu können.

Zu unterscheiden sind nach der Schlagfolge Selbstschlagwerke mit

1. Angabe der vollen Stunden: bei frühen Uhren und häufig auch bei Bodenstanduhren bis ins 19. Jh. hinein gebräuchlich.

2. Angabe der vollen und halben Stunden, wobei die halben Stunden durch nur einen Schlag angegeben werden (französischer Schlag). In Frankreich ist diese Form bis ins 20. Jh. gebräuchlich.

3. Angabe der vollen und der halben Stunden mit voller Schlagzahl. Die halben Stunden werden zur Unter-

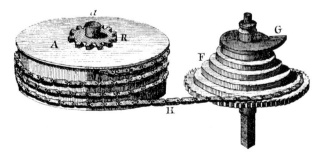

Federhaus, Kette und Schnecke. Abb. aus: Diderot et d'Alem-
bert, Encyclopédie..., 1751–1772, Pl. X, Fig. 9

scheidung auf einer anderen Glocke geschlagen (holländischer und belgischer Schlag).

4. Dreiviertelschlag. Die drei ersten Viertel werden angegeben.

5. Vierviertelschlag, bei dem sämtliche Viertelstunden angegeben werden. Nach dem vierten Viertel wird die volle Stunde auf einer größeren Glocke geschlagen.

6. Vierviertelschlag mit vollem Nachschlag (Wiener Schlag). Hier wird nach jedem Viertel die volle verflossene Stunde nachgeschlagen.

Schleppzeiger → *Rattrapante*

Schloßscheibenschlagwerk → *Schlagwerk*

Schnecke Um einen möglichst gleichmäßigen Antrieb für das Werk federgetriebener Uhren zu erreichen, wurde seit dem 15. Jh. die sogenannte Schnecke angefügt. In England blieb sie bis in das 20. Jh. gebräuchlich. Die Schnecke ist das erste Rad der Uhr und besitzt immer weiter werdende nebeneinanderliegende Windungen, über die eine an der Schnecke befestigte Darmsaite (seit etwa 1600 wird dazu eine Stahlkette benutzt) mit ihrem anderen Ende an dem Federhaus befestigt ist. Die voll aufgezogene Feder wirkt daher auf die engeren, die weiter entspannte auf die größeren Windungen der Schnecke. Durch die verschiedenen Hebelarme erfolgt theoretisch ein Ausgleich der abnehmenden Antriebskraft. → *Stackfreed*

Schwarzwald-Uhren Im Schwarzwald seit der zweiten Hälfte des 17. Jh.s hergestellte Wanduhren mit Gewichtsantrieb. Anfänglich wurden die Werke fast vollständig aus Holz gefertigt, mit der Waag als Gangregler, und besaßen seit etwa der Mitte des 18. Jh.s fast immer ein Pendel. Der Kuckuckruf, durch einen Blasebalg erzeugt, wurde schon seit dem frühen 18. Jh. eingebaut und galt seit dem späteren 19. Jh. als charakteristisch für S.-Uhren. 178, 179

Schwingpenduluhr Oft frei am Fenster aufgehängte Uhren in der Form einens großen Pendels, bei denen das Werk mit Zifferblättern auf beiden Seiten die Stelle der Pendellinse einnimmt, so daß die Zeit inner- und außerhalb des Hauses abgelesen werden konnte. Sch. sind vorzugsweise im 19. Jh. angefertigt worden. 127, 158

Seconde morte Springende Sekunde. Der Sekundenzeiger bewegt sich ruckartig – einmal in der Sekunde – vorwärts.

Sector-watch Taschenuhren mit viertelkreisförmigem Zifferblatt. Die Zeiger springen auf den Anfang zurück, sobald sie das Ende der Skala erreicht haben. Gegen Ende des 19. Jhs. werden S. häufiger gebaut. 272

Selbstaufzug 1780 von → *Abraham-Louis Breguet* (1747 bis 1823) verbesserter automatischer Aufzug von Taschenuhren nach dem Prinzip der Schrittzähler: Ein an einem Hebel befestigtes und beim Tragen der Uhr auf- und abschwingendes Gewicht zieht über ein → *Gesperr* die Feder auf. 264

Signatur Auf Werk oder Gehäuse angebrachter Name des Uhrmachers, des Gehäusemachers und häufig auch des Verkäufers. Signaturen in unterschiedlichster Form sind seit dem 16. Jh. bekannt. Im 17. und 18. Jh. tragen zahlreiche Uhren eine Signatur, die aber nicht immer eine genaue Datierung ermöglicht, weil der Name oft verschiedene Mitglieder einer Uhrmacherfamilie bezeichnen kann. Schon damals wurden gelegentlich falsche Bezeichnungen angebracht, die einen berühmteren Hersteller vortäuschen sollten.

Skelettuhr Im späten 18. und im gesamten 19. Jh. vorzugsweise in Frankreich und in England angefertigte Tischuhren unterschiedlicher Konstruktion, bei denen das Werk sichtbar gelassen und durch die Verwendung schmaler oder durchfensterter Platinen besonders gut zu überschauen ist. 143, 144, 145, Farbtafel I

Sonnenuhr Seit der Antike bekannte Zeitmesser, die bei Sonnenschein die Zeit durch den von einem Zeiger geworfenen Schatten auf einer entsprechenden Skala anzeigen. S. mit horizontaler Skala werden Horizontalsonnenuhren, S. mit vertikaler Skala Vertikalsonnenuhren genannt. S. mit kreisförmigem Ziffernband, das jeweils der Äquatorebene entsprechend eingestellt wird, heißen Äquatorialsonnenuhren. 1, 2, 4

Souscription Einzeigerige Taschenuhren mit Stunden- und Fünfminuteneinteilung. Um 1800 nur auf Bestellung und gegen eine Anzahlung (*souscription*) von → *Breguet* hergestellt. 225

Spindelbrücke Brückenförmiger Träger für das Lager des oberen Zapfens der Spindel einer Spindeltaschenuhr, der häufig aus Silber gefertigt und oft kunstvoll ornamental durchbrochen und graviert ist. Sp. werden meist bei Uhren verwendet, die auf dem Kontinent hergestellt worden sind. → *Kloben*. 35

Spindelhemmung → *Hemmung*

Spindeltaschenuhr Taschenuhren mit Spindelhemmung. → *Oignon*. 32, 33, 34, 35, 203, 205

Springen Ruckartiges Vorrücken des Minuten- oder Sekundenzeigers. → *Seconde morte*

Sprungdeckel Flache Metallschale als vorderer Deckel

Stockuhr – Entwurf von Joh. Georg Hertel, Augsburg um 1740.

Staubdeckel Zusätzlicher Schutzdeckel über dem Werk von manchen Taschenuhren. In der zweiten Hälfte des 18. und im 19. Jh. werden St. häufig bei englischen Taschenuhren verwendet.

Stockuhr Seit etwa der Mitte des 17. Jh.s gebaute, ursprünglich auf einer Konsole stehende mittelgroße, federangetriebene Uhren. Ihr meist schlichtes Holzgehäuse ist fast immer vorn verglast, gelegentlich auch an den Seiten. St. besitzen regelmäßig Schlagwerke und häufig noch zusätzliche Indikationen. Sie waren für etwa zwei Jahrhunderte der meistverbreitete Uhrentyp; ihre Gehäuseform hat sich in dieser Zeit weit weniger als ihr Dekor geändert. → *Bracket-clock.* 49, 50, 129, 130

Stundenrohr Die Röhre des Stundenrads, die den Stundenzeiger trägt.

Stutzuhr Seltenere Bezeichnung für → *Stockuhr*

Taschenuhren Am Körper tragbare, kleinere Uhren, deren Form sich aus den frühen Dosenuhren entwickelt hat. Anfangs oft verdeckt (Sackuhren) getragen, werden T. im 17. und 18. Jh. oft zu Schmuckstücken, die offen am Gürtel (→ *Châtelaine*) getragen werden. Im 19. und frühen 20. Jh. werden sie meist in der Westentasche aufbewahrt. Häufig sind T. auch mit Wecker-, Schlag- und Repetierwerken, mit Chronographen, Datumsanzeigen, Spielwerken und Automaten ausgerüstet worden.

Tastknöpfe Seit dem 16. Jh. gelegentlich an tragbaren Räderuhren und → *Monduhren* angebrachte kurze Stifte kurz neben den Ziffern. Da bei der Zwölf ein größerer Stift angebracht ist, konnte auch im Dunkeln die Zeit abgetastet werden. 32

Telleruhr Wanduhren, deren Front aus Metallblech im Zentrum einen großen Ziffernring trägt. Der Dekor der meist in Deutschland während des späten 17. und im 18. Jh. hergestellten Uhren folgt der Stilentwicklung des Kunstgewerbes. T. sind fast stets versilbert, seltener vergoldet und besitzen regelmäßig ein kurzes Vorderpendel. → *Zappler.* 55, Farbtafel 4

Temporalstunden Unterschiedlich lange Stunden, die wegen der seit der Antike üblichen Einteilung des Tages und der Nacht in jeweils 12 Stunden während des Sommers tagsüber länger als in der Nacht waren. Nur bei der Tag- und Nachtgleiche sind diese Stunden gleich lang. 153

Tischuhr Mittelgroße, tragbare und federangetriebene Uhren ganz unterschiedlicher Form, oft mit Schlagwerk und zahlreichen Indikationen, die auf einen Tisch oder

bei Taschenuhren des 19. und 20. Jh.s, die das Uhrglas schützt und meist auf Knopfdruck aufspringt. 265. 281

Stackfreed Federbremse zum Ausgleich der sich verändernden Antriebskraft der Zugfeder. Im 16. und frühen 17. Jh. war in Deutschland (Nürnberg) der St. gebräuchlich. Er besteht aus einer exzentrischen mit dem Federkern verbundenen Scheibe und einer gegen sie drückenden Stahlfeder. Bei voll aufgezogener Zugfeder wird der Exzenter stärker gebremst, bei ablaufender Feder läßt die Bremswirkung allmählich nach. Die Erfindung des St. wird auch Peter Henlein zugeschrieben. → *Schnecke.*

Drehgestell eines Tourbillons

den Kamin gestellt werden konnten. Zu den frühesten Tischuhren gehören die Türmchenuhren der Renaissance und die Dosenuhren, später die Stockuhren, die Bracketclocks und zahlreiche andere mittelgroße Uhrentypen. 47, 48, 100, Farbtafel 1

Tonfeder Gebogener Stahldraht, der seit etwa 1800 als Klangerzeuger die früher benutzten Schlagwerkglocken allmählich ersetzt.

Tourbillon Taschenuhr mit Drehgestell, das sich, wenn es vom Sekundenrad angetrieben wird, mit Unruh und Hemmungsteilen einmal in der Minute dreht und eine Unwucht des Unruhsystems und damit Lagefehler ausgleicht. Diese Konstruktion wurde erstmals von Abraham-Louis Breguet (1747–1823) ausgeführt. Vom Zwischenrad (Kleinbodenrad) angetriebene Drehgestelle drehen sich je nach Übersetzungsverhältnis der Räder in 5 bis 10 Minuten, vom Minutenrad getriebene Drehgestelle nur einmal in einer Stunde. Letztere sind erstmals in England

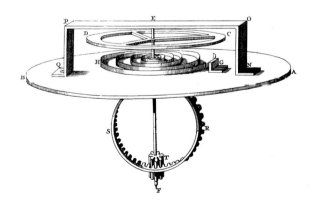

Ausführung der ersten Unruh von Isaac Thuret nach Angaben von Christian Huygens. Abb. aus: Journal des Sçavans, 22.1. 1675.

von dem dänischen Uhrmacher Bahne Bonniksen (1859–1935) gebaut worden und werden → *Karusselluhren* genannt. 257, 262

Türmchenuhr Im Querschnitt fast immer rechteckige Tisch- und Wanduhren mit Schlag- und Weckerwerk, deren Gehäuse die Form eines oft reich verzierten Turmes hat. T. als Tischuhren sind stets federangetrieben, als Wanduhren haben sie Gewichtsantrieb und als Gangregler regelmäßig eine Radunrast. Die wohl meist in Süddeutschland (Augsburg) und Österreich im 16. und in der ersten Hälfte des 17.Jh.s entstandenen T. haben stets ein Gehäuse aus Bronze und häufig ein eisernes Werk; nach etwa 1670 wurden T. oft auf Vorder- oder Hinterpendel umgebaut. 18, 19, Farbtafel 3

Tulasilber Nach der russischen Stadt Tula benannte Dekorationstechnik, bei der ornamentale niellierte Gravierungen dunkel (schwarz oder braun) auf dem hellen Metallgrund erscheinen. 280, 283

Umgehäuse Auch Übergehäuse. Seit dem frühen 18.Jh. gebrauchte Schutzgehäuse für Karossen- und Taschenuhren, meist aus Silber, oft mit Leder oder Schildpatt überzogen, die das Werk vor Erschütterungen sichern sollten. Ursprünglich wurden U. für jede einzelne Uhr speziell gefertigt. 107, 108, 116, 117, 118

Unrast → *Radunrast*

Unruh Von Christian Huygens (1629–1695) im Jahre 1673 publizierter, meist radförmiger, eigenschwingungsfähiger Gangregler mit Spiralfeder, der erst den Bau tragbarer Uhren mit hoher Ganggenauigkeit ermöglichte.

Vasenuhr Tischuhren des ausgehenden 18. und des 19.Jh.s, deren Gehäuse die Form einer größeren, oft reich dekorierten Vase aus unterschiedlichem Material hat. Die Angabe der Zeit geschieht durch ein Zifferblatt mit beweglichen Zeigern oder durch ein sich drehendes Ziffernband mit feststehendem Zeiger.

Vernis Martin Zusammenfassende Bezeichnung für 1730 patentierte Lackarbeiten verschiedener Stilphasen bis zum Ende des 18.Jh.s, benannt nach den Brüdern Guillaume, Étienne-Simon, Julien und Robert Martin, die seit 1744 ein Monopol für diese kunstgewerbliche Technik besaßen. Als Dekorationsform verdrängte der Vernis Martin allmählich die → *Boulle-Technik.* 71

Vertikalsonnenuhr → *Sonnenuhr*

Vierfarbiges Gold Bei Taschenuhren, gelegentlich auch

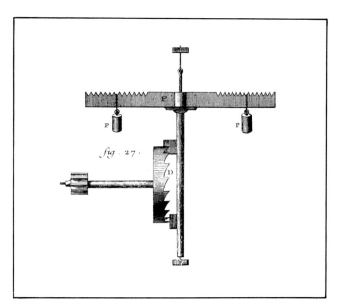

Spindelhemmung mit Waag. Abb. aus: Diderot et d' Alembert, Encyclopédie…, 1751–1772, Horlogerie, Pl. V, Fig. 27

bei Großuhren benutzte Goldschmiedetechnik des 18. und frühen 19. Jh.s, bei der die unterschiedliche Farbigkeit des Goldes für ornamentale Verzierungen und für Darstellungen, gelegentlich sogar für Automaten, genutzt wird. 198, 199, Farbtafeln 2, 8

Waag Der früheste Gangregler von Räderuhren mit mechanischer Hemmung. Die Waag besteht aus einem senkrecht an der Spindel angebrachten Balken mit gezahnten Schenkeln, auf denen je ein Reguliergewicht verschiebbar angebracht ist. *(Siehe Abb. Seite 62)* 15

Wanduhr Zusammenfassende Bezeichnung für in Innenräumen benutzte und an der Wand befestigte Großuhren, häufig mit einem Schlag- und Weckerwerk. Solche Uhren haben meist Gewichtsantrieb, seit dem Ende des 17. Jh.s als Gangregler ein Pendel. Selten sind sie federgetrieben. → *Carteluhr*, → *»Regulator«*, → *Schwarzwald-Uhren*

Weckerstellscheibe Scheibe mit Auslösestift und einer Röhre, die über das Stundenrohr gesteckt ist. Die mit den Stundenziffern versehene Scheibe ist drehbar und ermöglicht so die Einstellung der gewünschten Weckzeit. Eine am Auge des Stundenzeigers angebrachte Spitze gibt die eingestellte Weckzeit an. 43, 44, 46, 50

Welsche Stunden In Italien wurden die Stunden mit dem Sonnenuntergang, in Böhmen mit dem Sonnenaufgang von 1–24 gezählt. Entsprechende Angaben sind häufiger

auch auf Zifferblättern von Uhren zu finden, die in Deutschland hergestellt wurden.

Zappler Zusammenfassende Bezeichnung für alle Stock- und Wanduhren mit einem vor dem Zifferblatt schwingenden kurzen Pendel. Speziell die kleinen süddeutschen und österreichischen federangetriebenen Tisch- und Wanduhren mit auffällig schnell schwingendem Vorderpendel werden so genannt. 55, 62, 141, Farbtafel 4

Zeiger Ein meist in der Mitte des runden Zifferblattes drehbar befestigter kleiner Stab aus Metall oder Holz, der auf die kreisförmig angeordneten Ziffern weist. Eisenuhren besitzen fast stets nur einen Zeiger für das jeweilige Zifferblatt (14). Einzeigerige Uhren (13, 15, 33, 46, 47) werden bis in das 18. Jh. und gelegentlich noch im 19. und 20. Jh. gebaut. → *Souscription* Zwei Zeiger an einem Zifferblatt werden seit dem 17. Jh. allmählich die Regel. 18, 45

Zifferblatt Runde Scheibe, bei Großuhren meist aus Metall, seltener aus Email, bei Taschenuhren fast stets aus Email, die die Anzeigen der Stunden, der Viertelstunden und Minuten trägt, häufiger bei Taschenuhren auch die der Sekunden. Die Entwicklung des Z. erfolgt nicht einheitlich. Bei den französischen Pendulen aber ist eine klare Abfolge erkennbar. Die frühen Beispiele der → *Religieuse* besitzen meist einen Ziffernring, die Pendulen des 18. Jh.s haben anfangs Emailfelder mit den aufgemalten Ziffern (53, 54, 58, 68, Farbtafel 5), danach folgt das dreizehnteilige Zifferblatt mit separatem Mittelfeld (69), das von dem einheitlichen Ganzemailfeld (67, 70, Farbtafel 5) abgelöst wird. Vergleichbar ist die Entwicklung des Z. bei den Taschenuhren. Eine Variante ist die halbkreisförmige Anzeige, die fast stets nur bei Taschenuhren verwandt wird. 37, 200, 253, 272.

Ziffer Bei den frühen Eisenuhren werden fast immer römische Z. zur Anzeige der Stunden gebraucht (16, 18, 21, 46). Gelegentlich werden arabische Z. für die zusätzliche Angabe der Stunden von 13 bis 24 benutzt (14). Seit dem 17. Jh. werden häufiger römische Ziffern für die Stunden und arabische für die Minuten gebraucht (45, 55, 58, 67, Farbtafel 3). Die Weckerstellscheibe besitzt fast immer arabische Ziffern. 28, 44

Zonenzeituhr Uhren mit zwei oder mehr Zifferblättern, bei denen gleichzeitig die Zeit verschiedener Regionen angezeigt wird. 195, 196, 256

Literaturverzeichnis

J. Abeler, Ullstein Uhrenbuch. *Eine Kulturgeschichte der Zeitmessung, Berlin 1975*

Bassermann-Jordan, Ernst von/Bertele, Hans: *Uhren,* München 1982.

Kindler, Fintan: *Die Uhren – Ein Abriß der Geschichte der Zeitmessung,* Leipzig 1904, Nachdruck Den Haag 1968.

Schindler, Georg: *Alte Uhren,* München 1981

Mühe, Richard/Vogel, Horand M.: *Alte Uhren,* München 1977.

Hausmann, Tjark, *Staatliche Museen Preußischer Kulturbesitz,* Kataloge des Kunstgewerbemuseums Berlin, Bd. VIII, Berlin 1979.

Maurice, Klaus: *Die deutsche Räderuhr – Zur Kunst und Technik des mechanischen Zeitmessers im deutschen Sprachraum,* 2 Bände, München 1976.

Himmelein, V. und Leopold, J.H., *Prunkuhren des 16. Jahrhunderts, Sammlung Joseph Fremersdorf, Württembergisches Landesmuseum,* Stuttgart 1974.

H. Ch. Ackermann, *Die Uhrensammlung Nathan Rupp im Historischen Museum Basel,* München 1984

Helmut Krieg: *Aus der Uhrzeit, die Uhrensammlungen des Museums für Angewandte Kunst und des Kölnischen Stadtmuseums,* Köln 1987.

R. Meis, *Die alte Uhr – Geschichte, Technik, Stil, I und II,* Braunschweig 1978

Lunardi, Heinrich: *Alte Wiener Uhren und ihr Museum,* Wien 1973.

Jüttemann, Herbert: *Die Schwarzwalduhr,* Braunschweig 1972.

Bobinger, Maximilian: *Kunstuhrmacher in Alt-Augsburg,* Augsburg 1969.

Tardy: *La Pendule française. Bd. I: Des origines au Louis XV; Bd. II: Du Louis XVI à nos jours; Bd. III: Les Provinces françaises, Horloges et pendules étrangères.* Sämtlich Paris o. J.

Edey, Winthrop: *French Clocks,* New York 1967.

Bollen, Tom: *Comtoiseklokken,* Haarlem 1977.

Beeson, C.F.C.: *English Church Clocks 1280–1850,* London 1971.

Cescinsky, H./Webster, M. R.: *English Domestic Clocks,* New York, o. J.

Korber, Hans-Günter: *Zur Geschichte der Konstruktion*

Mathematiker beim Entwerfen einer Vertikal-Sonnenuhr. Aus A. Leonhart Zubler, Novum Instrumentum Sciotericum, Zürich 1609.

von Sonnenuhren und Kompassen des 16. bis 18. Jahrhunderts, Berlin 1965.

W. Brandes, *Alte japanische Uhren,* Braunschweig 1984

Chapuis, Alfred/Droz, Edmond: *Les Automates,* Nachdruck Neuchâtel 1958.

Maurice, Klaus: *Von Uhren und Automaten,* München 1968.

Cuss, Camerer, T.P.: *The Country Life Book of Watches,* London 1967.

Bertele, Hans von: *Taschen- und Schmuckuhren,* Braunschweig 1964.

Jaquet, Eugène/Chapuis, Alfred: *Histoire et technique de la montre suisse de ses origines à nos jours,* Basel 1945.

Jaquet, Eugène/Chapuis, Alfred: *Technique and History of the Swiss Watch,* London 1970.

O. Patrizzi / F. X. Sturm, *Schmuckuhren 1790–1850*, München 1981

C. Clutton / G. Daniels, *Taschenuhren.* Geschichte und Technik, München 1982

R. Meis, *Taschenuhren – Von der Halsuhr zum Tourbillon*, München 1979

H. Kahlert / R. Mühe / G. L. Brunner, *Armbanduhren. 100 Jahre Entwicklungsgeschichte*, München 1983

Chapuis, Alfred: *Grands artisans de la chronométrie*, Neuchâtel 1958.

Symonds, R. W.: *Thomas Tompion, his Life and his Work*, London 1969.

Breguet, C.: *A.-L. Breguet – Horologer*, Enfield, Middlesex o. J.

Chapuis, Alfred: *A.-L. Breguet pendant la Révolution française, à Paris, en Angleterre et en Suisse*, Neuchâtel 1953.

Huber, Martin: *Die Uhren von Al. Lange & Söhne, Glashütte / Sachsen*, München 1976.

Riefler, Dieter: *Riefler-Präzisionspendeluhren 1890 bis 1965*, München 1981.

Erbrich, Klaus: *Präzisionspendeluhren von Harrison bis Riefler*, München 1978.

Bertele, Hans von: *Marine- und Taschenchronometer, Geschichte – Entwicklung – Auswirkung*, München 1981.

Leopold, J. H.: *The Almanus Manuscript*, London 1971.

Becker, Karl-Ernst: *Horologium 1658*, Düsseldorf 1977.

Abeler, Jürgen: *Meister der Uhrmacherkunst*, Wuppertal 1977.

Tardy: *Dictionnaire des Horlogers Français*, Paris 1972.

Morpurgo, Enrico, *Nederlandse Klokken – en Horlogemakers van af 1300*, Amsterdam 1970.

Britten, F. J.: *Old Clocks and Watches and their Makers*, London 1971 (Neudruck der 7. Auflage von 1932).

Baillie, G. H., *Watchmakers and Clockmakers of the World*, Bd. 1, London 1972.

Loomes, Brian: *Watchmakers and Clockmakers of the World*, Bd. 2, London 1976.

Zeitschriften:

Schriften der Freunde alter Uhren, Heidelberg seit 1960, jetzt Ulm, jährlich erscheinend.

Alte Uhren, München seit 1978, vierteljährlich erscheinend.

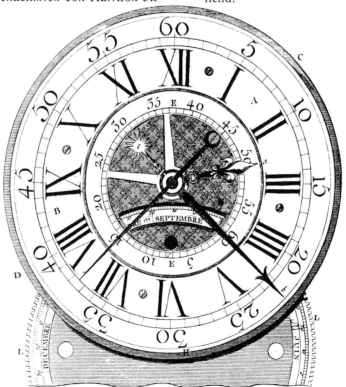

Abb. aus: Diderot et d'Alembert, Encyclopédie ..., 1751–1772, Horlogerie, Pl. IX, Fig. 1

Katalog-Bildteil

Zum Katalog und den Preisangaben

Die Zusammenstellung der in den Bildteil aufgenommenen Uhren versucht, die chronologische Ordnung mit der typengeschichtlichen Entwicklung zu verbinden. Die Auswahl beabsichtigt auch, einen Überblick über die dem Sammler heute noch angebotenen Objekte zu geben. Die Angabe von Preisen bei alten Uhren ist schwieriger als bei den meisten anderen Objekten des Kunsthandels, denn man muß dabei den künstlerischen – oft auch den materiellen – Wert des Gehäuses und die technische Vollendung und den Zustand des Werks berücksichtigen.

Die Bewertung einzelner Uhrentypen verändert sich oft rasch, weil sie in vielen Fällen abhängt von dem jeweils bevorzugten Einrichtungsstil. Klaren, funktional wirkenden Formen der Möbel entsprechen eher englische Stockuhren und französische Reiseuhren; das neue ästhetische Verständnis für Dekor und Ornament wird gewiß in Zukunft auch barocke Gehäuseformen, etwa die prächtigen Pendulen des 18. Jahrhunderts aus Frankreich, höher einschätzen.

Anders als bei dem Äußeren einer Uhr ist die Beurteilung des Werks selbst für erfahrene Uhrmacher oft nicht leicht, weil sich fast immer erst bei einer vollständigen Überholung der Zustand des Werks mit Sicherheit feststellen läßt. Daß eine Uhr geht und einigermaßen zuverlässig die Zeit anzeigt, ist noch kein Hinweis auf ein wirklich intaktes Werk. Daher beziehen sich die Preisangaben zunächst nur auf das abgebildete Stück, sollen zugleich aber auch Anhaltspunkt für die Einschätzung vergleichbarer Objekte sein.

Wiedergegeben wird immer die ausführlichere Signatur, die auf den Abbildungen manchmal nicht sichtbar ist, weil sie sich auf dem Werk befindet.

Alle Maßangaben gelten für die größte Höhe oder Breite. Es wird in den Beschreibungen nicht zwischen Feuer- und galvanischer Vergoldung unterschieden. Vor der Mitte des 19. Jahrhunderts wird nur die Feuervergoldung gebraucht, danach wird die galvanische Vergoldung allgemein üblich.

Wenn nichts anderes angegeben, beträgt die Gangdauer stets einen Tag. Der bei Spindeltaschenuhren gebräuchliche Schlüsselaufzug wird nicht eigens erwähnt.

Das Bildmaterial wurde uns freundlicherweise zur Verfügung gestellt von:

K.-E. Becker,
    Haroldstraße 20, 4000 Düsseldorf 1
Bukowsky Auktioner,
    Arsenalsgatan 2, S-11147 Stockholm
Christie's International S.A.,
    8, Place de la Taconnerie, CH-1204 Genf
A. Colombo, Münstergasse 8, CH-8000 Zürich
Auktionshaus P. Ineichen,
    Waidstraße 50, CH-8037 Zürich
H. Kästner, Ottostraße 3b, 8000 München 2
P.M. Kegelmann, Saalgasse 3, 6000 Frankfurt a.M.
Galerie P. Koller, Rämistraße 8, CH-8001 Zürich
Kunsthaus Lempertz, Neumarkt 3, 5000 Köln 1
K. Niedheidt, Niederdonker Straße 34, 4000 Düsseldorf
K.H. Pohl, Lintgasse 5, 5000 Köln 1
Galerie Pott & Klöter, Schloß Dätzingen, 7031 Grafenau
Antiquitäten J.G. Rust,
    St. Apern Straße 44–46, 5000 Köln 1
O. Schwank, Selmannstraße 15, CH-8000 Zürich
L. Stolberg, Grabenstraße 9, A-8010 Graz
Uhrenmuseum Furtwangen,
    Gerwigstraße 11, 7743 Furtwangen
Auktionshaus Michael Zeller,
    Hauptstraße 89/90, 8990 Lindau

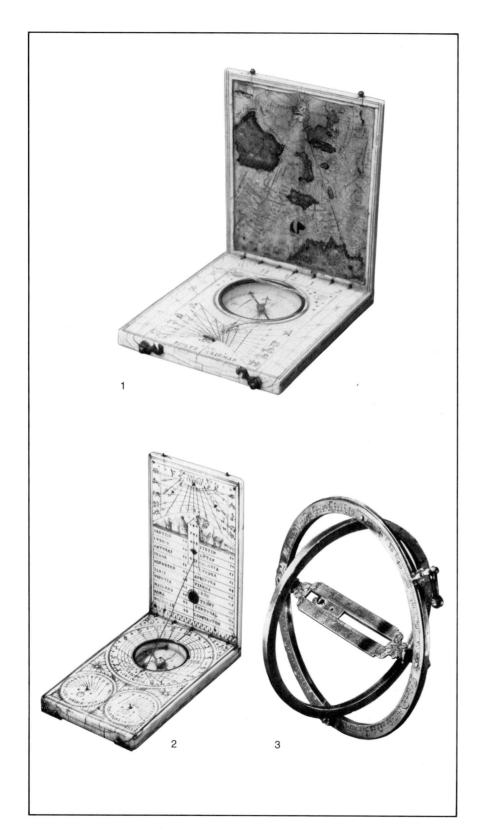

1

2   3

SONNENUHREN

Kleine tragbare Sonnenuhren waren schon in der Antike bekannt. Solche Zeitmesser wurden während des ganzen Mittelalters benutzt. Im 16. und 17. Jahrhundert wurden tragbare Sonnenuhren vor allem in Süddeutschland, in Nürnberg und Augsburg, gebaut, die in großer Zahl exportiert worden sind. Horizontal-, Vertikal- und Äquatorialsonnenuhren wurden als genaue und unempfindliche Zeitmesser besonders von Reisenden geschätzt. Zur exakten Ausrichtung besaßen die meisten einen kleinen Kompaß.

1 Horizontalsonnenuhr (Klappsonnenuhr), Deutschland (Nürnberg) um 1600. »Paulus Reinman« auf Grundplatte. Elfenbein und Bronzeteile. Auf der Grundplatte befindet sich in kreisförmiger Vertiefung der Kompaß, graviert Angabe der Stunden, auf die der Schatten des Polfadens fällt. Vorn eine Jahreszeituhr, auf der Deckplatte eingeklebte Karte der nördlichen Halbkugel. 8,5 cm.
18 000,–/20 000,–

M. Lempertz, Köln

2 Horizontal- und Vertikalsonnenuhr (Klappsonnenuhr), Augsburg 1646. »Nikolaus Miller«, auf Boden. Elfenbein und Bronze. Im horizontal liegenden Täfelchen befindet sich vertieft der Kompaß, unten links die Anzeige der »welschen Stunden«, rechts die Anzeige der »Grosen Uhr«. Auf dem senkrechten Täfelchen die Angabe der Polhöhe verschiedener europäischer Städte, darüber Anzeige der Vertikaluhr. 6,8 cm.
16 000,–/18 000,–

K. H. Pohl, Köln

5

4

◁ **3 Ringsonnenuhr, Deutschland (Augsburg) um 1690.** »Johann Willebrand in Augspurg« auf äußerem Ring.
Messing graviert und vergoldet. Auf dem äußeren Ring die Skala der Polhöhen mit dem verschiebbaren Reiter, der auch als Aufhänger dient. Zwischen dem Ring hängt die gerade Skala mit einem durchbohrten Schieber, der auf den Zodiak eingestellt wird.
Das durch die Bohrung fallende Licht zeigt auf dem zweiten Ring die Zeit an.
12 cm. **14 000,–/16 000,–**
K. H. Pohl, Köln

4 Äquatorialsonnenuhr, Süddeutschland (Augsburg) um 1700. »Johann Willebrand« auf Unterseite.
Silber teilweise vergoldet. Vorne das Lot zum waagerechten Ausrichten der Uhr. Im Zentrum liegt vertieft der Kompaß. Das äquatoriale kreisförmige Ziffernband mit Gnomon ist einstellbar auf die verschiedenen Polhöhen, die die segmentförmige Skala links angibt. 9 cm.
10 000,–/12 000,–
K. H. Pohl, Köln

5 Horizontalsonnenuhr mit Monduhr, Deutschland um 1720. »Johann Martin, Augspurg« auf Boden.
Messing graviert und vergoldet. Auf der achteckigen Grundplatte sind die kreisförmigen Skalen für die Sonnenuhr, das Mondalter und die verstellbare Skala für die Nachtuhr mit einem Zeiger und Tastknöpfen befestigt. Im Zentrum vertieft der Kompaß mit Quersteg, von dem der Polfaden ausgeht. Lot für die waagerechte Ausrichtung der Uhr. 8,2 cm.
9 000,–/10 000,–
K. H. Pohl, Köln

**6 Horizontalsonnenuhr, Frankreich
um 1720.** »Lange de Bourbon« auf Boden.
Silber graviert. In kreisförmiger Vertiefung
der Kompaß, daneben der aufklappbare
und verstellbare Zeiger. Graviert Anzeige
der Stunden und der Minuten. Schatulle
mit Fischhaut bezogen. 5,5 cm.

6500,–/7000,–
P. M. Kegelmann, Frankfurt

**7 Horizontalsonnenuhr ohne Kompaß,
Deutschland um 1760.**
Messing graviert. Der Zeiger des ellipsen-
förmigen Zifferblattes ist verschiebbar
und wird auf das jeweilige Datum oder
die entsprechende Deklination der Sonne
eingestellt. Das kreisförmige Zifferblatt
besitzt neben der Skala für die Stunden
außen noch eine Skala für die Minuten
und im Zentrum einen Polzeiger. Die
Uhr ist richtig aufgestellt, wenn auf beiden
Skalen die gleiche Zeit angezeigt wird.
16,5 cm. **6000,–/7000,–**
P. M. Kegelmann, Frankfurt

6

7

8 Äquatorialsonnenuhr, Deutschland um 1770.
Messing vergoldet. Auf Messingblechplatte mit drei Füßen eine der Polhöhe entsprechend verstellbare geschlossene Skala. Auf einem verbindenden Steg befindet sich der spitze Gnomon. Im Hintergrund ist die Lotwaage sichtbar, seitlich ein Segment mit Einteilung der Polhöhen. Im Zentrum vertieft der Kompaß. 7 cm.
3 500,–/4 500,–

Archiv Battenberg

9 Taschensonnenuhr, Frankreich (?) um 1800. »Rousseau inv. fec.« auf Front. Kupfer vergoldet. Auf der Vorderseite befindet sich unter einem gewölbten Glas ein Kompaß, eine Stundenskala und ein feststehendes Zeigerdreieck. Die Rückseite trägt in grauer Emailmalerei auf blauem Grund Darstellungen der Tierkreiszeichen und im Zentrum eine antike Opferszene. 6,5 cm.
3 500,–/4 000,–

M. Lempertz, Köln

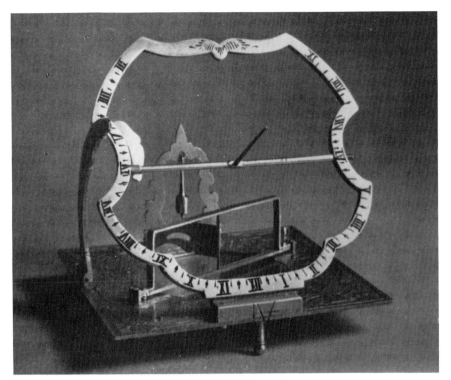

8

9

11   10   12

ELEMENTARUHREN

Das gleichmäßige Abbrennen von Fäden oder Wachs war ebenso wie das stetige Ausrinnen des Sandes ein Maß der Zeit. Erst die Möglichkeit, durchsichtiges Glas herzustellen, war die Voraussetzung für die Anfertigung von Sanduhren, die seit dem 15. Jahrhundert in Nürnberg und Venedig gebaut werden. Noch im Barock standen auf vielen Kanzeln Sanduhren, die den Prediger mahnen sollten, nicht zu lange zu sprechen. Als relativ genau gehende Zeitmesser dienten sie auf Schiffen zur Feststellung der Geschwindigkeit. Das Glasen, das Umdrehen der Sanduhren, gab die Einteilung der Wachzeit an.

10 Feueruhr, China um 1800. Lackarbeit. Das Gehäuse dieses Zeitmessers ist ein langgestreckter, in Drachenkopf und Drachenschwanz auslaufender bootsförmiger Körper, dessen Seitenwände mit vergoldeten Drachenmotiven auf dunkelgrünem Grund geschmückt sind. Vier Tatzen halten das Boot, in das eine Wanne aus Zinn eingesetzt ist. Quer über diese Wanne wurden Fäden gespannt, die an beiden Seiten Metallkugeln trugen. Eine Glimmschnur, die über Stege in der Wanne geführt wurde, verbrannte nacheinander die Querfäden, wodurch die Kugeln in ein tieferliegendes Metallbecken fielen und damit die Zeiten des Gebets angaben. 55 cm. **3 000,–/4 000,–**
K.-E. Becker, Düsseldorf

11 Sanduhr (Stundenglas), Flandern 18. Jahrhundert.
Sechs gedrechselte Säulen aus Palisanderholz verbinden die fein profilierte Boden- und Deckplatte aus dem gleichen Material; zwischen ihnen das Doppelglas noch in ursprünglicher Verschnürung. 15 cm. **2 800,–/3 200,–**
P. Ineichen, Zürich

12 Sanduhr, Deutschland (?) um 1800. Wurzelholz gedrechselt. Sechs Doppelbaluster verbinden die runde Grund- und Deckfläche. Die beiden Glasbehälter sind in der Mitte umschnürt. 13 cm.
1 500,–/1 800,–
P. M. Kegelmann, Frankfurt

FRÜHE RÄDERUHREN

Seit dem 13. Jahrhundert sind Räderuhren, Zeitmesser mit mechanischer Hemmung, bekannt. Aus
der Zeit nach 1500 stammen die
meisten der noch erhaltenen Eisenuhren. Die Wanduhren mit fast
immer bemaltem Gehäuse und
Zifferblatt werden von Gewichten
angetrieben und besitzen eine
Spindelhemmung mit Waag oder
großer Radunrast.
Die Türmchenuhren mit oft kunstvoll graviertem Bronzegehäuse
sind federangetrieben und haben
mit seltenen Ausnahmen Schnecke
und Darmsaite. Als kostbare
Tischuhren fehlten sie in keiner
fürstlichen Kunstkammer der Renaissance.

13 Räderuhr, Süddeutschland. »1521«
auf Zifferblatt.
Eisen. Werkgestell in Prismabauweise.
Vier schmale Pfeiler tragen den Glocken-
stuhl mit zwei Glocken. An der Vorderseite
bemaltes Eisenblech mit Anzeige der
Mondphase, darunter Zifferring mit einem
Zeiger. 51 cm.
Werk Eisen mit Spindelhemmung und
originaler Radunrast, die am oberen Ende
der Spindel an einem Faden aufgehängt
ist. Schloßscheibenschlagwerk mit innen-
verzahnter Schloßscheibe für die vollen
Stunden. Der Schlag der halben Stunden
wird vom Gehwerk bewirkt.
Besonders schönes und weitgehend origi-
nales Beispiel einer frühen Räderuhr.
            50 000,–/55 000,–
Kunsthandel, Düsseldorf

14

15

16

17

14 Türmchenuhr, Süddeutschland um 1600.
Messing vergoldet. Auf einem schlicht profilierten quadratischen Holzsockel steht das kastenförmige Werksgehäuse, das von der Glocke mit einem Baluster bekrönt wird. Vier aus Messingblech geschnittene Blätter vermitteln den Übergang zu vier kleineren Eckbalustern. Die Front ist graviert und trägt oben den Ziffernring für die Stunden und unten einen kleineren Ring für die Viertelstunden. Rückseitig ein weiterer Ziffernring für die Schlagwerksanzeige. 22 cm.
Spindelhemmung mit Pendel (späterer Umbau). Schnecke und Darmsaite. Schloßscheibenschlagwerk ebenfalls mit Schnecke und Darmsaite für die vollen Stunden. **15 000,–/18 000,–**
K.-E. Becker, Düsseldorf

15 Wanduhr, Süddeutschland um 1610.
Eisen teilweise bemalt. Die Front besteht aus einem Eisenblech mit eingezogenem Bogenfeld, im oberen Teil ein Allianzwappen und in der Mitte überstehender Ziffernring. Ein Eisenzeiger. 37 cm.
Werk Eisen in Flachrahmenbauweise. Spindelhemmung. Waag. Schloßscheibenschlagwerk für die vollen Stunden. Gewichtsantrieb. **13 000,–/15 000,–**
P. M. Kegelmann, Frankfurt

16 Wanduhr mit Automat, Österreich um 1620.
Eisen teilweise bemalt. Die im Querschnitt quadratische Uhr ist allseits geschlossen. Front und Seiten enden in einer Spitze und zwei Voluten. Über dem Werkgehäuse zwei Glocken. Die Bemalung weitgehend erneuert. Inschrift: Tempus vitam regit. Darüber gekrönter Kopf, der mit dem Stundenschlag seinen Mund öffnet. Ziffernring mit römischen Ziffern. Ein Eisenzeiger. Unten kleineres Zifferblatt für die Anzeige der Viertelstunden mit Eisenzeiger. 54 cm.
Werk Eisen mit Spindelhemmung. Radunrast. Schloßscheibenschlagwerk für die vollen Stunden, zusätzlich Schlagwerk für die Viertelstunden. Gewichtsantrieb.
30 000,–/32 000,–
P. Ineichen, Zürich

17 Wanduhr, Schweiz um 1630.
Eisen teilweise bemalt. Das allseitig geschlossene Gehäuse mit weitgehend erneuerten Darstellungen wird oben durch balusterartige Gebilde in Eisenblech abgeschlossen, die die Glocke verdecken. Auf der Front Darstellung blasender Win-

18

19

de, seitlich Allegorie der Zeit »Die Zyt läuft hier behend«. Ziffernring mit römischen Ziffern. Zwei Eisenzeiger. 25 cm. Werk Eisen. Spindelhemmung mit kurzem Vorderpendel (späterer Umbau). Schloßscheibenschlagwerk für die vollen Stunden. Gewichtsantrieb. **16000,–/18000,–**
P. Ineichen, Zürich

18 Türmchenuhr, Süddeutschland um 1620.
Bronze vergoldet. Auf breit ausladendem Sockel steht das im Querschnitt quadratische Gehäuse mit vier Eckpilastern. Darüber kreisförmiger durchbrochener Aufbau, der von einer Balustrade mit vier kleinen Obelisken umgeben ist, auf ihr sieben kurze Baluster. Sechs langgestreckte tragen eine Kuppel, deren Spitze in einen

Obelisk ausläuft. Ziffernring Silber graviert und emailliert. Außen Anzeige der Viertelstunden, der zwölf Stunden in römischen Ziffern, dann der Stunden in arabischen Ziffern von 13–24. Im Zentrum Weckerstellscheibe. Messingzeiger. 28 cm. Werk mit Spindelhemmung und starrem Pendel (späterer Umbau). Darmsaite und Schnecke. Schloßscheibenschlagwerk für die vollen Stunden, ebenfalls mit Darmsaite und Schnecke. Weckerwerk.
38000,–/42000,–
K.-E. Becker, Düsseldorf

19 Türmchenuhr, Süddeutschland (wahrscheinlich Augsburg) um 1620.
Bronze graviert und vergoldet. Auf gestuftem Holzsockel steht mit getriebenem und graviertem Fuß das im Querschnitt

quadratische Gehäuse mit vier Dreiviertelsäulen an den Ecken. Ein mehrgeschossiger Aufbau mit Pyramiden, Balustern und hoher Spitze schließt das architektonisch wirkende Gehäuse ab. In der oberen Hälfte der Front der Ziffernring für die Stunden. Rückseitig die Schlagwerksanzeige. Ein Stahlzeiger. 34 cm. Hakenhemmung mit Pendel (Umbau des 18. Jhs.). Kette und Schnecke. Schloßscheibenschlagwerk für die vollen Stunden.
32000,–/35000,–
Kunsthandel, Düsseldorf

20

21

BAROCKE
FIGURENUHREN

Das 16. und 17. Jahrhundert schätzte besonders die Verbindung von Uhren mit figürlichen Darstellungen. Themen der christlichen Heilsgeschichte erinnerten den Betrachter an Sündenfall und Erlösung. Komplizierte Automatenwerke mit profanen Szenen, sich bewegende Tiere, die Uhren mit Schlagwerken trugen, wurden häufig auch als Tafelaufsätze gebraucht.

20 Tischuhr mit Automat, Süddeutschland um 1630.
Ebenholz und Bronze vergoldet. Auf einem achteckigen Holzsockel steht ein indischer Elefant, der einen vierstöckigen Aufbau mit Silberbeschlägen trägt. Der heute unvollständige Turm enthält in seinem unteren Teil das Uhrwerk und außen das Zifferblatt, dessen Zeiger verloren ist. 25 cm.
Spindelhemmung. Radunrast. Schloßscheibenschlagwerk für die vollen Stunden, dazu bewegt der Elefant die Augen und hebt den Rüssel. **75 000,–/80 000,–**
Christie's, Genf

21 Tischuhr (Figurenuhr), Süddeutschland um 1610. Monogramm »D. H.« (David Haus(s)ermann Augsburg?) auf hinterer Platine.
Bronze vergoldet. Drei Löwen tragen den runden Sockel mit durchbrochenem Aufbau. Darüber der verbotene Baum des Paradieses mit den silbergegossenen Figuren Adams und Evas. Aus dem Laubwerk mit Früchten streckt sich die Schlange hoch und dient als Zeiger an der sich drehenden Kugel mit Ziffernband. 32 cm.
Spindelhemmung. Löffelunrast. Schloßscheibenschlagwerk für die vollen Stunden. **45 000,–/50 000,–**
P. Ineichen, Zürich

22

23

22 Tischuhr (Kruzifixuhr), Österreich.
»D. S. Steyr 1625« auf hinterer Platine.
Messing vergoldet, Figuren Silberblech.
Auf einem sockelartigen Zentralbau
(Hl. Grab) über einem Hügel stehen das
Kreuz flankierend Maria und Johannes.
An der Spitze des hohen Kreuzes mit
Corpus eine sich drehende Kugel mit
Ziffernring. Feststehender Zeiger über
der Kreuzesinschrift. 27 cm.
Spindelhemmung, Radunrast, Kette und
Schnecke im aufklappbaren Sockel. An-
trieb der Kugel auf der Kreuzesspitze
durch eine lange Welle. Schloßscheiben-
schlagwerk mit Stundenschlag.
35000,– / 38000,–
K.-E. Becker, Düsseldorf

**23 Tischuhr (Kruzifixuhr), Süddeutsch-
land um 1630.** »Joannes Julit me fecit«
auf dem Sockel.
Messing vergoldet. Figuren Bronze vergoldet. Die relativ kleine Kruzifixuhr entspricht
im Aufbau und in Technik der Nr. 22.
Danebenstehend das zeitgenössische
Futteral. 21 cm. **45000,–/48000,–**
Christie's, Genf

FRÜHE HALSUHREN

Die runden und federangetriebenen
Dosenuhren wurden in den Jahren
um 1500 so verkleinert, daß sie
an einer Kette am Hals getragen
werden konnten. Um Zifferblatt
und Zeiger zu schützen, besitzen
sie bis zur Mitte des 17. Jahrhunderts häufig einen durchbrochenen
Metalldeckel, der ein Ablesen der
Zeit ermöglichte. Die frühen
Halsuhren sind meist achteckig,
die späteren fast immer oval. Neben Bronze wird bei kostbaren
Stücken auch Bergkristall benutzt,
der den Einblick in das Werk ge-
stattet.

**24 Halsuhr, Deutschland, Augsburg (?)
um 1600.** »AH N« gestempelt.
Bronze ehemals vergoldet. Vorderseite
des achteckigen Gehäuses graviert und
so durchbrochen, daß auch bei geschlos-
senem Deckel die Zeit abgelesen werden
kann. Zifferblatt Messing mit eingravierten
römischen Ziffern. Ein Eisenzeiger. Die
hintere Werksplatine reich graviert. 8,5 cm.
Spindelhemmung. Schloßscheibenschlagwerk für die vollen Stunden. Unruh und
Kloben im 18. Jahrhundert ergänzt.
38 000,–/42 000,–

M. Lempertz, Köln

25 Halsuhr, Frankreich um 1630. »P. Mil-
leret Paris« auf hinterer Platine.
Bronze vergoldet. Das Gehäuse hat die
Form eines gestreckten Achtecks. Auf
dem Deckel zwei Ranken. Der versilberte
Ziffernring mit römischen Ziffern ist von
fein gravierten Ranken eingefaßt. In seinem Zentrum eine Landschaft mit antikisierenden Gebäuden. Ein Eisenzeiger.
5,8 cm.
Spindelhemmung. Radunrast. Schnecke
und Darmsaite. Kloben und Gesperr der
Federvorspannung floral dekoriert.
                        25 000,–/28 000,–
Christie's, Genf

26 Halsuhr, Frankreich um 1630.
»Pedreaux à la Rochelle« auf hinterer Platine. Bronze vergoldet. Auf der Rückseite in
flachem Relief Darstellung Christi im Tem-
pel. Zifferblatt Bronze ornamental graviert
und vergoldet. Ein Eisenzeiger.
5,4 cm.
Spindelhemmung. Radunrast. Kette und
Schnecke.   **20 000,–/22 000,–**
P. M. Kegelmann, Frankfurt

27 Halsuhr, Deutschland um 1640.
»Johan Bock F« auf hinterer Platine.
Silber mit Bergkristalldeckel. Die ovale
Front ist vergoldet und oben und unten
mit zwei größeren gegenständigen Ranken
graviert. Der Ziffernring aus Silber mit
römischen Ziffern schließt eine Stadtan-
sicht vor hohen Bergen ein. Ein Eisenzeiger. 3,3 cm.
Spindelhemmung. Radunrast. Schnecke
und Darmsaite. Spindelbrücke und Gesperr Silber.   **23 000,–/25 000,–**
P. Ineichen, Zürich

28 Halsuhr, Deutschland um 1630.
»Johann Sayller Ulm« auf hinterer Platine.
Bronze vergoldet. Annähernd ovale Form,
Zifferblatt Silber graviert. Außen Anzeige
der Stunden mit römischen Ziffern und
Einteilung für die Viertelstunden. Innen
Weckerscheibe mit arabischen Ziffern.
Ein Stahlanzeiger. An den Aufzuglöchern
eingraviert »Wecker« und »Gewerck«.
Gehäuse in frühbarocker Ornamentik,
teilweise durchbrochen. Am Rand Schall-
löcher für Weckerglocke. 6,6 cm.
Werk Messing mit Spindelhemmung.
Radunrast. Kette und Schnecke. Zusätz-
lich Weckerwerk mit Schlag auf Glocke
im Gehäuseboden.   **22 000,–/25 000,–**
O. Schwank, Zürich

25

26   27

28

29

30

31

29 Halsuhr, England um 1650. »John. Middelton me fecit« auf hinterer Platine. Gehäuse Messing vergoldet. Deckel Silber. Das ovale Gehäuse hat eine gravierte und vergoldete Front mit silbernem Ziffernring, der gravierte römische Ziffern trägt. Im Zentrum Landschaftsdarstellung. Ober- und unterhalb des Zifferblattes floraler Dekor. Ein Eisenzeiger. 4,8 cm. Werk Messing vergoldet mit Spindelhemmung. Radunrast. Kette und Schnecke.

20 000,–/22 000,–

O. Schwank, Zürich

30 Halsuhr, Frankreich (?) um 1650. Kupfer vergoldet. Das Gehäuse hat die Form einer stilisierten Muschel. Im Zentrum Darstellung einer Dorfansicht. Ziffernring Silber mit gravierten römischen Ziffern. Gravierte Ranken zwischen Ziffernring und Rand. Ein Stahlzeiger. 6,5 cm. Spindelhemmung. Radunrast. Darmsaite und Schnecke.

22 000,–/24 000,–

P. Ineichen, Zürich

31 Halsuhr, Deutschland nach 1860. »Johann Schlott Augspurg« auf hinterer Platine. Silber durchbrochen und graviert. Zifferblatt Silber graviert mit aufgesetztem vergoldetem Ziffernring mit römischen Ziffern. Ein Eisenzeiger. Auf der Vorder- und Rückseite Jagdszenen im Stil des 17. Jahrhunderts. 5,9 cm. Spindelhemmung. Radunrast. Darmsaite und Schnecke.

Ähnliche Uhren mit der gleichen Signatur sind möglicherweise nicht als Fälschungen angefertigt worden, sondern gehören zu den Beispielen altdeutschen Kunstgewerbes wie etwa Walzenkrüge im Stil des späten 16. Jahrhunderts.

3 000,–/3 500,–

Deutscher Handel

32

33

FRÜHE SPINDEL-TASCHENUHREN

Die Erfindung der Unruh durch Huygens ermöglichte die Herstellung kleinerer Uhren, deren Ganggenauigkeit den älteren Konstruktionen weit überlegen war. Die in Frankreich seit etwa 1680 gebauten zunächst einzeigerigen Taschenuhren besitzen ein gebauchtes Gehäuse mit stark gewölbtem Glas, die Ziffern stehen auf Emailfeldern. Ihre Werke haben fast immer prächtig gearbeitete Pfeiler und kunstvoll durchbrochene und gravierte Brücken. Die in der gleichen Zeit in England entstandenen, meist ebenfalls einzeigerigen Taschenuhren haben Zifferblätter in Champlevétechnik und einen Kloben für die Spindellagerung.

Zum Schutz vor Stößen und Verschmutzung besitzen sie häufig ein dekoratives Umgehäuse. Schon im 17. Jahrhundert wurden zahlreiche Taschenuhren in das osmanische Reich exportiert.

32 Halsuhr, Deutschland um 1580.
Bronze vergoldet. Das dosenförmige Gehäuse ist allseitig ornamental durchbrochen. Der Deckel ist soweit durchfenstert, daß die Zeit abgelesen werden kann, ohne daß er geöffnet werden muß. Zifferblatt Bronze graviert und vergoldet mit Tastknöpfen und römischen Ziffern. Ein Stahlzeiger. 5,9 cm.
Werk Eisen. Spindelhemmung. Löffelunrast. Federbremse (Stackfreed). Schloßscheibenschlagwerk für die vollen Stunden. **35 000,–/38 000,–**
P. M. Kegelmann, Frankfurt

33 Spindeltaschenuhr, Deutschland (Augsburg) um 1660. »Melchior Hoffmann« auf hinterer Platine.
Silber durchbrochen und graviert. Zifferblatt Silber graviert mit Blütenmotiven. Außen Anzeige der Stunden. Die halben Stunden sind markiert durch kleine gravierte Zweige, die Viertelstunden an dem schmalen inneren Ring. 5,4 cm Spindelhemmung. Radunrast. Kette und Schnecke. Selbstschlagwerk für die vollen Stunden. (Schloßscheibenschlagwerk). Frühes Beispiel einer Taschenuhr mit verglastem vorderen Deckel.
24 000,–/ 26 000,–
O. Schwank, Zürich

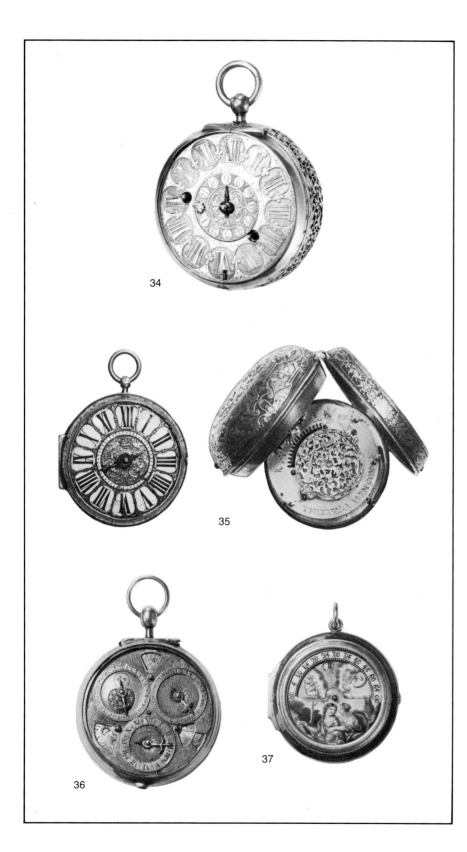

34

35

36

37

34 Spindeltaschenuhr (Oignon) mit Wecker, Frankreich um 1680. »Simon Cuper à Blois« auf hinterer Platine. Silber. Die Wandung ist dekorativ durchbrochen. Zifferblatt in Champlevétechnik mit römischen Ziffern in runden Feldern. Im Zentrum Weckerstellscheibe mit arabischen Ziffern. Ein gebläuter Stahlzeiger. 5,3 cm.
Spindelhemmung. Kette und Schnecke.
12 000,–/14 000,–
P. Ineichen, Zürich

35 Spindeltaschenuhr (Oignon), Frankreich um 1690. »Thierry à Alencon« auf hinterer Platine.
Silber graviert. Zifferblatt Bronze graviert und vergoldet mit Emailfeldern für die Anzeige der Stunden und Viertelstunden. Im Zentrum florale Ornamente, oben Früchteschale mit zwei gegenständigen Vögeln. Ein Eisenzeiger. 5,6 cm.
Spindelhemmung. Kette und Schnecke. Unruhbrücke Silber durchbrochen und graviert.
7 500,–/8 000,–
O. Schwank, Zürich

36 Spindeltaschenuhr mit astronomischen Angaben, England um 1690.
»Torin London« auf hinterer Platine. Silber. Zifferblatt punziert und vergoldet mit sechs Anzeigen. Drei silberne Ziffernringe: links Anzeige des Mondalters, rechts des Datums und unten der Stunden. Drei sektorenförmige Ausschnitte für Monatsangabe, Jahreszeiten, Tierkreiszeichen und Sonnenlauf mit Planeten. 4,5 cm.
Spindelhemmung. Kette und Schnecke.
30 000,–/32 000,–
P. Ineichen, Zürich

37 Spindeltaschenuhr, Frankreich um 1680. »E. Maylon à Paris« auf hinterer Platine.
Gold mit Emailmalerei. Umgehäuse mit Fischhaut bezogen. Die Front ist in der oberen Hälfte halbkreisförmig ausgespart mit halbrunder Skala für die Anzeige der Minuten. Unter ihr dreht sich eine Scheibe mit der Darstellung Apollons mit dem Sonnenwagen in Emailmalerei, die oben einen runden Ausschnitt für die Anzeige der Stunden besitzt. In der unteren Hälfte der Front wohl Darstellung zweier Musen in Emailmalerei. 3,6 cm.
Spindelhemmung. Schnecke und Darmsaite.
60 000,–/65 000,–
P. Ineichen, Zürich

38

**38 Spindeltaschenuhr (Oignon),
Schweiz (Genf) um 1690.** »Pierre Vergnon« auf hinterer Platine.
Kupfer vergoldet. Umgehäuse lederbezogen. Zifferblatt Email mit römischen Ziffern.
Ein Stahlzeiger. Im Zentrum Emailmalerei
mit Darstellung der Abundantia, der Göttin
des Überflusses, mit Füllhorn und Putto
(nach Correggio). 4,4 cm.
Spindelhemmung. Kette und Schnecke.
15 000,–/18 000,–
O. Schwank, Zürich

**39 Taschenuhr mit astronomischen
Anzeigen, England (?) um 1700.**
Messing vergoldet und versilbert. Die
Frontplatte des ovalen Gehäuses ist vollständig graviert. Oben Ziffernring für die
Anzeige des Datums. Ein runder Ausschnitt gibt die Mondphase an. Unten
Ziffernring für die Anzeige der Stunden.
In den Zwickeln Angabe von Wochentag
und Monat in arabischer Schrift. Stahlzeiger. 6,7 cm.
Spindelhemmung. Kette und Schnecke.
Auf der hinteren Platine ornamental durchbrochene Platte, aufgeschraubt der ebenfalls durchbrochene Spindelkloben.
Uhren mit arabischer Beschriftung wurden
sowohl in Europa als auch von europäischen Uhrmachern im osmanischen Reich
angefertigt. **32 000,–/35 000,–**
P. M. Kegelmann, Frankfurt

39

40

42

41

43

40 Spindeltaschenuhr (Oignon), England um 1700. Signatur in arabischer Schrift auf hinterer Platine.
Silber. Glattes Gehäuse. Zifferblatt Silber mit kleinen Rubinen und türkischen Ziffern in Champlevétechnik. Ein Eisenzeiger. 4,5 cm.
Kleiner ornamental durchbrochener Spindelkloben, schön gearbeitetes Gesperr und Gravierungen auf der hinteren Platine. Spindelhemmung. Kette und Schnecke.
6 000,–/7 000,–

P. Ineichen, Zürich

41 Spindeltaschenuhr (Oignon) mit Wecker, Frankreich um 1700. »De Covigny à Paris« auf hinterer Platine.
Silber. Rand und Wandung ornamental durchbrochen. Zifferblatt Email mit römischen Ziffern. Ein Eisenzeiger. 5,2 cm.
Durchbrochene Spindelbrücke aus Silber. Regulierzifferblatt mit Zeiger. Aufgeschraubte kleine Ranken, ebenfalls Silber, auf hinterer Platine.
Spindelhemmung. Kette und Schnecke.
9 000,–/10 000,–

P. Ineichen, Zürich

42 Taschenuhr (Oignon) mit Wecker, Frankreich um 1700. »Piquet à Renne« auf hinterer Platine.
Silber ornamental durchbrochen. Glattes Umgehäuse. Zifferblatt Email mit blauen römischen Ziffern. Im Zentrum Weckerstellscheibe mit arabischen Ziffern. Ein Eisenzeiger. 6 cm.
Spindelhemmung. Kette und Schnecke. Weckerwerk. **8 500,–/9 000,–**
P. M. Kegelmann, Frankfurt

43 Spindeltaschenuhr mit Wecker, England um 1710. »Quare London« auf hinterer Platine.
Silber graviert und seitlich durchbrochen. Zifferblatt Silber graviert mit erhabenen römischen Ziffern, im Zentrum Weckerstellscheibe. Ein Eisenzeiger. 4,8 cm.
Hintere Platine mit aufgesetzten Ornamentplatten. Kleines Regulierzifferblatt Silber mit arabischen Ziffern. Durchbrochener Spindelkloben mit Vogelmotiven. Spindelhemmung. Kette und Schnecke. Weckerwerk auf Glocke im Gehäuseboden schlagend. **16 000,–/18 000,–**
P. M. Kegelmann, Frankfurt

44 Taschenuhr (Oignon) mit Wecker, Frankreich um 1700. »Boursault Chatellerault« auf hinterer Platine.
Silber. Gehäuseschale seitlich durchbrochen und graviert. Zifferblatt Email mit römischen Ziffern für die Stunden, innen Ring für die Anzeige der Viertelstunden. Im Zentrum silberne Weckerstellscheibe mit arabischen Ziffern auf halbkreisförmigen Zungen. Ein Stahlzeiger. 5,6 cm. Spindelhemmung. Kette und Schnecke. Ovale silberne Spindelbrücke. Weckerwerk auf Glocke. **8 000,–/9 000,–**
P. M. Kegelmann, Frankfurt

45 Spindeltaschenuhr (Oignon), Frankreich um 1710. »Badollet à Paris« auf hinterer Platine.
Messing graviert und vergoldet. Zifferblatt graviert mit Emailfeldern für die Anzeige der Minuten, Stunden und Viertelstunden. Das Zentrum mit Darstellung zweier Jagdhunde und Ranken. Spätere Stahlzeiger. 5,7 cm.
Spindelhemmung. Kette und Schnecke. **6 000,–/6 500,–**
P. Koller, Zürich

44

45

TISCHUHREN DES 17. JAHRHUNDERTS

Frühe einzeigerige Tischuhren mit Bronzegehäuse besitzen wie die älteren Dosenuhren stets ein horizontal liegendes Zifferblatt. Häufig sind die Seiten durchbrochen und verglast. Seit dem späten 17. Jahrhundert erhalten viele Tischuhren ein vertikales Zifferblatt, was das Ablesen der Zeit erleichtert.

46 Tischuhr, Süddeutschland um 1600.
Bronze vergoldet. Das schlichte Gehäuse ist sparsam graviert, die Wandung an einer Stelle durchbrochen. Das horizontale Zifferblatt trägt außen die Anzeige der Stunden mit einem zusätzlichen Ziffernkranz für die Stunden von 13–24. In einem reicher gravierten Ring Reguliervorrichtung und durchbrochener Ausschnitt, der einen Einblick in das Werk ermöglicht. Im Zentrum Weckerstellscheibe. Ein Stahlzeiger. 15 cm.
Spindelhemmung. Radunrast. Kette und Schnecke. Weckerwerk. **80000,–/85000,–**
P. Ineichen, Zürich

Türmchenuhr, Flandern (?) um 1630.
Bronze vergoldet und Silber getrieben.
Auf breit ausladendem Sockel mit Delphinen als Füßen stehen vier Säulen mit Renaissance-Dekor. Zwischen ihnen die silbergetriebenen Darstellungen von Glaube, Hoffnung und Liebe. Auf der Schauseite unterhalb des Ziffernringes Putto mit Totenkopf und Stundenglas. Inschrift: Fugit aetas ut umbra. Die Glocke wird von vier durchbrochenen Giebeln verdeckt. Auf ihr steht die noch spätgotisch wirkende Figur eines posauneblasenden Engels aus Silber. Ziffernring mit römischen Ziffern und Tastknöpfen. Im Zentrum große Weckerstellscheibe. Ein Eisenzeiger. 24 cm.
Werk Messing. Spindelhemmung mit

Pendel (späterer Umbau). Schloßscheibenschlagwerk für die vollen Stunden. Weckerwerk.
Die Darstellung der drei theologischen Tugenden, das auf dem Totenkopf schlafende Kind und der Engel des Gerichts erinnern an die Vergänglichkeit des Irdischen und mahnen zu christlicher Lebensführung. **70 000,–/75 000,–**
Kunsthandel, Düsseldorf

Religieuse (Louis XIV), Frankreich um 1675. »Panier à Paris« auf dem von zwei Posaunen blasenden Gestalten gehaltenen Schild und auf der hinteren Platine.
Holz geschwärzt und poliert. Schmale durchbrochene und vergoldete Bronzeappliken fassen das rechteckige Gehäuse ein und füllen den halbkreisförmigen Abschluß mit bekröntem Monogramm. Ziffernring Messing mit gravierten Anzeigen für Minuten, Stunden und Viertelstunden. 43 cm.
Spindelhemmung. Schloßscheibenschlagwerk für volle und halbe Stunden. Antrieb für Gehwerk und Schlagwerk aus einem Federhaus. **25 000,–/27 000,–**
K.-E. Becker, Düsseldorf

47

48

47 Tischuhr, Süddeutschland um 1680.
Bronze vergoldet. Die im Grundriß quadratische Uhr ruht auf vier tatzenartigen Füßen. Das eigentliche Werkgehäuse liegt zwischen zwei größeren Platten und hat auf allen Seiten längsovale Fenster. Der erhabene Ziffernring besteht aus Messing, graviert und versilbert. Ein Eisenzeiger. 15 cm.
Spindelhemmung. Kette und Schnecke. Rechenschlagwerk für die vollen Stunden auf Glocke schlagend. **20000,–/22000,–**
K. Niedheidt, Düsseldorf

48 Tischuhr, Süddeutschland um 1700.
»Christoph Schöner Augusta« (Augsburg) auf Datumsanzeige.
Bronze graviert und vergoldet. Das Gehäuse mit vier runden Füßen und profilierter Sockel- und Deckplatte trägt an der Frontseite den Ziffernring mit gravierten römischen Ziffern für die Stunden, auf der Deckplatte die Anzeige des Datums. An der Rückseite Anzeige des Schlagwerkablaufs. In den Zwickeln flüchtig gravierte Ranken. Beide Schmalseiten rechteckig durchfenstert. 15 cm.
Spindelhemmung. Vorderpendel. Schloßscheibenschlagwerk mit Stundenschlag. Automatische Datumsanzeige.
                                25000,–/28000,–
P. M. Kegelmann, Frankfurt

FRÜHE STOCKUHREN

Nach der Konstruktion der ersten Penduluhr durch Huygens im Jahre 1656 entsteht ein neuer Uhrentyp, die Stockuhr, die in regionalen Abwandlungen bis in das 19. Jahrhundert gebaut wird. Die früheste in Frankreich gebaute Stockuhr ist die Religieuse. In England werden zur gleichen Zeit die ersten Bracket-clocks häufig mit komplizierten Schlagwerkmechanismen angefertigt. Aus der Zeit um 1700 stammen auch die ersten deutschen Beispiele dieser in Europa weitverbreiteten Uhrenform. Die frühesten Bodenstanduhren mit langem Pendel sind eine Sonderform der Stockuhr. Während in England und Deutschland im 18. Jahrhundert die Gehäuse nur geringfügig verändert werden, setzt in Frankreich schon vor dem Ende des 17. Jahrhunderts eine Entwicklung ein, die zu den prächtigen Pendulen des Barock und Rokoko führt.

49 Stockuhr (Bracket-clock), England um 1690. »Jonat. Puller London (fecit)« auf Zifferblatt und hinterer Platine. Geschwärztes Holz mit vergoldeten Messingappliken und vergoldetem Messinggriff. Front Messing mit versilbertem Ziffernring und Datumsfenster. In den Zwickeln Engelputten. 27 cm. Spindelhemmung. Starres Pendel. Zwei weitere Werke für Stunden- und Viertelstundenschlag, sämtlich mit Kette und Schnecke. Hintere Platine mit floralen Motiven graviert. **32 000,–/35 000,–**
K.-E. Becker, Düsseldorf

50 Stockuhr, Österreich, Anfang 18. Jahrhundert. »Joseph Bach Venettia 50« auf Front.
Rechteckiges Palisandergehäuse mit eingelegten Perlmutt- und Messingornamenten. Griff und Baluster vergoldete Bronze. Frontplatte mit aufgesetztem Ziffernring, Datumsfenster und bogenförmigem Ausschnitt, in dem das Gegenpendel sichtbar wird. In den Zwickeln Engelputten. Stahlzeiger. 42 cm.
Spindelhemmung. Schnecke und Darmsaite. Rechenschlagwerk für volle und halbe Stunden. Zusätzlich Glockenwerk mit vier Melodien auf sechs Glocken.
18000,–/20000,–
L. Stolberg, Graz

51 Bodenstanduhr (Louis XIV), Frankreich um 1700. »J. Gosselin à Paris« auf Emailscheibe unter dem Ziffernring und hinterer Platine.
Holz geschwärzt und poliert. Auf hohem sich verjüngendem Sockel steht der Pendelkasten, der im unteren Teil sich seitlich von dem runden Ausschnitt volutenartig verbreitert. Der rechteckige Kopf mit eingezogenem Segmentgiebel. Eingelegte Messingbänder betonen die elegante Kontur. Zifferblatt Messing vergoldet mit römischen Ziffern in Emailfeldern, eingefaßt von gravierter Bronze. Oberhalb der Zeigerachse runde Emailscheibe für die Sekundenanzeige. Stahlzeiger geschwärzt. 220 cm.
Ankerhemmung. Gewichtsantrieb. Gangdauer etwa 3 Wochen.
Frühe Uhr mit Ankerhemmung und Langpendel, die eine relativ hohe Ganggenauigkeit erreicht. **28000,–/30000,–**
K.-E. Becker, Düsseldorf

52 Pendule (Louis XIV), Frankreich um 1710. »Gosselin à Paris« auf Zifferblatt und hinterer Platine.
Schildpatt und Messing auf Holz. Das fast schlichte und gradlinige Gehäuse hat sich aus dem Typ der Religieuse entwickelt. In das dunkelbraune Schildpatt sind Ranken aus Messing eingelegt. Die Front öffnet sich in einem großen bogenförmigen Fenster, dessen oberer Teil von dem Zifferblatt mit römischen Ziffern in Emailfeldern eingenommen wird. Im Zentrum floraler Dekor, Messing gegossen. Stahlzeiger geschwärzt. Der halbrunde Abschluß endet seitlich in zwei Hahnenköpfen. Die Figur eines geflügelten Amors bekrönt das Gehäuse. Lilienzeiger Stahl. 34 cm.
Spindelhemmung. Zusätzlich Rufschlag-

50

51

52

53

54

werk für Viertel- und volle Stunden auf
drei Glocken schlagend. Gangdauer 2 Wochen.   **12 000,– /14 000,–**
K.-E. Becker, Düsseldorf

**53 Pendule (Louis XIV), Frankreich
um 1720.** »Louis Larsé« auf hinterer Platine.
Gehäuse Holz, in Boulletechnik mit Schildpatt und Messing furniert. Auf einem Sokkel, dessen vier Ecken rund ausschwingen, tragen vier sich erhebende Bronze-
pferde das Gehäuse. In Voluten auslau-
fende Pilaster enden in vier Bronzehalbfi-
guren, die die Jahreszeiten symbolisieren.
Als Abschluß über dem Giebel mit Vasen
ein Putto mit Fackel. Zifferblatt Bronze
mit römischen Ziffern in Emailfeldern,
gehalten von den Allegorien der Frucht-
barkeit und der Künste. 89 cm.
Ankerhemmung (Umbau des 19. Jahrhunderts). Schloßscheibenschlagwerk für
volle und halbe Stunden. Gangdauer
2 Wochen.   **35 000,– / 40 000,–**
K.-E. Becker, Düsseldorf

**54 Taschenuhrständer (Porte-montre),
(Régence), Frankreich um 1720.**
Holz, dunkelbraunes Schildpatt, Perlmutt
und Bronze. Das leicht eingezogene und
reich in Boulle- und Contreboulletechnik
verzierte Gehäuse ist eingefaßt von kräftigen Bronzeappliken und wird von einem
kleinen Hahn bekrönt. In dem schlüssel-
lochförmigen Mittelfeld auf Schildpatt
eingelegte Ranken, Vögel und Blumenbukett in Vase, oben runde Öffnung für
das Zifferblatt einer von der Rückseite
eingesetzten Taschenuhr (Oignon), »Gilles
Martinot à Paris« auf hinterer Platine.
Zifferblatt Messing vergoldet mit Emailfeldern für die arabischen und römischen
Ziffern. Stahlzeiger. 30 cm. **13 000,– /15 000,–**
P. M. Kegelmann, Frankfurt

TELLERUHREN

Flache Wanduhren werden häufiger in der zweiten Hälfte des 17. und in der ersten des 18. Jahrhunderts in Süddeutschland gebaut. Fast alle Telleruhren besitzen ein kurzes schnellschwingendes Vorderpendel und werden darum auch Zappler genannt.

55 Wanduhr (Tellerzappler), Süddeutschland um 1730.
Versilbertes Kupferblech auf Eisenplatte. Das Blech in Form einer Kartusche ist in flachem elegantem Relief mit Bandelwerk, Ranken und Früchten geschmückt. Der Ziffernring mit gravierten arabischen Ziffern für die Minuten und römischen für die Stunden besteht aus Zinn. Ein Stahlzeiger. 47 cm.
Spindelhemmung. Federantrieb. Kurzes Vorderpendel.   **16 000,–/18 000,–**
P. M. Kegelmann, Frankfurt

Farbtafel 4

Wanduhr (Telleruhr) mit astronomischen Anzeigen, Österreich (Salzburg).
»Jeremias Sautter 1676« auf hinterer Platine.
Front Eisenblech. Vergoldeter Ziffernring mit römischen Ziffern und Datumskreis. Das Zentrum bemalt mit Monatsanzeige und den entsprechenden Tierkreiszeichen, Anzeige der Tag- und Nachtlänge, Ausschnitt für 29 1/2 Tagkreis und rundes Fenster für Mondphase. Eisenzeiger mit vergoldeter Spitze für die Zeitangabe, glatter Eisenzeiger für Datumsangabe. Getriebene Ranken als oberer Abschluß und Verbindung zum Aufhänger. 44,5 cm.
Spindelhemmung. Pendel. Weckerwerk. Besonders schönes Beispiel einer frühen Telleruhr.   **70 000,–/75 000,–**
P. Ineichen, Zürich

56

58

57

59

LATERNENUHREN

Die ersten Beispiele dieses im
18. Jahrhundert allgemein verbreiteten Uhrentyps wurden wohl
in England gebaut. In Frankreich
angefertigte Laternenuhren besitzen
fast immer Zifferblätter mit Emailfeldern, häufig tragen sie die bourbonischen Lilien in einem Wappenfeld. Ihr Werk ist den englischen
Konstruktionen sehr ähnlich.

56 Laternenuhr, England um 1710.
»John Andrews Londini fecit« auf Zifferblatt.
Front Messing graviert mit aufgesetztem
Ziffernring mit römischen Ziffern. Im Zentrum Weckerscheibe. Ein Stahlzeiger.
Über dem Zifferblatt in durchbrochener
Arbeit zwei Delphine und Ranken. Glokkenstuhl befestigt an den vier das Werkgehäuse abschließenden Balustern. 42 cm.
Spindelhemmung. Pendel. Schloßscheibenschlagwerk für die vollen Stunden.
                    10 000,–/11 000,–
Pott & Klöter, Dätzingen

**57 Laternenuhr, Frankreich (Franche
Comté) um 1730.**
Gehäuse Bronze und Messingblech,
Werkgestell Stahl und Räder Messing.
Das offene Werk auf vier gedrehten Füßen
hat ein großes überstehendes Zifferblatt
aus getriebenem Messingblech mit römischen Ziffern auf erhabenen Feldern.
Als Giebel schöne Rokokokartusche zwischen Balustern, die von der Glocke überragt wird. Stahlzeiger. 26 cm.
Spindelhemmung. Kurzes Hinterpendel.
Schloßscheibenschlagwerk für volle und
halbe Stunden. Gewichtsantrieb.
                    8 000,–/9 000,–

P. Koller, Zürich

58 Laternenuhr, Frankreich (Burgund) um 1740. »Beaurains à St. Maur« auf dem Zifferblatt.
Gehäuse und Werkgestell Bronze. Über dem großen runden Zifferblatt mit römischen Ziffern in Emailfeldern und graviertem Ring für die Angabe der Minuten eine Wappenkartusche mit drei Lilien zwischen zwei Palmzweigen, darüber der Hahn, der seit der Antike als Wächter der Zeit betrachtet worden ist. Die Glocke wird von vier Bändern aus Messing gehalten. 41,5 cm.
Spindelhemmung. Kurzes Hinterpendel. Schloßscheibenschlagwerk mit Stundenschlag. **7 000,–/8 000,–**
O. Schwank, Zürich

60

59 Laternenuhr, Frankreich (Franche Comté) um 1750.
Bronze. Die schöne Uhr besitzt ein großes Zifferblatt aus Bronzeguß mit eingesetzten Emailfeldern für die arabischen und römischen Ziffern. Abgeschlossen wird die Schauseite von den bourbonischen Lilien in ovalem Schild der von Palmzweigen flankiert wird. Wie auf vielen frühen französischen Laternenuhren sitzt ein Hahn auf der Spitze. Lilienzeiger Stahl. 28 cm.
Spindelhemmung. Schloßscheibenschlagwerk für volle und halbe Stunden. Gewichtsantrieb. **6 500,–/7 000,–**
Archiv Battenberg

60 Laternenuhr, Frankreich um 1760.
»Montavalle à Lizieux« auf dem Zifferblatt. Bronze. Zifferblatt mit Emailfeldern mit römischen und arabischen Ziffern. Zentrum weißes Emailfeld. Stahlzeiger. Über dem Zifferblatt Bronzeappliken mit vier trompetenden Figuren, Lilienwappen und großem Hahn, dahinter Glocke. 43 cm.
Hemmung nach Chevalier de Béthune. Kurzes Hinterpendel. Schloßscheibenschlagwerk für volle und halbe Stunden.
7 000,–/8 000,–
O. Schwank, Zürich

61

62

61 Pendule, Schweiz (Zug) um 1740.
»Antonj Landwing« auf hinterer Platine.
Holz braun lackiert. Das schlichte barocke
Gehäuse besitzt eine für um die Mitte
des 18. Jhs. in der Schweiz entstandene
Uhr nicht untypische Form. Ein getriebe-
nes und vergoldetes Messingblech trägt
den Ziffernring aus Kupfer mit gravierten
römischen und arabischen Ziffern. Im
Zentrum Weckerstellscheibe und Aus-
schnitt für das Gegenpendel. Unter dem
Giebel in der Mitte die Anzeige der Se-
kunden, links und rechts Abstellvorrichtun-
gen für die Schlagwerke. 53 cm.
Spindelhemmung. Kurzes Hinterpendel.
Rechenschlagwerk für die vollen Stunden.
Viertelstundenschlagwerk. Repetition.
Weckerwerk. **9 000,–/10 000,–**
P. Koller, Zürich

**62 Tischuhr (Zappler), Süddeutschland
um 1750.** »Lohner Eychstet« im Zentrum
des Ziffernrings.
Messingblech graviert und vergoldet.
Die stark geschweifte und geschwungene
Front mit Rankendekor auf gepunztem
Grund trägt den Ziffernring mit arabischen
und römischen Ziffern. Stahlzeiger. Kurzes
Vorderpendel. 19 cm.
Spindelhemmung. **5 500,–/6 000,–**
P. M. Kegelmann, Frankfurt

**63 Tischuhr mit Automat, Süddeutsch-
land um 1740.** »Josephus Laminil« (?) ▷
auf Ziffernband.
Versilbertes Kupferblech auf Eisenplatte.
Der Schild ist in flachem Relief fast überreich mit Rocaillen verziert, die unterhalb
der Spitze einen ovalen Ausschnitt, in

dem sich ein Auge hin und herbewegt,
und darunter drei Ziffernringe einschließen.
Der linke dient zur Anzeige der 24 Stunden, der mittlere für die Viertelstunden
und der rechte für die 12 Stunden. An
dem waagrechten Ziffernband werden
durch einen nach jeweils 12 Stunden
auf den Anfang zurückspringenden Zeiger
ebenfalls die Stunden angezeigt. Messingzeiger. 32 cm.
Spindelhemmung. Kurzes Vorderpendel.
25 000,–/28 000,–
P. Ineichen, Zürich

64

65 FRÜHE
BODENSTANDUHREN

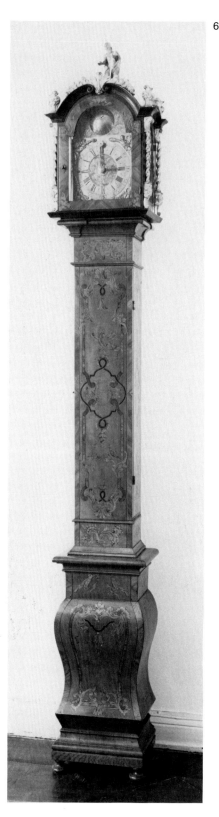

Das 18. Jahrhundert ist die große
Zeit der Bodenstanduhren, deren
Dekor den stilistischen Veränderungen der Möbelkunst folgt. Die
Entwürfe für die Gehäuse stammen
häufig von bekannten Ebenisten
wie Boulle oder Roentgen. Die
Erfindung der Hakenhemmung,
die eine Verwendung längerer Pendel erleichterte, war die entscheidende Voraussetzung der modernen Bodenstanduhr.

**64 Bodenstanduhr, Süddeutschland
um 1730.**
Nußbaum mit dunklen Holzintarsien. Die
klar aufgebaute Uhr besteht aus einem
hohen Sockel, dem langen Pendelkasten
und dem großen Kopf. Die beiden seitlichen Voluten ermöglichen dem Pendel
ein weiteres Ausschwingen. Zifferblatt
Messingblech mit Auflagen aus dem gleichen Material, Ziffernring Messing graviert
mit römischen Ziffern. Im Zentrum Wek-
kerstellscheibe. Stahlzeiger. 260 cm.
Ankerhemmung. Sekundenpendel.
Schlagwerk mit Viertelstundenschlag
auf Anfrage. Weckerwerk. **18 000,–/20 000,–**
P. Koller, Zürich

**65 Bodenstanduhr, Süddeutschl. um
1730.** »Quare London« auf runder Plakette.
Nußbaum mit helleren und dunkleren
Intarsien. Der schlanke gerade Pendelka-
sten steht auf einem stark gebauchten
Sockel. Der Kopf ist von vier gedrehten
Säulchen umgeben und von einer kleinen
Figur bekrönt. Ziffernring Messing graviert
mit römischen Ziffern, in den Zwickeln
in flachem Relief allegorische Darstellun-
gen der Jahreszeiten. Stahlzeiger. 203 cm.
Spindelhemmung. Kurzes Vorderpendel.
Schloßscheibenschlagwerk für die vollen
Stunden.
Schon im Jahre 1762 wurde von Johann
Samuel Hallens in der »Werkstätte der
heutigen Künste ...« beklagt, daß »oft
schlechte Künstler, statt ihrer Namen,
die Namen berühmter Londner oder Fran-
zosen, die der Ruf bewärt hat, auf die
Bodenplatte oder das Ziferblat stechen
lassen.« **22 000,–/25 000,–**
H. P. Buchen, Berlin

66

67

CARTELUHREN

Zu den schönsten Wanduhren des 18. Jahrhunderts zählen die Cartel-uhren, deren schwungvolle Gehäuse meist aus ziselierter und vergoldeter Bronze besteht. Die kunstvollen Güsse zählen zu den bedeutendsten Bronzearbeiten der Zeit.

66 Cartel-Uhr (Louis XV), Frankreich um 1745. »Gosselin à Paris« auf der hinteren Platine.
Bronze vergoldet. Die qualitätvolle herz-förmige Kartusche mit dem Zifferblatt wird von auf Wolken schwebenden Putten gehalten. Zifferblatt Email mit arabischen und römischen Ziffern. Stahlzeiger. 55 cm. Hakenhemmung. Schloßscheibenschlag-werk für volle und halbe Stunden. Gang-dauer 2 Wochen. **26 000,– / 28 000,–**
K.-E. Becker, Düsseldorf

67 Cartel-Uhr (Louis XVI), Frankreich um 1790. »Werner à Colmar« auf Ziffer-blatt.
Bronze vergoldet. Das große Zifferblatt wird gerahmt von architektonischem und floralem Dekor und bekrönt von einer antikisierenden zweihenkeligen Vase. Zifferblatt Email mit arabischen und römi-schen Ziffern und Datumsanzeige, unter ihm großer Ausschnitt, in dem das Pendel sichtbar ist. 80 cm.
Hemmung nach Chevalier de Bèthune. Schloßscheibenschlagwerk für volle und halbe Stunden. Automatische Datumsan-zeige. Gangdauer 2 Wochen.
10 000,– / 12 000,–
K.-E. Becker, Düsseldorf

68

69

70

PENDULEN DES 18. JAHRHUNDERTS

Seit dem Ende des Louis XIV werden immer häufiger kostbare Pendulen mit Konsolen gebaut. Anfangs in Boulletechnik dekoriert werden die Gehäuse um die Mitte des 18. Jahrhunderts mit farbigem Horn, mit Lackmalerei und floralen und figuralen Bronzeappliken verziert. Die französischen Pendulen dieser Zeit gehören zu den prächtigsten Uhren, die jemals hergestellt worden sind.

In Neuenburg gebaute Uhren dieses Typs haben ein schlichteres Gehäuse und meist ein technisch kompliziertes Werk.

68 Pendule (Louis XV), Frankreich um 1750. »M. Fortin à Paris« auf hinterer Platine.
Gehäuse und Konsole Holz furniert mit blaugrün unterfärbtem Horn. Das Gehäuse ist unten stark eingezogen. Die Füße und die Schultern durch kräftige Bronzeappliken (C-couronné gestempelt) mit Jagdmotiven hervorgehoben. Vor der Unterseite der verglasten Tür fast freiplastische Jagddarstellung. Dreizehnteiliges Emailzifferblatt mit arabischen und römischen Ziffern in Bronzerahmen. 135 cm. Brocot-Hemmung (Umbau des 19. Jahrhunderts). Schloßscheibenschlagwerk für volle und halbe Stunden. Gangdauer 2 Wochen.
Die Uhr variiert einen für den Prinzen Condé und Ludwig XV geschaffenen Entwurf.   **32 000,–/35 000,–**
P. Koller, Zürich

69 Pendule (Louis XV), Frankreich um 1750. »G Mesnil à Paris« auf Zifferblatt.
Gehäuse und Konsole Holz mit grün unterfärbtem Horn furniert. Das unterhalb und oberhalb des Zifferblattes stark eingezogene Gehäuse wird von eleganten, fast abstrakten Einfassungen aus vergoldeter

Bronze überspielt und schwungvoll bekrönt. Zifferblatt in Bronzerahmen mit arabischen und römischen Ziffern auf Emailfeldern. Stahlzeiger. 100 cm. Spindelhemmung. Schloßscheibenschlagwerk für volle und halbe Stunden. Gangdauer 2 Wochen.   **30 000,–/32 000,–**
P. Koller, Zürich

70 Pendule (Louis XV), Frankreich um 1755. »J B Baillon à Paris« auf Zifferblatt.
Gehäuse mit zugehöriger Konsole Holz mit grün unterfärbtem Horn furniert. Das Gehäuse ist deutlich gegliedert, der Sockel mit dem Pendelfenster, der Mittelteil mit dem Zifferblatt und dem Giebel. Randeinfassungen und Bekrönung vergoldete Bronze, »Duhamel« (C-couronné gestempelt). Das symmetrische Gehäuse der Uhr ist durch seine schwungvollen Bronzeappliken und die zarte Farbigkeit ein typisches Beispiel für den Stil Louis XV. Zifferblatt Email mit römischen und arabischen Ziffern. 75 cm. Spindelhemmung. Schloßscheibenschlagwerk für volle und halbe Stunden. Gangdauer 2 Wochen.   **38 000,–/42 000,–**
P. Koller, Zürich

**71 Pendule mit Spielwerk (Louis XVI),
Schweiz (Neuenburg) um 1780.** Holz
und Bronze vergoldet. Schmale und elegante Bronzeappliken steigern die farbige
Wirkung des Gehäuses mit grünem Grund
und aufgemalten kleinen Rosen und Blüten. Das unterhalb der Mitte leicht eingezogene Gehäuse trägt unter dem großen
Zifferblatt die Darstellung eines musizierenden Paares vor einem Landschaftsausblick. Bei der Auslösung des Spielwerks
beginnt die Frau, die Gambe zu spielen.
Zifferblatt Email mit arabischen Ziffern
für die Minuten und römischen für die
Stunden und Datumskreis. Messingzeiger
und gerader Stahlzeiger für das Datum.
146 cm.
Spindelhemmung. Kette und Schnecke.
Rechenschlagwerk für volle und halbe
Stunden. Stündliche Auslösung des Or-
gelwerkes mit acht verschiedenen Melodi-
en. Repetition. Gangdauer 1 Woche.
                          55 000,–/60 000,–
P. Ineichen, Zürich

72

73

72 Pendule, Schweiz um 1790. »Jeanneret à Travers« auf Zifferblatt.
Holz lackiert. Die für Neuenburg typische Abwandlung des Louis Seize ist bestimmt durch die schlichte Form und und die zurückhaltende Farbigkeit. Auf Glasrand und Teilen des Gehäuses sind zarte Ranken in Gold auf dunklem Grund gemalt. Zifferblatt Email mit arabischen und römischen Ziffern. Gesägte und vergoldete Messingzeiger. 86 cm.
Spindelhemmung. Zugrepetition. Gangdauer 1 Woche. **8000,–/9000,–**
P. Ineichen, Zürich

73 Pendule, Schweiz um 1790.
»C. C. Schäffner à Francfort« auf Zifferblatt, (wahrscheinlich Verkäufersignatur).
Holz bemalt. Die schlichte Form der Uhr ist noch abhängig von dem Louis-XV-Typ. Blattvergoldet sind Glasrand, Füße und Profile. Zifferblatt Email mit arabischen Ziffern. Messingzeiger und gerader Weckerzeiger Stahl. 65 cm.
Spindelhemmung. Rechenschlagwerk für Stunden und Viertelstunden. Weckerwerk. Gangdauer 1 Woche.
Zur diesem Uhrentyp gehörte in allen Fällen eine entsprechende Konsole.
6500,–/7000,–
P. M. Kegelmann, Frankfurt

Farbtafel 5

Cartel-Uhr (Louis XV), Frankreich um 1760. »Roque à Paris« auf Zifferblatt und hinterer Platine.
Bronze vergoldet. Das Gehäuse wird von plastischen und eleganten Ranken und Blüten getragen und gehalten. Zifferblatt Email mit schwarzen Ziffern für die Stunden und roten für die Minuten. Messingzeiger gesägt, graviert und vergoldet. 29 cm.
Hakenhemmung. Schloßscheibenschlagwerk für volle und halbe Stunden. Gangdauer 2 Wochen.
Die Uhr gehört zu den kleinsten selbstschlagenden Exemplaren dieses Typs.
28000,–/30000,–
K.-E. Becker, Düsseldorf

**Cartel-Uhr (Louis XV), Frankreich um
1760.** (Beschreibung siehe gegenüberlie-
gende Seite.)

**Pendule (Louis XV), Frankreich um
1740.** »Dupont« und »à Paris« auf zwei
Emailfeldern, unten an der Front und
auf hinterer Platine.
Gehäuse und Konsole Holz mit rot gefärb-
tem Horn furniert. Das Gehäuse ist im
unteren Teil leicht eingezogen. Füße
und Schultern sind von schwungvollen
vergoldeten Bronzeappliken eingefaßt.
Unterhalb des Zifferblatts Darstellung
der Vigilantia, der Wachsamkeit, mit Hahn.
Als Bekrönung Chronos, der Gott der
Zeit, mit Sense. Zifferblatt Bronze graviert
und vergoldet mit eingesetzten Emailfeldern für die Minuten mit arabischen und
für die Stunden mit römischen Ziffern.
Gebläute Eisenzeiger. Mit Konsole
108 cm.
Ursprünglich Spindelhemmung, im
19. Jahrhundert Umbau auf Ankerhemmung. Schloßscheibenschlagwerk für
volle und halbe Stunden. Gangdauer
2 Wochen.   **30000,–/35000,–**
O. Schwank, Zürich

74

75

BODENSTANDUHREN DER ZWEITEN HÄLFTE DES 18. JAHRHUNDERTS

In der zweiten Hälfte des 18. Jahrhunderts werden Bodenstanduhren auch in Bürgerhäusern ein selbstverständlicher Bestandteil der Einrichtung. Die in Frankreich und im Gebiet des heutigen Belgiens entstandenen Gehäuse sind weniger aufwendig und besitzen meist vergoldete Bronzeappliken oder schmückende Schnitzarbeiten. England bevorzugt auch bei den Bodenstanduhren schlichte, meist rechteckige Gehäuse, aus poliertem Mahagoni. Astronomische Angaben gehören zu vielen Uhren. Ihre Form bleibt bis weit in das 19. Jahrhundert fast unverändert.

74 Bodenstanduhr (Louis XV), Frankreich um 1745. »Gault à Paris« auf dem Zifferblatt.
Holz schwarz lackiert. Die aus drei Teilen aufgebaute Uhr besteht aus dem hohen Sockel, dem gebauchten Pendelkasten und dem Kopf, dessen Form noch an die Tête de poupèe erinnert. Eingelegte Messingbänder und Rocailledekor schmücken die Front. Das Zifferblatt aus Bronze mit Emailfeldern wird an den Seiten eingefaßt von Girlanden aus vergoldeter Bronze. Muscheln und Akanthusblätter und ein Köpfchen aus dem gleichen Material schließen die Uhr oben ab. Gebläute Stahlzeiger. 216 cm.
Scherenhemmung. Sekundenpendel. Schloßscheibenschlagwerk für volle und halbe Stunden. Gangdauer 1 Woche.
50 000,–/55 000,–
P. Koller, Zürich

75 Bodenstanduhr (Louis XVI), Aachen – Lüttich um 1770. »Smees à Hamont« auf Zifferblatt.
Eiche. Das sehr fein geschnitzte Gehäuse zeigt die charakteristischen Formen des Louis Seize in einer regionalen Abwand-

lung. Zwei Putten, das flache Relief eines Damenporträts und eines Hundes schmücken zusammen mit Ranken die Schauseite. Zifferblatt Messing mit aufgesetztem Ziffernring mit römischen Ziffern. Appliken, Ziffernring und Signaturträger aus Zinn. Stahlzeiger. In den Zwickeln Allegorien der Jahreszeiten. 255 cm. Hakenhemmung. Sekundenpendel. Schloßscheibenschlagwerk für volle und halbe Stunden. Antrieb beider Werke durch ein Gewicht über einen endlosen Kettenzug mit Rolle. Weckerwerk.
28 000,–/30 000,–
Kunsthandel, Düsseldorf

76 Bodenstanduhr, Aachen – Lüttich um 1760.
Eiche. Auf hohem Sockel mit übereck gestellten Pilastern steht der schlankere Mittelteil mit verglastem Ausschnitt, hinter dem die Pendellinse schwingt. Der Kopf ist mit qualitätvollen Schnitzereien verziert und wird von einem aufgebrochenen Giebel abgeschlossen. Das Zifferblatt besteht aus einer quadratischen Messingplatte mit eingezogenem Bogenfeld. Ziffernring Zinn mit gravierten und geschwärzten römischen Ziffern, im Zentrum gravierte Landschaft mit Figuren. Im Bogenfeld halten zwei Putten eine konvexe Wappenscheibe, über der eine Krone mit Reichsapfel schwebt. 258 cm. Hakenhemmung. Sekundenpendel. Rechenschlagwerk für volle und halbe Stunden. Gangdauer 1 Woche.
38 000,–/40 000,–
Kunsthandel, Düsseldorf

77 Bodenstanduhr, Niederlande, um 1760. »Jean de Voys, Amsterdam« auf Zifferblatt. Nußbaumwurzel poliert. Über einem kastenförmigen Sockel steht der Pendelkasten mit aufgelegter Innenrahmung und mit kartuschenähnlicher Öffnung, die mit vergoldeter Bronze eingefaßt ist. Der Kopf zeigt unter halbrundem Bogen das Zifferblatt aus versilbertem Messing mit arabischen Ziffern für die Minuten und römischen für die Stunden. Gesägte und gravierte Stahlzeiger. 261 cm. Im Zentrum Weckerstellscheibe, Datumsanzeige mit Tages- und Monatssymbolen. Im Halbkreis darüber Mondstand und Mondalter. Ankerhemmung, Sekundenpendel. Rechenschlagwerk für volle und halbe Stunden. Gangdauer 1 Woche.
40 000,–/42 000,–
Kunsthandel, Düsseldorf

76

77

103

78

79

80

78 Bodenstanduhr, Schweden um 1770. »Peter Hellqvist Stockholm« auf Zifferblatt.

Holz gefaßt und bemalt mit Bronzeauflagen. Auf leicht eingezogenem Sockel mit Landschaftsdarstellung steht der sich verjüngende Pendelkasten. Oberhalb und unterhalb der verglasten Öffnung, hinter der die Pendellinse schwingt, zwei weitere Landschaftsdarstellungen. Der runde Kopf wird von Blüten und Früchten bekrönt. Zifferblatt Email mit römischen und arabischen Ziffern. Gesägte Messingzeiger. 235 cm.

Ankerhemmung. Viertelstundenschlagwerk und Repetition. Gangdauer 1 Woche.

23 000,– / 25 000,–

Bukowski, Stockholm

79 Bodenstanduhr mit Carillon, England um 1780. »Ja Pringle Dalkeith« im Bogenfeld.

Mahagoni poliert. Die streng gegliederte Uhr hat ein verglastes Zifferblatt aus Messing mit aufgesetztem versilbertem Ziffernring und römischen Ziffern. Dekorative Bronzeappliken in den Zwickeln und im Bogenfeld. Unterhalb des Zentrums Datumsanzeige, oberhalb Sekundenanzeige. Gesägte Stahlzeiger. 230 cm.

Ankerhemmung. Schloßscheibenschlagwerk für die vollen Stunden. Viertelstündlich Auslösung des Glockenspielwerks (acht Glocken). Gangdauer 1 Woche.

11 000,– / 13 000,–

Pott & Klöter, Dätzingen

80 Bodenstanduhr, Lüttich. »Lambert Brochard Seraing 1792« auf gewölbter Scheibe im Bogenfeld.

Eiche. Das relativ breite Gehäuse ist mit flachen Louis-XVI-Schnitzereien geschmückt. Der Kopf besitzt kleine seitliche Pilaster und einen Segmentgiebel. In der Mitte des Pendelkastens runder verglaster Ausschnitt, in dem die Pendellinse sichtbar ist. Ziffernring Zinn mit gravierten römischen Ziffern. Stahlzeiger. In den Zwickeln Zinnappliken. 255 cm.

Eisernes Werkgestell und Messingränder. Hakenhemmung. Schloßscheibenschlagwerk für die vollen Stunden. Ein Gewicht für beide Werke mit endloser Kette und Rolle. **18 000,– / 20 000,–**

Privatbesitz, Neuss

SÄGEUHREN

Diese meist durch ihr eigenes Gewicht angetriebenen Wand- und Tischuhren waren besonders im 18. Jahrhundert beliebt. Hergestellt wurden sie vornehmlich in Süddeutschland und Österreich.
Ihr ungewöhnlicher Antrieb wurde für formal ganz verschiedene Typen genutzt. Fast immer besitzen sie Spindelhemmung und Vorderpendel.

81 Sägeuhr, Süddeutschland (?) um 1730 (?).
In einem bemalten und verglasten Holzkasten befinden sich links und in der Mitte zwei Zahnstangen, an denen Gehwerk und Schlagwerk ablaufen. Links Gehwerk mit Spindelhemmung und kurzem Vorderpendel. Ziffernring Zinn mit gravierten arabischen Ziffern, im Zentrum Landschaftsdarstellung. Ein Messingzeiger vergoldet.
Rechts Schlagwerk. Ziffernring Zinn mit gravierten arabischen Ziffern, im Zentrum Architekturdarstellung. Anzeige der jeweils geschlagenen Stunde. Ein Messingzeiger vergoldet. Höhe des Kastens 125,5 cm.
Antrieb beider Uhren durch das eigene Gewicht.   **37 000,–/40 000,–**
P. Ineichen, Zürich   81

82 Tischuhr (Sägeuhr), Österreich (?) um 1790.
Holz als Marmor bemalt, Figuren vergoldet. Auf dem Sockel liegend Neptun mit Dreizack und Wassergefäß, hinter ihm ein Pfeiler mit der senkrechten Zahnstange, an der die Uhr abläuft. Najade mit erhobenem rechten Arm als Bekrönung des Pfeilers. Zifferblatt Email, eingefaßt von Glassteinen, mit Anzeige der Minuten, Stunden und des Datums. Vergoldete Messingzeiger, ein Stahlzeiger. 55 cm. Spindelhemmung. Kurzes Vorderpendel.

30 000,–/35 000,–

K. H. Kästner, München

83 Sägeuhr, Österreich um 1780.
Messing. Vor einem dunkel gebeizten Brett ist die Messingzahnstange angebracht. Der getriebene Schild der Uhr besteht aus zwei Füllhörnern, aus denen Blätter und Früchte quellen. Oben und unten Muschelmotive. Kurzes Vorderpendel. Zifferblatt Email mit arabischen Ziffern. Stahlzeiger. 70 cm. Spindelhemmung. Die Uhr wird durch ihr eigenes Gewicht angetrieben.

20 000,–/24 000,–

P. M. Kegelmann, Frankfurt

82   83

84

85

FIGURENUHREN DES 18. JAHRHUNDERTS

Anders als bei den Figurenuhren der späten Renaissance nimmt das Zifferblatt jetzt eine zentrale Stellung ein. Besonders in Frankreich werden Uhren gebaut, die von exotischen Tieren, von Elefanten, Nashörnern und Löwen getragen werden, deren Entwürfe oft von bekannten Künstlern stammten.
In Deutschland werden gegen Ende des 18. und im frühen 19. Jahrhundert aus Holz geschnitzte, später auch aus Metall gefertigte Figuren mit einem eingebauten Uhrwerk hergestellt. Sie waren in vielen Fällen mehr Kuriositäten als genaue Zeitmesser.

84 Pendule (Louis XVI), Frankreich um 1785. »Louis Berthoud à Paris« auf Zifferblatt.
Bronze teilweise vergoldet. Auf rotbraunem Marmorsockel, der mit Bronzerosetten und Eichenlaub verziert ist, steht ein Löwe aus brunierter Bronze, der auf seinem Rücken das Gehäuse für das Uhrwerk trägt. Es ist von einer Kartusche gerahmt und wird von einer Vase mit Girlanden bekrönt. 55 cm.
Hakenhemmung. Schloßscheibenschlagwerk für volle und halbe Stunden. Gangdauer 2 Wochen. **30 000,–/34 000,–**
Kunsthandel, Düsseldorf

85 Uhrenmännchen, Schwarzwald, Ende 18. Jahrhundert.
Die aus Lindenholz geschnitzte, farbig gefaßte und festtäglich gekleidete Figur eines Handelsmannes hat den Hut grüßend abgenommen. Auf ihrer Brust trägt sie das Emailzifferblatt einer Uhr, deren Werk sich in dem Körper befindet. 29 cm.
Spindelhemmung. Pendel. **5500,–/6000,–**
K.-E. Becker, Düsseldorf

SÜDDEUTSCHE WAND-UHREN DES 18. JAHR-HUNDERTS

In Süddeutschland und in der Schweiz wurden im 18. und im 19. Jahrhundert in großer Zahl Wanduhren gebaut, die weitgehend aus Holz bestanden. Die Werks-platten, die Räder, die bemalten Zifferblätter, oft auch die Zeiger waren aus diesem Material gefer-tigt. Häufig wurden den Uhren einfache Automaten oder Spiel-werke mit Walzen und Pfeifen,

ebenfalls aus Holz, angefügt. Kurze Pendel schwangen lebhaft vor dem Zifferblatt. Darum wurden sie auch Zappler genannt. Gegen Ende des 18. Jahrhunderts werden län-gere hinter dem Werk aufgehängte Pendel üblich.

86 Wanduhr (Toggenburger Holzräder-uhr), Schweiz »Joseph Guttmann 1772« auf der Front.
Runde Holzscheibe mit Aufsatz. Auf blauem Grund Rosen, Narzissen und andere Blumen. Ziffernring bemalt mit römischen und arabischen Ziffern, im Zentrum Flußlandschaft. Blattvergoldete Holzzeiger. 43 cm.

Werk mit hölzernem Gestell und hölzernen Rädern. Spindelhemmung. Vorderpendel. Schloßscheibenschlagwerk für die vollen Stunden. **18 000,–/20 000,–**
P. Koller, Zürich

87 Wanduhr, Süddeutschland um 1770.
Holz bemalt und vergoldet. Die Front ist im Umriß geschlossen und mit flachen Schnitzereien geschmückt. Zifferblatt Holz mit römischen Ziffern. Messingzeiger. 55 cm.
Hakenhemmung. Holzgespindelte Mes-singräder. Schloßscheibenschlagwerk für die vollen Stunden. Zusätzlich Orgel-werk, das stündlich eine Melodie spielt. Gewichtsantrieb. **18 000,–/20 000,–**
Hist. Uhrensammlung, Furtwangen

86

87

108

NACHTLICHTUHREN

Um auch im Dunkeln die Zeit
ablesen zu können, wurden in
Italien wohl in der zweiten Hälfte
des 17. Jahrhunderts die ersten
brauchbaren Nachtlichtuhren gebaut. Ihre Erfindung wird den
Brüdern Guiseppe und Pier Tom-
maso Campani zugeschrieben.
Auch in Deutschland wurden diese
Uhren bis in das 18. Jahrhundert
nachgebaut. Nachtlichtuhren mit
von rückwärts erleuchteten Ziffern
waren neben den etwa zur gleichen
Zeit aufgekommenen Öluhren
die einzigen nachts optisch ablesba-
ren Zeitmesser bis zur Erfindung
der Leuchtziffern.

**88 Nachtlichtuhr, Frankreich um
1760.** Bronze und Eisenblech. Ein dreibei-
niger Bronzefuß trägt ein bemaltes Eisenblech, vor dem sich eine Messingscheibe
mit ausgeschnittenen römischen Ziffern
dreht. Eine hinter der Uhr stehende Lichtquelle erhellt den im Eisenblech oberhalb
der Scheibe durchbrochenen Anzeiger
und die oberen Ziffern. 30 cm.
Spindelhemmung. Kurzes Hinterpendel.
10 000,–/12 000,–
P. M. Kegelmann, Frankfurt

89 Nachtlichtuhr, Italien. »Petrus Thomas Campany inventor Romae 1685«
auf hinterer Platine.
Gehäuse Holz geschwärzt und poliert.
Auf profiliertem Sockel wird die Darstellung
von Hagar und Ismael (signiert Filipe
Lauro) gerahmt von Pfeilern und Voluten
und abgeschlossen von einem Sprenggiebel mit Aufbau, der wiederum von einem
Dreiecksgiebel bekrönt wird. Über einem
halbringförmigen Ausschnitt römische
Ziffern für die Angabe der Viertelstunden.
Dahinter dreht sich eine Scheibe mit zwei
kleinen Fenstern, in denen die ausgesägten Ziffern erscheinen, die von der Rückseite her beleuchtet werden. Auf der Abbildung zeigt die Uhr etwa 3⁵⁷, wobei
links schon die neue Stunde aufsteigt.
79 cm.
Werk Messing. Ein Federhaus für Gehwerk und Schlagwerk. Schloßscheibenschlagwerk für volle Stunden und Viertelstunden auf drei Glocken schlagend.
85 000,–/90 000,–
Kunsthandel, Düsseldorf

89

88

90

91

STOCKUHREN DES SPÄTEN 18. JAHRHUNDERTS

Diese in ganz Europa verbreiteten und meist englischen Vorbildern folgenden Uhren standen häufig auf Konsolen. Vielfach besitzen sie eine Datumsanzeige und geben den Mondstand an. Durch ihr technisch ausgereiftes Werk, oft mit Viertelstundenschlag und mit einer Gangdauer von einer Woche, gehörten sie bis in das 19. Jahrhundert neben den Bodenstanduhren zu den zuverlässigsten Zeitmessern.

90 Stockuhr, Süddeutschland um 1780.
»Johannes Bendels in Salzburg« auf hinterer Platine.
Nußbaumholz. Gehäuse rechteckiger Kasten mit profiliertem oberen Abschluß. Appliken und Griff Bronze vergoldet. Zifferblatt Messingblech vergoldet. Im Bogenfeld Schlagwerksabstellung. Ziffernring mit arabischen und römischen Ziffern. Im Zentrum Weckerstellscheibe. Darüber Ausschnitt für das Gegenpendel. 52 cm. Spindelhemmung. Rechenschlagwerk für die vollen Stunden. Viertelstundenschlagwerk. Weckerwerk. **8 000,–/9 000,–**
K. H. Kästner, München

91 Stockuhr, Österreich um 1780.
Holz geschwärzt und poliert. Gehäuse rechteckiger Kasten mit verglaster Tür. Neben dem gestuften Abschluß vier Bronzebaluster. Front Messingplatte graviert. Im Bogenfeld Abstellzeiger für Schlagwerk. Ziffernring versilbert mit arabischen und römischen Ziffern. In den Zwickeln plastischer floraler Dekor, Bronze vergoldet. In dem schmalen Ausschnitt wird das Gegenpendel sichtbar. 31 cm. Spindelhemmung. Rechenschlagwerk für volle und halbe Stunden. Gangdauer etwa 2 Tage. **5 000,–/5 500,–**
K.-E. Becker, Düsseldorf

92

92 a

92 Stockuhr (Bracket-clock) mit Carillon, England um 1790. »John Taylor London« auf Zifferblatt.

Holz geschwärzt und poliert mit Bronzeappliken. Zifferblatt Messing graviert mit arabischen und römischen Ziffern. Stahlzeiger, ein Weckerzeiger. Im Bogenfeld Abstellvorrichtung für das Schlagwerk. 52 cm.

Die Seitenwände mit elegant durchbrochenem Messingdekor. Die hintere Platine mit großen gravierten Ranken und Blüten. In der Mitte das starre Pendel. Links Glocken und Hämmer des Carillons. Rechts Glocke und Hammer des Stundenschlagwerks. **24 000,–/26 000,–**

P. M. Kegelmann, Frankfurt

93 Stockuhr (Bracket-clock) mit Caril-lon, England um 1790. »Wm Audouin London« im Bogenfeld.
Nußbaum. Seitliche Tragegriffe, Füße und Baluster Bronze. Zifferblatt Messing-blech. Im Bogenfeld Schlagwerksabstel-lung und Einstellung des Musikstücks. Zifferring Messingblech graviert und versilbert mit arabischen und römischen Ziffern. Oberhalb des Zentrums Ausschnitt für Gegenpendel, unten Datumsanzeige. In Zwickeln Bronzeappliken vergoldet. 54 cm.
Spindelhemmung. Rechenschlagwerk für volle und halbe Stunden. Carillon mit vier Tonfolgen auf sechs Glocken. Gangdauer 1 Woche. **24 000,–/26 000,–**
K. H. Kästner, München

94 Stockuhr (Bracket-clock), England um 1790. »Bryant & Son London« auf Zifferblatt und hinterer Platine.
Mahagoni poliert mit Messingeinfassun-gen. Rechteckiges und oben halbrund geschlossenes Gehäuse. Front Messing mit versilbertem Zifferring mit arabischen und römischen Ziffern. Im Bogenfeld Vor-richtung für Feinregulierung und für An-und Abschalten des Schlagwerks, 43 cm.
Hakenhemmung. Drei Schnecken und Ketten. Stundenschlagwerk und viertel-stündliches Spielwerk auf neun Glocken. Gangdauer 1 Woche. **14 000,–/16 000,–**
P. M. Kegelmann, Frankfurt

95

**95 Stockuhr (Bracket-clock) mit astro-
nomischen Anzeigen, England um
1800.** »John Allen London« auf Zifferblatt.
Holz schwarz lackiert und Bronze vergoldet. Das schlichte und zurückhaltend
mit Bronzeappliken dekorierte Gehäuse
ist rechteckig verglast. Im Bogenfeld Darstellung der Mondphase. Zifferblatt Messing mit aufgesetzten Bronzeappliken
in den Zwickeln, Ziffernring graviert und
versilbert mit arabischen und römischen
Ziffern. Links Anzeige des Monats, rechts
des Wochentags und unten quadratischer
Ausschnitt für das Datum. 60 cm.
Grahamhemmung. Kette und Schnecke.
Rechenschlagwerk für volle und halbe
Stunden. Gangdauer 1 Woche.
14 000,–/16 000,–
P. M. Kegelmann, Frankfurt

96 Stockuhr, Deutschland um 1790.
»Johann Michael Zauzig in München«
auf Plakette.
Nußbaumholz poliert und Bronze vergoldet. Der rechteckige Kasten besitzt einen
sparsam profilierten oberen Aufbau. Unter
dem Zifferblatt halten Blüten, Ranken
und Girlanden die Plakette mit der Signatur. Zifferblatt Email mit arabischen Ziffern
für die Minuten und römischen für die
Stunden und Datumskranz. Messingzeiger
und gerader Stahlzeiger für Datum. Im
Minutenzeiger befindet sich eine separate
kleine Uhr. 40 cm.
Spindelhemmung. Stundenschlagwerk.
Viertelstundenschlagwerk. **20 000,–/22 000,–**
K. H. Kästner, München

97

98

REISEUHREN

Neben den prunkvollen kleineren Reiseuhren aus Bronze oder Messing aus der zweiten Hälfte des 18. Jahrhunderts werden auch schlichte funktionale Uhren gebaut. Zu ihnen gehört die in Frankreich entstandene Capucine. Sie alle besitzen ein Weckerwerk, das auf eine Glocke schlägt. Die gedrungenen Reiseuhren mit Datumsangabe werden auch als Offiziersuhren bezeichnet.

97 Reiseuhr mit Grande sonnerie, Österreich um 1780.
Bronze vergoldet. Das Gehäuse mit Rokokodekor ist an der Front und den Seiten verglast. Auf dem konvexen Dach der Tragegriff. Zifferblatt versilbert mit römischen Ziffern. Im Zentrum Weckerstellscheibe. Stahlzeiger. Über dem Zifferblatt Datumsfenster. 13 cm.
Zylinderhemmung. Unruh. Rechenschlagwerk für volle Stunden. Zusätzlich 4/4 Schlagwerk. Weckerwerk. **12000,–/14000,–**
P. M. Kegelmann, Frankfurt

98 Reiseuhr (Offiziersuhr), Schweiz um 1790. »Robert & Courvoisier« auf Zifferblatt.
Bronze vergoldet. Die in Louis-XVI-Formen fast überreich verzierte Uhr mit kleinem Tragegriff besitzt ein großes Zifferblatt aus Email mit arabischen Ziffern für die Anzeige des Datums, der Minuten, der Stunden und des Weckers. Zwei Messingzeiger für Stunden und Minuten, zwei Stahlzeiger für Datum und Wecker. 19,5 cm.
Spindelhemmung. Kette und Schnecke. 3/4 Schlagwerk. Zugrepetition. Weckerwerk. Automatische Datumsanzeige. Gangdauer 1 Woche. **13000,–/15000,–**
P. Ineichen, Zürich

99 Capucine, Frankreich um 1780.
Messing. Zifferblatt Email mit arabischen
Ziffern und zentraler Weckerstellscheibe.
Gesägte und vergoldete Messingzeiger.
Über dem rechteckigen glatten Gehäuse
Glocke und Tragegriff. 28 cm.
Hakenhemmung. Pendel. Rechenschlag-
werk für volle und halbe Stunden. Zusätz-
lich Weckerwerk mit Schnuraufzug.
                      8 000,–/9 000,–
K.-E. Becker, Düsseldorf

**100 Tischuhr mit Wecker, Deutschland
um 1760.**
Bronze graviert und vergoldet. Das Ge-
häuse hat die Form eines flachen rechtek-
kigen Quaders mit abgeschrägten Ecken.
Die Seiten tragen aufgesetzte Bronzeap-
pliken. Rechts das Zifferblatt, Email mit
arabischen Ziffern und aufklappbarem
Glas, im Zentrum Weckerscheibe. Spätere
Stahlzeiger. Die linke Seite trägt eine
große eingravierte Ranke, unter ihr ein
Teil des Weckermechanismus. Am hinte-
ren Rand ein Steinschloß. 16 cm.
Spindelhemmung. Stundenschlag auf
Anfrage. Weckerwerk: zur eingestellten
Zeit wird das Steinschloß betätigt und
entzündet eine Kerze.   **20 000,–/22 000,–**
Kunsthandel, Düsseldorf

101

102

103

UHRENSTÄNDER

Um die empfindlichen Taschenuhren zu schützen und sie im Hause als kleine Tischuhren zu nutzen, werden im 18. und 19. Jahrhundert für sie Ständer aus den verschiedensten Materialien, aus Holz, Bronze und Porzellan, gebaut.

101 Ständer für Taschenuhr, Süddeutschland um 1770.
Lindenholz. Auf einem gekehlten Sockel sitzt Chronos mit Stundenglas. Hinter ihm erhebt sich ein Aufbau mit Kartuschen und Girlanden, in dessen Mitte sich die Öffnung für die Uhr befindet. 30 cm.
                                    900,–/1 000,–
K.-E. Becker, Düsseldorf

102 Ständer für Taschenuhr, Frankreich (?) um 1820.
Eisen. Ein geflügelter Putto auf einem rechteckigen Sockel trägt den breiten klassizistischen Rahmen mit der Öffnung für die Uhr. 25 cm.
Taschenuhrständer dienten zur Aufstellung von Taschenuhren im Hause und konnten so als kleine Tischuhren dienen, vergleiche auch Nr. 54.   **800,–/900,–**
K.-E. Becker, Düsseldorf

103 Ständer für Taschenuhr, Deutschland um 1790.
Lindenholz blattvergoldet. Auf flacher schwarzer Platte, die ehemals einen Glassturz trug, erhebt sich ein durchbrochener Aufbau in den Formen des späten Louis Seize. 22 cm.   **800,–/900,–**
K.-E. Becker, Düsseldorf

CHÂTELAINES

Vom späten 16. bis gegen die Mitte des 17. Jahrhunderts wurden Klein-Uhren häufig an einer um den Hals gelegten Kette offen getragen. Im 18. Jahrhundert werden Taschenuhren von Herren und Damen an einem dekorativen Gehänge, der Châtelaine, befestigt. Diese Tragekette besteht aus einer Lasche, die an den Gürtel gesteckt wird, von ihr gehen – meist über ein Scharnier – mehrere Ketten mit Karabinerhaken aus, an denen die Uhr, Schlüssel, Petschaften und gelegentlich auch Nähzeug hängen. Die typische Châtelaine besteht aus Eisen oder vergoldeter Bronze, oft dann mit Email- und Edelsteinschmuck.

104 Spindeltaschenuhr mit Châtelaine, Frankreich um 1770.
Châtelaine Bronze vergoldet. Uhrgehäuse Messing vergoldet. Die Châtelaine in den Formen des späten Rokoko besitzt oben einen dreieckigen und beweglichen Aufhänger, auf dem sich eine figürliche Szene befindet. Die Uhr ist beidseitig verglast, das Werk skelettiert. Zifferblatt Glas mit aufgemalten Ziffern. Vergoldete Zeiger. 4,3 cm.
Spindelhemmung. Kette und Schnecke.
P. Ineichen, Zürich   **8 000,–/9 000,–**

105 Châtelaine, Frankreich um 1780.
Eisen mit aufgesetzten vergoldeten Bronzeverzierungen. In der Mitte Blumenkorb. Fünf Anhänger, die beiden äußeren mit gefaßtem Karneol mit Wappen und gefaßtem Bergkristall. 15,5 cm. **2 000,–/2 200,–**

106 Châtelaine, Frankreich um 1790.
Bronze vergoldet. Fünf Anhänger an der mit einer Emailminiatur geschmückten Kartusche, der mittlere mit gegossenen und gravierten Tierdarstellungen und Emailminiatur, die äußeren mit Schlüssel, Petschaften und Edelsteinen. 16 cm.
1 800,–/2 000,–
105–106: Pott & Klöter, Dätzingen

104

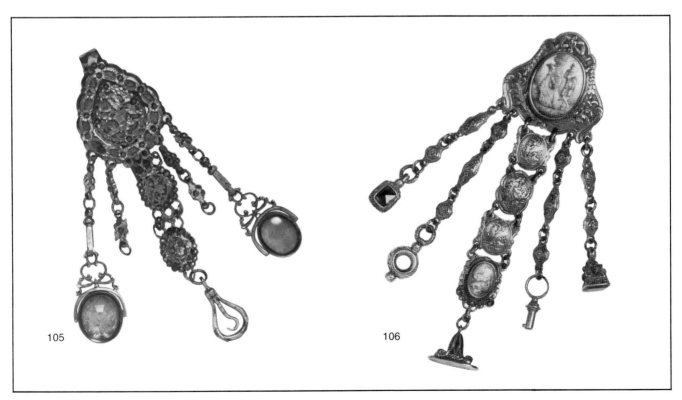

105

106

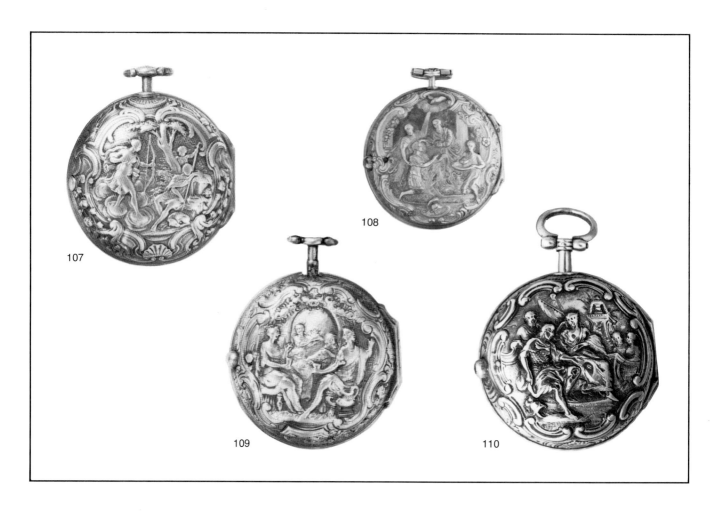

UMGEHÄUSE

In England werden seit der Mitte
des 18. Jahrhunderts silbergetrie-
bene Umgehäuse häufiger. Vielfach
sind sie mit Darstellungen der klas-
sischen Mythologie geschmückt,
die ohne die humanistische Bildung
jener Zeit heute oft mißverstanden
werden. Christliche Themen fehlen
fast vollständig.

**107 Spindeltaschenuhr, England um
1750.** »Charles Cabrier London« auf Zifferblatt und hinterer Platine.
Silber. Glattes Gehäuse. Das silbergetrie-
bene Umgehäuse mit der Darstellung
von Diana und Endymion ist eingefaßt
von Rokokodekor. Zifferblatt Silber in
Champlevétechnik. Unterhalb des Zentrums Datumsfenster. Stahlzeiger. 4,9 cm.
Spindelhemmung. Kette und Schnecke.
3 000,–/3 200,–
Kunsthandel, Köln

**108 Spindeltaschenuhr, England um
1760.** »C. Beefield London« auf hinterer
Platine.
Silber. Glattes Gehäuse. Das getriebene
Umgehäuse mit der Darstellung der Taufe
des Hauptmanns Cornelius (Apostelge-
schichte 10, 48), eingefaßt von Rokoko-
formen. Zifferblatt Email mit römischen
Ziffern. Stahlzeiger. 5,6 cm.
Spindelhemmung. Kette und Schnecke.
2 700,–/3 000,–
Kunsthandel, Köln

**109 Spindeltaschenuhr, England um
1760.** »Markham London« auf hinterer
Platine.
Silber. Glattes Gehäuse. Auf dem silberge-
triebenen Umgehäuse Darstellung von
Paris und Helena in schwungvollem Roko-
kodekor. Zifferblatt Email mit römischen
Ziffern. Stahlzeiger. 4,9 cm.
Spindelhemmung. Kette und Schnecke.
2 800,–/3 000,–
P. M. Kegelmann, Frankfurt

**110 Spindeltaschenuhr mit getriebenem
Umgehäuse, England um 1770.** »Sam-
son London Nr 3254« auf hinterer Platine.
Silber. Auf dem Umgehäuse Darstellung
von Aeneas und Dido (?) in flachem Re-
lief, eingefaßt von ohrmuschelähnlichem
Dekor. Zifferblatt Email mit römischen
Ziffern. Stahlzeiger. 4,2 cm.
Spindelhemmung. Kette und Schnecke.
2 500,–/2 800,–
Archiv Battenberg

112

111

113

SPINDEL-TASCHENUHREN

Nach den frühen, relativ großen Taschenuhren werden in England seit etwa 1720 kleinere zweizeigerige Taschenuhren gebaut. Die Werke sind technisch von den älteren kaum verschieden. Ihr Zifferblatt trägt meist die Ziffern in Champlevétechnik, Emailzifferblätter sind weitaus seltener. Häufig besitzen sie glatte Umgehäuse, die mit Fischhaut bezogen sind.

111 Spindeltaschenuhr mit Datum, Niederlande um 1730. »S. Lachez Utrecht« auf hinterer Platine.
Silber. Glattes Gehäuse. Zifferblatt Email mit römischen Ziffern und kleinem Datumsfenster. Vergoldete Zeiger. Auf durchbrochenem Spindelkloben bekröntes Wappen mit Baum. Kleineres Regulierzifferblatt mit arabischen Ziffern und aufgeschraubte Ranken. 7,3 cm.
Spindelhemmung. Kette und Schnecke. Automatische Datumsanzeige.

8000,–/9000,–
P. Ineichen, Zürich

112 Spindeltaschenuhr, England um 1730. »Rah. Cappur Namptwich« auf Zifferblatt und hinterer Platine. »Tempus fugit« unter dem Unruhreifen.
Gehäuse und Umgehäuse Silber. Zifferblatt versilbert. Römische Ziffern in Champlevétechnik. Zwei Stahlzeiger. Gravierte Rückplatine mit verglaster Spindelbrücke,

unter der die dreischenkelige Unruh sichtbar ist. 5,2 cm.
Spindelhemmung. Kette und Schnecke.

5500,–/6000,–
P. M. Kegelmann, Frankfurt

113 Spindeltaschenuhr, England um 1740. »(Peter) Wise London« auf Zifferblatt und hinterer Platine.
Gehäuse und Umgehäuse Gold. Zifferblatt vergoldet. Arabische und römische Ziffern in Champlevétechnik. Stahlzeiger. 4,8 cm.
Spindelhemmung. Kette und Schnecke.

4800,–/5000,–
P. M. Kegelmann, Frankfurt

**114 Spindeltaschenuhr, England um
1770.** »Chas Fly 93/6« auf hinterer Platine.
Gehäuse und Umgehäuse Silber. Ziffer-
blatt Email mit arabischen und römischen
Ziffern. Stahlzeiger. 5,1 cm.
Spindelhemmung. Kette und Schnecke.
Durchbrochene und gravierte Spindelbrük-
ke.   **1 400,–/1 600,–**
Kunsthandel, Köln

**115 Spindeltaschenuhr, Deutschland
um 1790.** »Johann Paulus Graf No 1309«
auf dem Staubdeckel.
Gold. Zifferblatt Email mit kleinen arabischen Ziffern für die Anzeige der Minuten
und Datumskranz, große arabische Ziffern
für die Stunden. Vergoldete Zeiger, Da-
tumszeiger Stahl. 5,8 cm.
Spindelhemmung. Kette und Schnecke.
                                       2 000,–/ 2 200,–

Archiv Battenberg

116   117

KAROSSENUHREN

Diese robusten Uhren des 18. Jahrhunderts, die die Form übergroßer
Taschenuhren haben, wurden auf
Reisen in der Kutsche mitgeführt
oder am Sattel befestigt. Fast sämtlich haben sie ein Weckerwerk,
häufig auch ein Selbstschlagwerk.
Karossenuhren wurden in England,
Deutschland und Frankreich gebaut.

**116 Karossenuhr, Süddeutschland
(Augsburg) um 1760.** »Johan Martin
Horn Augusta« auf hinterer Platine.
Silber. Gehäuse mit gravierten Ranken
und Schallöchern. Umgehäuse mit Schild-
patt überzogen und größeren Schallöchern
in silberner Fassung. Zifferblatt Email
mit arabischen und römischen Ziffern.
Im Zentrum Weckerstellscheibe Email.
Vergoldete Zeiger. 8 cm.
Spindelhemmung. 3/4 Repetition auf
Anfrage. Weckerwerk.   **26 000,–/28 000,–**
P. Ineichen, Zürich

117 Karossenuhr, Frankreich um 1740.
»Ageron à Paris« auf hinterer Platine.
Silber. Glattes Gehäuse mit durchbroche-
ner Wandung. Umgehäuse mit Schildpatt
überzogen. Zifferblatt Email mit Anzeige
der Minuten, des Datums, der Stunden
und des Weckers. Vergoldete Zeiger,
Stahlzeiger für Datum und Wecker.
12,2 cm.
Spindelhemmung. Grande sonnerie.
Zugrepetition. Wecker. Automatische
Datumsanzeige.   **30 000,–/32 000,–**
P. Ineichen, Zürich

118 Karossenuhr, England um 1760.
»Joseph Martineau Senior London 2584«
auf hinterer Platine.
Silber. Das schwere Gehäuse in feiner
floral durchbrochener Arbeit mit Kartu-
schenfeldern. Umgehäuse lederbezogen
mit aufgesetzten flachen Silberornamen-
ten, symmetrischen Ranken, Dreiecken
und Sternen. Zifferblatt Email mit arabischen und römischen Ziffern. Zeiger und
Weckerzeiger Stahl. 14,5 cm.
Spindelhemmung. Kette und Schnecke.
Weckerwerk.   **38 000,–/40 000,–**
P. Ineichen, Zürich

119

120

REVOLUTIONSUHREN

Die französische Kalenderreform
des Jahres 1793 zwang die Uhrmacher, neben der Einteilung des
Zifferblattes in zwölf auch eine
in zehn Stunden anzubringen. Aus
dieser Zeit haben sich fast nur
Taschenuhren mit solchen Anzeigen erhalten.

**119 Spindeltaschenuhr (Revolutions-
uhr), Frankreich nach 1793.**
Silber. Die fast schmucklose Uhr hat
ein Emailzifferblatt, dessen Einteilung
in 10 Stunden auf die Kalenderreform
des Jahres 1793 zurückgeht, die bis 1805
offiziell galt. Angegeben sind die Minuten,
die herkömmlichen und die neuen Stunden. 5,1 cm.
Spindelhemmung. Kette und Schnecke.

6 500,–/7 000,–

O. Schwank, Zürich

**120 Spindeltaschenuhr (Revolutions-
uhr), Frankreich nach 1793.** Silber. Zifferblatt Email mit Darstellung zweier à
l'antique gekleideter weiblicher Gestalten
und vier Anzeigefeldern. Oben Revolu-
tionskalender mit 30 Tagen, gültig seit
1793, unten der herkömmliche Kalender,
links Angabe der 10 und rechts der
12 Stunden. 5,8 cm.
Spindelhemmung. Kette und Schnecke.

7 500,–/8 200,–

O. Schwank, Zürich

121

122

STOCKUHREN NACH 1800

Die Gehäuseformen des späten 18. und des frühen 19. Jahrhunderts setzen in Deutschland die Tradition der herkömmlichen Stockuhr fort, greifen aber auch die Formen des späten Louis XVI und des europäischen Klassizismus auf. In Frankreich entstehen in dieser Zeit architektonisch klar aufgebaute Uhren, häufig in architektonischer Rahmung. In England bleibt der Typ der Bracket-clock erhalten, die Uhren werden meist aber mit einem halbrunden oder spitzen Giebel versehen.

121 Pendule (Portaluhr), (Louis XVI), Frankreich um 1775. »Le Roux à Paris« auf dem Zifferblatt.
Weißer Marmor und vergoldete Bronze. Zwei von Vasen bekrönte Säulen tragen zwischen sich das Gehäuse des Uhrwerks, das oben von einem Band mit Schleife und unten von einem Lorbeerzweig eingefaßt wird. Zifferblatt Email mit arabischen und römischen Ziffern. Zeiger Messing graviert und vergoldet. Pendellinse in Form einer Sonne. 40 cm.
Hakenhemmung. Schloßscheibenschlagwerk für volle und halbe Stunden. Gangdauer 2 Wochen.   **9 000,–/10 000,–**
K.-E. Becker, Düsseldorf

122 Pendule, Süddeutschland um 1800. »Michaell Henggeller à Munich« auf Zifferblatt.
Verschiedenfarbiger Marmor und vergoldete Bronze. Ein flacher Marmorsockel trägt zwei kleinere Sockel mit Bronzegirlanden, auf denen jeweils zwei schlanke Baluster stehen, denen ein Marmorarchitrav aufliegt, an dem die eigentliche Uhr hängt. Seitlich zwei Sphinge und in der Mitte ein flacher baldachinartiger Aufbau. Zifferblatt Email mit arabischen Ziffern für die Minuten und römischen für die Stunden. 48 cm.
Hakenhemmung. Pendel. Schlagwerk für volle Stunden und Viertelstunden auf Glocke schlagend. Gangdauer 1 Woche. Die Uhr ist ein charakteristisches Beispiel für den weiten Einfluß des Stils Louis XVI.   **12 000,–/14 000,–**
J. G. Rust, Köln

123

124

123 Stockuhr mit Automat, Österreich um 1820.
Holz, Marmor und Messing. Auf einem reich profilierten Holzsockel mit Bronzeappliken, zwei musizierenden Frauen und Opferszene, erhebt sich ein säulengetragener Aufbau mit Spiegeln, in dessen Mitte eine opfernde Priesterin in antiker Gewandung vor einem Dreifuß steht. Auf dem Architrav zwei Sirenen, über dem Zifferblatt an Konsole Reichsadler, darüber auffliegender Adler. Darüber Zifferblatt, im Zentrum zwei schmiedende Putten. Der eine schlägt die Stunden mit dem Hammer, der andere setzt zu jeder Viertelstunde den Schleifstein in Bewegung. 70 cm.
Hakenhemmung. Zwei Rechenschlagwerke für Grande Sonnerie. **8000,–/9000,–**
Archiv Battenberg

124 Stockuhr, Österreich um 1810.
Holz geschwärzt und poliert. Die architektonisch streng gegliederte Uhr wird von dem Kontrast zwischen Schwarz und Gold bestimmt. Am Sockel vergoldete klassizistische Bronzeappliken, seitlich vergoldete Pilaster, in den Zwickeln Lyren mit Lorbeerblättern. Bekrönung verloren. Ziffernring Email mit arabischen Ziffern für die Stunden und die Datumsanzeige. Zentrum guillochiert. Stahlzeiger. 43 cm. Hakenhemmung. Rechenschlagwerk. Zusätzlich Schlagwerk für die Viertelstunden. **2800,–/3000,–**
P. M. Kegelmann, Frankfurt

125

127

126

128

125 Tischregulator, Frankreich um 1800. »L. Tavernier« auf dem Zifferblatt. Helles Nußbaumholz. In dem Aufbau aus Sockel, vier Pfeilern und Dreiecksgiebel hängt das Uhrwerk mit Pendel. Zifferblatt Email mit Anzeigen für die Sekunden, Stunden und Minuten. Pendel Messing und Stahl. 47 cm. Scherenhemmung. Kompensationspendel nach Berthoud. Schloßscheibenschlagwerk für volle und halbe Stunden. Gangdauer 2 Wochen. **15 000,–/18 000,–**
K.-E. Becker, Düsseldorf

126 Tischuhr, Österreich um 1820. Holz, Alabaster und Bronze. Das Gehäuse in Form eines kleinen Rundtempels mit fünf Säulen trägt oben unter fünf Rippen das eigentliche Uhrwerk, darüber vergoldete Kugel mit sich drehenden Stunden- und Minutenringen. Am Uhrwerk kleines Zifferblatt Email mit arabischen Ziffern für die Anzeige der Sekunden. 45 cm. Hakenhemmung. 4/4-Schlagwerk mit vollem Nachschlag (Wiener Schlagwerk). **7 000,–/8 000,–**
P. M. Kegelmann, Frankfurt

127 Pendule (Schwingpendeluhr), Frankreich um 1840. »J. Charles à Paris G 274« auf hinterer Platine. Holz gebeizt und poliert. Auf kastenartigem Sockel zwei Säulen mit Basen und Kapitellen aus vergoldetem Messingblech, auf Sockel und Deckbalken Messingappliken. Die als Pendel gestaltete Uhr besteht aus einem imitierten Kompensationspendel, einem Mittelstück aus zwei gegenständigen Schwänen und dem versilberten Zifferblatt mit römischen Ziffern mit Linse. Oberhalb des Zentrums Anzeige der Sekunden. Stahlzeiger. 47,5 cm. Scherenhemmung. Gangdauer 1 Monat. **10 000,–/12 000,–**
P. Ineichen, Zürich

128 Pendule, Frankreich um 1850. Palisander mit Intarsien aus Zitronenbaumholz. Auf einem Sockel tragen vier Säulen mit Basen und Kapitellen aus Messing einen intarsierten Abschluß. Zwischen ihnen hängt das Uhrwerk, eingefaßt von einem breiten gegossenen und vergoldeten Messingrand. Imitiertes Kompensationspendel mit gegossener Linse. Zifferblatt Email mit römischen Ziffern. Gebläute Stahlzeiger. 44 cm. Hakenhemmung. Schloßscheibenschlagwerk für volle und halbe Stunden. Gangdauer 1 Woche. **1 600,–/1 800,–**
K.-E. Becker, Düsseldorf

129 Stockuhr (Bracket-clock), England um 1810. »Mc. Lachlan & Fraser London« auf Zifferblatt.
Helles Obstbaumholz. Glasrand mit Messingeinfassung, Füße und bekrönender Baluster Messing. Zifferblatt Messing versilbert mit Anzeige für Stunden, Minuten und Wecker. Oben links Anzeige des Datums, rechts Schlagwerkan- und -abstellung. Messingzeiger und gerader Stahlzeiger für Wecker. 61 cm.
Spindelhemmung. Kette und Schnecke. Rechenschlagwerk ebenfalls mit Kette und Schnecke für volle und halbe Stunden. Zusätzlich Weckerwerk. Gangdauer 1 Woche.   **6 000,–/6 500,–**
Pott & Klöter, Dätzingen

130 Stockuhr (Bracket-clock), England um 1840. »Barraud Cornhill London« auf Zifferblatt und hinterer Platine.
Helles Obstbaumholz. Rechteckiges Gehäuse auf profiliertem Sockel mit eingezogenem Segmentgiebel. Glasrand mit Messingeinfassung, Füße Messing. Zifferblatt Messing versilbert mit Anzeige für Stunden und Minuten. Im Bogenfeld Schlagwerkabstellung. 40 cm.
Spindelhemmung. Kette und Schnecke. Rechenschlagwerk für die vollen Stunden. Gangdauer 1 Woche.   **5 500,–/6 000,–**
Pott & Klöter, Dätzingen

131 Pendule, Frankreich um 1830.
Messing bruniert. Werkgehäuse mit vergoldeten Bronzeappliken: Sphingen und florale Motive. Als Abschluß flache Schale auf hohem Fuß. Zifferblatt Messing mit römischen Ziffern. Gebläute Stahlzeiger. 42 cm.
Hakenhemmung. Pendel. Schloßscheibenschlagwerk für volle und halbe Stunden. Gangdauer 1 Woche.   **3 000,–/3 500,–**
Pott & Klöter, Dätzingen

132 Pendule, Frankreich um 1880.
Verschiedenfarbiger Marmor mit Messingappliken. Das rechteckige Gehäuse auf einem Sockel besitzt einen vasenförmigen Abschluß mit Bronzearmen. Zifferblatt Email mit arabischen Ziffern. Stahlzeiger. 39 cm.
Hakenhemmung. Pendel. Schloßscheibenschlagwerk für volle und halbe Stunden. Gangdauer 1 Woche.   **600,–/700,–**
Pott & Klöter, Dätzingen

129
130

131
132

FIGURENUHREN
NACH 1800

Die wesentlich von Frankreich ausgehende allgemeine Verbreitung antikisierender Dekorationsformen führt bei Tischuhren zu oft ungewöhnlichen Lösungen. Vollplastische Gruppen oder Einzelfiguren aus vergoldeter Bronze bilden Werke antiker Kleinkunst nach. Christliche Darstellungen, die im Barock an die Vergänglichkeit des Irdischen erinnerten, werden gegen Ende des 18. Jahrhunderts von mythologischen Themen und Allegorien verdrängt.

133 Pendule (Empire), Frankreich um 1800.
Bronze vergoldet. Vier Liktorenbündel tragen einen mit dem kaiserlichen Adler und Kränzen geschmückten Sockel. Sehr qualitätvolle vollplastische Darstellung aus der Ilias XXIII, 395: Athene schenkt dem Gespann des Diomedes den Sieg bei den Wettspielen zu Ehren des toten Patroklos. Ziffernring Email mit römischen Ziffern als Radkranz. Stahlzeiger. 55 cm. Hakenhemmung. Schloßscheibenschlagwerk für volle und halbe Stunden. Gangdauer 2 Wochen. **16 000,–/18 000,–** *Kunsthandel, Düsseldorf*

134 Stockuhr, Deutschland um 1800.
»Hahn sen. in Stuttgart« auf Zifferblatt.
Bronze vergoldet. Auf glattem Sockel
rechteckiger Aufbau mit aufgesetzten
Greifen und floralen Motiven. Oben geflü-
gelter Amor mit Muschelschale. Zifferblatt
Email mit Anzeige der Sekunden außen.
Messingzeiger. Im oberen Teil Anzeige
der Stunden und Minuten. Zentraler Se-
kundenzeiger Stahl. 26 cm.
Taschenuhrwerk mit Zylinderhemmung. Gro-
ßes Messingzylinderrad. **15 000,–/18 000,–**
Pott & Klöter, Dätzingen

**135 Tischuhr mit Carillon, England
um 1820.**
Bronze vergoldet. Auf dem oben halbrund
abgeschlossenen Gehäuse mit reichen
floralen Bronzeappliken befindet sich
ein rechteckiger Aufbau mit einem vasen-
bekrönten Pavillon. Ein kleiner darin ste-
hender Mann schlägt gegen die Glocke.
Die verglaste Front besitzt im Bogenfeld
eine Bühne, auf der sich Figuren vor
einem Wasserfall bewegen. Zifferblatt
Email mit arabischen und römischen Ziffern. Messingzeiger und zentraler Sekundenzeiger. 53 cm.
Spindelhemmung. Kette und Schnecke.
Pendel. Stundenschlag auf Glocke mit
Betätigung der Automaten. Carillon mit
8 Glocken, 4 Melodien spielend. Gangdauer 1 Woche. **40 000,–/45 000,–**
P. Koller, Zürich

136 Pendule, Frankreich um 1830.
Bronze vergoldet. Auf einem schreinarti-
gen Sockel mit aufgelegten Blütenkränzen,
Blumenkörben und geflügeltem Gorgonen-
haupt steht das eigentliche Gehäuse
für das Uhrwerk, flankiert von einer grie-
chisch gewandeten weiblichen Gestalt
und einer auf einem Säulenstumpf stehenden Vase, aus der Rauch aufsteigt. Abgeschlossen wird das Gehäuse von einem
Aufbau mit Löwenmaske und zwei schnä-
belnden Vögeln. Zifferblatt Email mit römischen Ziffern. Stahlzeiger. 35 cm.
Hakenhemmung. Schloßscheibenschlagwerk für volle und halbe Stunden. Gangdauer 1 Woche. **4 800,–/5 000,–**
K.-E. Becker, Düsseldorf

134   135

136

137 Pendule, Frankreich um 1830.
Bronze vergoldet. Auf einem profilierten
Sockel mit Bogen und Blumenkränzen
steht das halbrund geschlossene Gehäuse
des Uhrwerks, auf das sich die vollplasti-
schen geflügelten Figuren von Amor und
Psyche stützen. Zifferblatt Messing vergol-
det mit Stahlzeigern. 59 cm.
Hakenhemmung. Pendel. Schloßscheiben-
schlagwerk für volle und halbe Stunden.
Gangdauer 1 Woche.   **8 000,–/10 000,–**
P. Ineichen, Zürich

138 Pendule, Frankreich um 1830.
»Hunziker Rue de Bussy 22« auf Ziffer-
blatt.
Grüner Marmor und Bronze vergoldet.
Auf einem Sockel mit mythologischer
Darstellung steht die eigentliche Uhr,
auf der die Allegorie der Malkunst sitzt,
die ein Porträt der Katharina Medici hält.
Bücher und Palette charakterisieren die
künstlerische Tätigkeit. Zifferblatt guillo-
chiert mit aufgemalten römischen Ziffern.
Breguet-Zeiger Stahl. 48 cm.
Hakenhemmung. Schloßscheibenschlag-
werk für volle und halbe Stunden. Gang-
dauer 2 Wochen.   **4 800,–/5 000,–**
K.-E. Becker, Düsseldorf

137

138

Pendule, Frankreich um 1820. »Courvoisier & Comp.« auf dem Zifferblatt.
Bronze vergoldet. Auf einem flachen Sokkel mit Blumengirlande schreitet Cupido mit Bogen nach rechts. Seine Flügel tragen die eigentliche Uhr. Zifferblatt Email mit arabischen Ziffern. Stahlzeiger. 42 cm. Hakenhemmung. Viertelstundenschlagwerk auf zwei Glocken (Rechenschlagwerk). Das Werk ist in Neuenburg hergestellt worden. **14 000,–/16 000,–**
K.-E. Becker, Düsseldorf

139

140

FIGURENUHREN AUS DER MITTE DES 19. JAHRHUNDERTS

Romantische Themen, Kreuzfahrer und berühmte Liebespaare werden als Beiwerk von Tischuhren nach dem ersten Drittel des Jahrhunderts besonders geschätzt. Ihre künstlerische Qualität ist oft recht gering.

Ältere künstlerische Formen werden wieder aufgenommen. Es entstehen nicht nur neugotische Uhren, seit der Mitte des Jahrhunderts werden in Frankreich Wiederholungen und leicht variierte Nachbildungen barocker Gehäuse

geschaffen, die nicht immer leicht zu datieren sind. Die Werke sind Serienprodukte, die jedoch durch ihre gute Verarbeitung eine hohe Ganggenauigkeit erreichen.

139 Pendule, Frankreich um 1840.
»Gebr. Verhagen à Cöln« (Verkäufersignatur) auf dem Zifferblatt.
Bronze vergoldet und bruniert. Auf mehrfach gestuftem Sockel liegt ein dunkler Felsen, auf dem ein Ritter mit Schwert und Lanze steht. In dem Felsen Zifferblatt Email mit römischen Ziffern. Stahlzeiger. 51 cm.
Hakenhemmung. Pendel. Schloßscheibenschlagwerk für volle und halbe Stunden. Gangdauer 1 Woche. **2 000,–/2 200,–**
Pott & Klöter, Dätzingen

140 Figurenuhr, Frankreich um 1850.
Bronze vergoldet und ziseliert. Auf geschweiftem Sockel trägt ein ausschreitendes Pferd die mit Eichenblättern bekränzte Uhr, auf der zwei kleine schnäbelnde Tauben sitzen. Zifferblatt Email mit arabischen und römischen Ziffern. Vergoldete Messingzeiger. 35 cm.
Ankerhemmung. Schloßscheibenschlagwerk für volle und halbe Stunden.
Die Uhr ist ein charakteristisches Beispiel für die Wiederaufnahme barocker Typen und Formen, hier des Louis Quinze, die noch vor der Mitte des 19. Jhs. einsetzt.
5 000,–/5 800,–
P. Koller, Zürich

141

141 Miniaturzappler, Österreich um 1860. »Le Roy à Paris« auf Zifferblatt und hinterer Platine (sicher unzutreffend). Auf ovalem Holzsockel ein Messingblech mit Darstellung der Giebelseite eines von Bäumen umstandenen Häuschens, in die das Zifferblatt aus Email mit römischen Ziffern eingesetzt ist. Am Dach befestigt das Vorderpendel. Die vordere getriebene Messingplatte zeigt in flachem Relief einen Jäger, der sich auf seinen Spieß stützt. 18 cm.
Röllchenanker.   1800,–/2000,–
Pott & Klöter, Dätzingen

142 Tischuhr, Schweiz (?) um 1880. Bronze. Die phantasievolle Uhr verbindet Formen des zweiten Rokoko mit naturalistischen Elementen. Geschwungene asymmetrische Kartuschen tragen das emaillierte Zifferblatt, dessen Rand mit Schmucksteinen eingefaßt ist. Darüber vollplastische Darstellung einer geflügelten Eidechse, die nach einem Schmetterling schnappt. 10,5 cm.
Ankerhemmung. Unruh. Gangdauer 1 Woche.   1800,–/2200,–
P. M. Kegelmann, Frankfurt

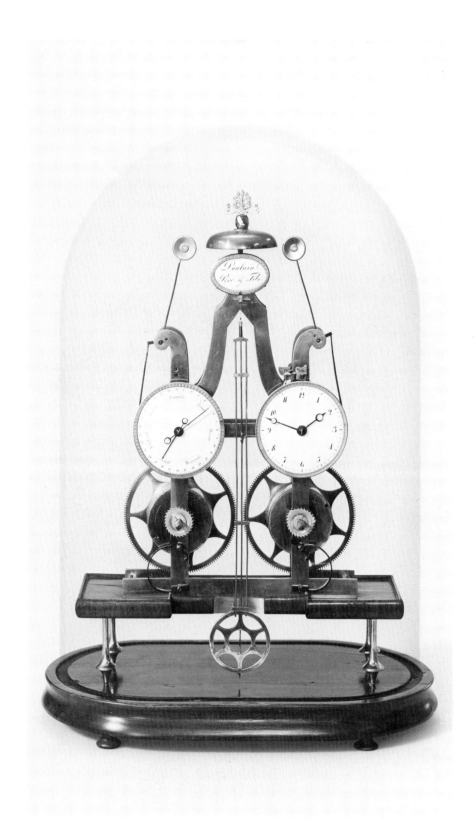

SKELETTUHREN

Das Interesse an technischer Perfektion führte im frühen 19. Jahrhundert zum Bau von Uhren, deren Werke bewußt sichtbar gelassen wurden. Ein Glassturz schützte die Uhren vor eindringendem Staub und reduzierte die Einwirkung von Temperaturschwankungen auf den Lauf des Werks.

143 Skelettuhr mit Kalender, Frankreich um 1840. »Poulain Père & Fils« auf Plakette.
Messing und Holz. Ein ovaler Sockel trägt unter einem Glassturz eine rechteckige hölzerne Platte, von der die Platinen beider Werke aufsteigen. Das tragende Joch wird von einer Glocke mit den beiden Schlagwerkshämmern abgeschlossen. Vor dem Werk hängendes Pendel mit ausgesägter Linse. Rechts Zifferblatt Email mit arabischen Ziffern. Breguet-Zeiger Stahl für die Anzeige der Stunden und Minuten. Links Zifferblatt für die Anzeige des Datums und des Wochentags. 41,5 cm.
Scherenhemmung. Kalender wird vom Schlagwerk angetrieben. **18 000,–/20 000,–**
P. Ineichen, Zürich

144 Skelettuhr, Frankreich um 1830.
»Pendule executée par Ferdinand Berthoud« auf hinterer Platine.
Messing teilweise vergoldet. Auf einem quadratischen Sockel mit Palmetteneinfassung liegt das Schlagwerk. Vier gekrümmte Träger halten das darüberschwebende Gehwerk und den versilberten Ziffernring mit römischen und arabischen Ziffern. Hinter und über dem Werk das Pendel mit großer Pendellinse. Anzeige der Minuten, Stunden und des Datums. Separate Anzeige der Sekunden. 40 cm. Scherenhemmung. Schloßscheibenschlagwerk für volle und halbe Stunden. Beide Werke von je zwei Federhäusern angetrieben. Gangdauer 6 Monate.

25 000,–/28 000,–
A. Colombo, Zürich

145 Skelettuhr, Frankreich um 1830.
Holz, Marmor und Messing. Unter einem auf rechteckigem Holzsockel stehenden gerundeten Glassturz sind in zwei sich überschneidenden Kreisen unten das große erste Rad und oben der Ziffernring aus Email mit arabischen Ziffern angeordnet. Als Halterung des Werks dient eine Glasplatte. Breguet-Zeiger. 43 cm.

Scherenhemmung. Schweres hinter dem Werk hängendes Pendel. Gangdauer 2 Wochen. **22 000,–/25 000,–**
P. Ineichen, Zürich

146 Skelettuhr mit Gewichtsantrieb, Frankreich um 1860. »Augte Moinau et Rolland Degrege«.
Messing. Die von einem Glassturz umschlossene und auf einem ovalen Holzsockel montierte Uhr ruht auf zwei Messingsäulen, zwischen denen ein Thermometer angebracht ist und die das versilberte Zifferblatt tragen. Dahinter und darüber erhebt sich das eigentliche Werk mit seinen ausgeschnittenen Platinen. Über Rollen an den Enden eines mit den Platinen verbundenen Messingbügels laufen die Antriebsketten mit den Gewichten. Ein Adler auf einer Kugel bekrönt die Uhr. 58 cm.
Hakenhemmung. Pendel. Durch einen besonderen Kettenzug kann die Uhr aufgezogen werden, ohne daß der Glassturz abgenommen werden muß. Gangdauer 2 Tage. **15 000,–/18 000,–**
A. Colombo, Zürich

145   144   146

TISCHUHREN MIT EWIGEM KALENDER

In der zweiten Hälfte des 19. Jahrhunderts werden Uhren mit zusätzlichen Anzeigen hoch geschätzt. Thermometer, Barometer und Datumsanzeigen, oft als ewiger Kalender gebaut, werden gern mit Großuhren, aber auch mit Taschenuhren verbunden.

147 Pendule mit Thermometer, Frankreich um 1850. »Brocot à Paris« auf Zifferblatt und hinterer Platine.
Ein Palisanderblock mit intarsierter Basis und ionischem Kapitell trägt das runde Uhrwerk mit versilbertem Zifferblatt und römischen Ziffern. Stahlzeiger. Auf der Vorderseite versilberte Platte mit Thermometer. 40 cm.
Ankerhemmung (Brocot-Hemmung). Rechenschlagwerk für volle und halbe Stunden. Das an einer Stahlfeder aufgehängte Pendel schwingt hinter dem Block. Gangdauer 1 Woche.   3500,–/4000,–
K.-E. Becker, Düsseldorf

148 Pendule mit ewigem Kalender, Frankreich um 1880.
Schwarzer Marmor. Die blockhaft wirkende Uhr trägt im oberen Teil das Zifferblatt aus Email mit römischen Ziffern, in dessen Zentrum die Brocot-Hemmung sichtbar ist. Messingzeiger. In dem rechteckigen Feld darunter von links die Anzeige des Wochentags, des Datums und rechts des Monats. 46 cm.
Brocot-Hemmung. Schloßscheibenschlagwerk für volle und halbe Stunden mit Antrieb für den Datumsmechanismus, der auch die Länge des Februars und die Schaltjahre berücksichtigt.
                    5500,–/6000,–
K.-E. Becker, Düsseldorf

149 Pendule mit ewigem Kalender, Frankreich um 1880.
Messing. Front graviert und vergoldet. Oben Ziffernring Email mit römischen Ziffern und tieferliegender Mitte, in der die Brocot-Hemmung sichtbar wird. Breguet-Zeiger Stahl. Unten ewiger Kalender und Anzeige der Mondphase. 43 cm. Brocot-Hemmung. Schloßscheibenschlagwerk für volle und halbe Stunden. Kalendermechanismus mit Berücksichtigung der Länge des Februars und der Schaltjahre vom Schlagwerk angetrieben. Gangdauer 1 Woche. **13 000,–/15 000,–**
P. M. Kegelmann, Frankfurt

150 Pendule mit ewigem Kalender, Frankreich um 1880. »Fras. Glading, Brighton« (wahrscheinlich Verkäufersignatur) auf Zifferblatt und hinterer Platine. Schwarzer Marmor und Bronze. Vier Bronzesäulen verbinden bei dem allseitig verglasten Gehäuse Boden- und Deckplatte. Auf einer gravierten und vergoldeten Messingplatte oben der Ziffernring mit römischen Ziffern, im vertieften Zentrum sichtbar die Brocot-Hemmung. Breguet-Zeiger Stahl und zentraler Sekundenzeiger. Unten Kalenderanzeigen und Angabe des Mondstandes. 45 cm. Brocot-Hemmung. Kompensationspendel mit Hebelkompensation innerhalb der Pendellinse. Rechenschlagwerk für volle und halbe Stunden. Kalendermechanismus mit Berücksichtigung der unterschiedlichen Länge des Februars und der Schaltjahre. Gangdauer 1 Woche. **15 000,–/16 000,–**
Kunsthandel, Düsseldorf

151 Pendule mit Globus, Frankreich um 1890. »Ch. Henard & Cie-Pendule Cosmographique« auf Deckplatte. Säulentrommel Zinkblech mit Bronzeappliken. Globus Messing mit Papierauflage. Zifferblatt Email mit römischen Ziffern. Stahlzeiger. Oberhalb des Zifferblattes kleiner feststehender Zeiger, der Datum und Monat an einem sich drehenden Band angibt. Die Bronzegirlande darüber hält einen längeren in einer kleinen gezahnten Scheibe endenden Zeiger, der auf dem Globus den mittleren Stand der Sonne angibt. Außerdem ist der jeweilige Stand der Erdachse erkennbar. 48 cm. Ankerhemmung. Gangdauer 1 Woche. **12 000,–/13 000,–**
K.-E. Becker, Düsseldorf

148

150

149

151

KUGELLAUFUHR

Schon in der Renaissance waren Versuche unternommen worden, das Abrollen einer Kugel als Zeitnormal zu benutzen. Im Jahr 1808 erhält William Congreve ein königliches Patent für eine Uhr, deren Lauf durch das Zurückkippen der Ablaufbahn der Kugel erhalten wird. Die große und störungsanfällige Uhr konnte aber Zeitmesser mit herkömmlicher Hemmung nicht verdrängen.

152 Tischuhr mit Kugellauf (Congreve-Uhr), England um 1880. »Cha Frodsham Nr. 2039 115 New Bond Street London« auf Plakette.
Mahagoni, Bronze vergoldet und Glas. Rechteckiger Glassturz auf braunem Holzsockel. Vier schlanke vasenbekrönte Säulen halten das Balkenkreuz, auf dem eine größere Vase steht, an der sich zwei Ziffernkränze drehen. Ein feststehender Stahlzeiger. Unter dem Balkenkreuz die Laufbahn der Kugel, die nach einer Minute das Ende der Bahn erreicht und dadurch das Zurückkippen der Laufbahn auslöst. 46 cm.
Werk mit Kugellaufzeitnormal. Kette und Schnecke.   38 000,–/40 000,–
P. Ineichen, Zürich

»REGULATOREN«

Die häufig in Wien angefertigten
Wanduhren mit Gewichtsantrieb,
die sämtlich eine hohe Ganggenauigkeit erreichen, werden vom Anfang des 19. bis in das frühe
20. Jahrhundert gebaut. Ihr schlichtes Mahagonigehäuse, die sichtbaren Messinggewichte, die großen
Pendellinsen haben sie zu auch
heute noch beliebten Uhren gemacht.

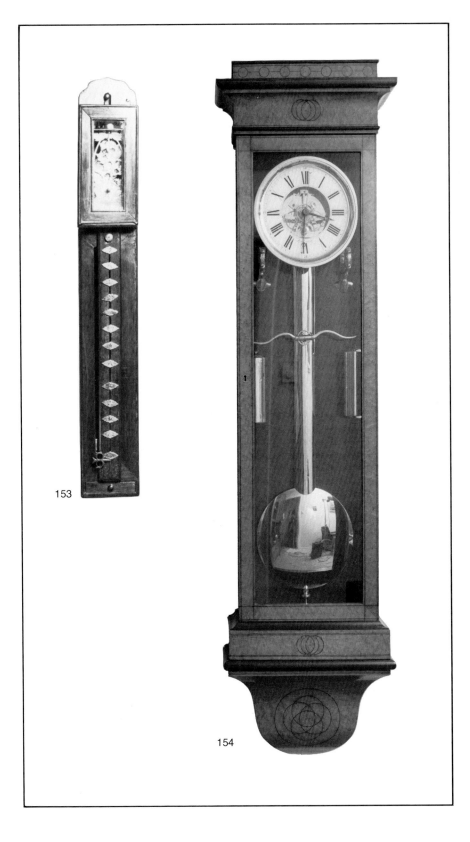

153

154

153 Wanduhr, Japan um 1800 (?).
Gehäuse Holz. Der abnehmbare verglaste
Kasten für das Werk steht über dem
Schacht, in dem das Gewicht abläuft.
Die dreizehn rautenförmigen verstellbaren
Anzeigen der Stunden sind übereinander
angeordnet und tragen die eingravierten
Symbole der einzelnen Stunden. Der
am Gewicht befestigte Zeiger läuft neben
ihnen ab. 39 cm.
Spindelhemmung. Unruh. Gangdauer
12 Stunden. **5500,–/6000,–**
Kunsthandel, Düsseldorf

**154 Wanduhr (»Regulator«), Lüttich um
1810.** »Lhoest à Liege« auf Zifferblatt.
Vogelaugenahorn poliert und intarsiert.
Der dreiseitig verglaste Kasten in den
Formen des Klassizismus steht auf einer
separaten Konsole. Zifferblatt Glas mit
von hinten aufgemalten römischen Ziffern.
Im Zentrum sichtbar das Werk, das keine
vordere Platine besitzt. Pendelstange
Holz mit Messingblende. Linse Messingblech. Zwei Gewichte an den Enden eines
breiten Joches, das in der Mitte die Rolle
trägt, über die die Darmsaite des Antriebs
läuft. Stahlzeiger und zentraler Sekundenzeiger. 165 cm.
Scherenhemmung. Die Räder des Werks
sind vorne in Kloben gelagert, die von
der hinteren Platine aufsteigen. Gangdauer
1 Monat. **38000,–/42000,–**
K.-E. Becker, Düsseldorf

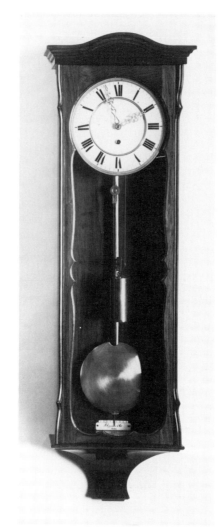

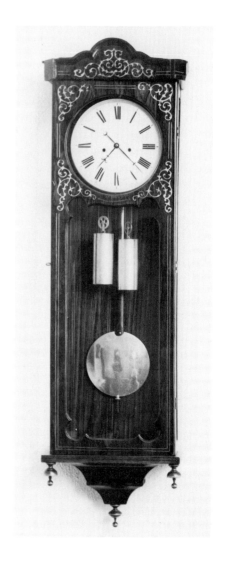

155 Regulator, Österreich um 1830.
Mahagoni poliert mit Einfassungsleisten aus
hellem Birkenholz. Vorn und seitlich verglast. Eine elegante Konsole trägt den Pendelkasten und den mit einem Dreiecksgiebel
abgeschlossenen Kopf. Das Zifferblatt aus
versilbertem Messing mit aufgemalten römischen Ziffern ist eingefaßt von einer Rahmung aus vergoldeter Bronze. Zeiger Stahl
gebläut. Pendelstab aus Holz, die große
Pendellinse aus poliertem Messing. An einem Seil hängt das Bleigewicht mit Messingmantel.
95 cm.
Ankerhemmung. Gangdauer 1 Woche.
15 000,–/16 000,–
Kunsthandel, Düsseldorf

**156 Wanduhr (»Regulator«), Österreich
um 1860.** »A. Eppner & Co/Lachn« auf
Plakette.
Palisander poliert. Das rechteckige Ge-
häuse mit gewölbtem Giebel wird seitlich
und an der Front von leicht geschweiften
Profilen eingefaßt. Zifferblatt Email mit
vergoldeten Zeigern. 98 cm.
Hakenhemmung. Pendel. Pendelstange
Holz. Gewichtsantrieb mit Rolle. Gang-
dauer 1 Woche. **5 000,–/6 000,–**
K.-E. Becker, Düsseldorf

**157 Wanduhr (»Regulator«), Österreich
um 1860.**
Palisander mit Messingeinlagen. Front
und Seiten des Gehäuses verglast. Zifferblatt Email mit römischen Ziffern. Stahlzeiger. Pendelstange Holz, Linse Messing.
Bleigewichte mit Messingmantel. 107 cm.
Graham-Hemmung. Rechenschlagwerk
für volle und halbe Stunden. Gangdauer
1 Woche. **4 000,–/4 500,–**
Pott & Klöter, Dätzingen

158

159

160

COMTOISEN

Dieser in Burgund gegen Ende
des 17. Jahrhunderts entstandene
Uhrentyp wurde von 1830 bis
in das 20. Jahrhundert in sehr großer Zahl gebaut. Vor 1850 entstandene Uhren besitzen fast immer
ein einfaches Pendel, die späteren
haben häufig schwere lyraförmige
Pendel oder solche aus gepreßtem
Messingblech. Die Comtoise ist
für Frankreich das geworden, was
die Schwarzwalduhr für Deutschland war, eine verhältnismäßig
billige und genau gehende Haus-
uhr.

**158 Schwingpendeluhr, Frankreich
um 1840.**
Messing und Stahl. Der seit etwa 1800
gebaute Uhrentyp hat die Gestalt eines
großen hin- und herschwingenden Pendels, dessen Linse Zifferblatt und Werk
trägt. Die oft an einem Fensterrahmen
befestigte Uhr besitzt immer auf beiden
Seiten ein Zifferblatt und wurde häufig
in den Geschäften von Uhrmachern und
in Gasthäusern aufgehängt. Zifferblatt
Email mit römischen Ziffern. Stahlzeiger.
128 cm.
Ankerhemmung. Gangdauer 1 Woche.
13 000,–/15 000,–
K.-E. Becker, Düsseldorf

**159 Wanduhr (Comtoise), Frankreich
um 1870.** »Demurge à Roanne« auf Zifferblatt.
Front Messingblech geprägt. Das Zifferblatt ist gerahmt von einer hochovalen
Platte, deren oberes und unteres Feld
mit plastischen Blüten und Früchten gefüllt sind. Das Prunkpendel auf zweiteiligem

Eisenblech Messing mit reicher Dekoration
aus Figuren und Früchten. Zifferblatt
Email mit römischen Ziffern. Messingzeiger. 140 cm.
Ankerhemmung. Rechenschlagwerk für
volle und halbe Stunden mit Nachschlagen
bei den vollen Stunden. Repetiermöglichkeit.
Ursprünglich Bodenstanduhr in Weichholz-
kasten. **2 500,–/2 800,–**
Pott & Klöter, Dätzingen

**160 Wanduhr (Comtoise), Frankreich
(Franche Comté) um 1840.**
Eisen und Messingblech. Das Emailzifferblatt mit arabischen und römischen Ziffern
wird eingefaßt von einem geprägten quadratischen Messingblech, das oben halbrund mit zwei gegenständigen Greifen
rechts und links von einer Palmette ab-
schließt. Zwei Eisengewichte. Pendellinse
Messing. Messingzeiger. 36 cm.
Spindelhemmung. Rechenschlagwerk
für volle und halbe Stunden. Gangdauer
1 Woche. **2 200,–/2 400,–**
Kunsthandel, Köln

161   162

BODENSTANDUHREN DES 19.JAHRHUNDERTS

Die Gehäuseformen des späten 18.Jahrhunderts und ihre regionalen Abwandlungen bestimmen die Gestalt auch der späteren Bodenstanduhren. In Frankreich sind Nachbauten des Louis XV recht häufig, in Deutschland bleiben die schlichten Gehäuse des Biedermeiers bis in die Mitte des Jahrhunderts vorherrschend. Englische Bodenstanduhren verändern ihr Aussehen in dieser Zeit nur wenig. Die kräftigen Formen des europäischen Spätklassizismus bleiben neben gotisierenden Gehäusen noch lange erhalten.

161 Bodenstanduhr, England um 1800.
»Wm Jeffries Maldon« auf Zifferblatt. Holz schwarz lackiert mit Chinoiserien in Rot und Gold. Kopf mit seitlichen Säulen und geradem Abschluß. Zifferblatt Messing graviert. Ziffernring mit eingravierten römischen Ziffern. Im oberen Teil Anzeige der Sekunden, im unteren Datumsfenster. In dem kreisförmigen Ausschnitt des Bogenfelds bewegt sich ein Harlekin mit dem Ausschlag des Pendels. 207 cm.
Ankerhemmung. Schloßscheibenschlagwerk für die vollen Stunden. Gangdauer 1 Woche. **10 000,–/11 000,–**
Pott & Klöter, Dätzingen

162 Bodenstanduhr, England um 1830.
»J. Copland Cirvan« auf Zifferblatt. Mahagoni poliert. Auf dem rechteckigen Sockel steht der geschlossene Pendelkasten mit vorgewölbter Tür. Der hohe rechteckige Kopf wird von geschnitzten Ranken abgeschlossen. Zifferblatt mit Bogenfeld aus Messingblech, oben Darstellung eines Jägers mit Hund und in den Zwickeln Tierdarstellungen. Römische Ziffern. Messingzeiger. 233 cm.
Hakenhemmung. Rechenschlagwerk für die vollen Stunden. Gangdauer 1 Woche. **8 000,–/9 000,–**
Pott & Klöter, Dätzingen

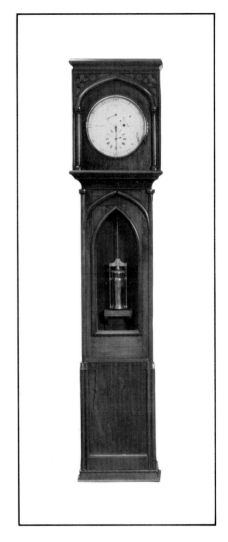

163 Bodenstanduhr (»Regulator«), England um 1830.

Mahagoni poliert. Auf rechteckigem Sockel steht der sich verjüngende und verglaste Pendelkasten, hinter dem die an Rollen hängenden Messinggewichte und das Pendel sichtbar sind. Der große runde Kopf ist eingefaßt von einem profilierten Rahmen und oben und unten von kräftigen Palmetten und Ranken umgeben. Ziffer-blatt Messingblech graviert und versilbert mit römischen Ziffern für die Stunden. Oberhalb des Zentrums Anzeige der Sekunden, darunter Anzeige des Datums. Messingzeiger. 228 cm.
Hakenhemmung. Sekundenpendel. Schloßscheibenschlagwerk für volle Stunden auf Tonfeder schlagend. Gangdauer 1 Woche. **8 000,–/9 000,–**
Pott & Klöter, Dätzingen

164 Bodenstanduhr, Deutschland (Bergisches Land) um 1840.

Kirschbaum. Das gedrungene und schmucklose Biedermeiergehäuse trägt einen Kopf mit Segmentgiebel. Im Bogen-feld ein Blumenstrauß und seitlich kleine Reiter aus getriebenem Messingblech, in den Zwickeln Blumen. Zifferblatt Kera-mik mit aufgemalten römischen Ziffern. Messingzeiger. 225 cm.
Hakenhemmung. Rechenschlagwerk für die vollen Stunden. Eiserne Platinen und Messingräder. Bleigewichte mit einge-bauten Rollen. **10 000,–/12 000,–**
K.-E. Becker, Düsseldorf

165 Bodenstanduhr (»Regulator«), England um 1860. »D. Griffith Carnavon« auf Zifferblatt.

Mahagoni poliert. Der Kasten besteht aus hohem Sockel und dem Pendelkasten mit verglaster spitzbogiger Öffnung, in der das Pendel sichtbar ist. Das Zifferblatt in dem hochrechteckigen Kopf wird von einem Tudorbogen eingefaßt. Zifferblatt lackiert, außen Minutenring, oben Anzeige der Sekunden, unten der Stunden. Stahl-zeiger. 215 cm.
Graham-Hemmung. Quecksilberkompen-sationspendel. Gangdauer 1 Woche.
11 000,–/13 000,–
Pott & Klöter, Dätzingen

166

BILDER- UND RAHMEN-UHREN

Die seit dem 18. Jahrhundert bekannte Verbindung eines Gemäldes mit einer Uhr wird in der ersten Hälfte des 19. Jahrhunderts allgemein beliebt, so daß sie damals häufig zu biedermeierlichen Einrichtungen gehörte. Die manchmal mit einfachen Automatenwerken kombinierten Bilderuhren gaben exakte topographische Ansichten oder erfundene Szenerien wieder.

167

166 Bilderuhr mit Automat, Österreich oder Schweiz um 1820.
Öl auf Zinkblech. Vor einem weiten Ausblick in eine Flußlandschaft sitzen drei Damen an einem Tisch. Vier Kavaliere in der Kleidung des frühen 16. Jahrhunderts unterhalten sich mit ihnen. Links befindet sich ein Brunnen, auf dem ein Cupido steht. Aus einem Delphinkopf scheint bei Auslösen des Schlagwerks ein Wasserstrahl zu strömen. Rechts im Hintergrund trägt ein Kirchturm die Uhr. 53 cm.
Spindelhemmung. Starres Pendel. Rechenschlagwerk für volle und halbe Stunden mit Repetiermöglichkeit. Automat vom Schlagwerk angetrieben.
10 000,–/12 000,–
K.-E. Becker, Düsseldorf

167 Bilderuhr mit Automat und Spielwerk, Österreich um 1830.
Das auf Kupfer gemalte Bild stellt einen Teil des Parks in Baden bei Wien dar. Im Zentrum die Fontäne mit vier sich drehenden Glasstäben. Rechts im Hintergrund über dem Portal das Zifferblatt der Uhr. 94 cm.
Spindelhemmung. Starres Pendel. Rechenschlagwerk mit 4/4-Schlag, Stundenschlag mit folgender Auslösung des Walzenspielwerks (stündlicher Wechsel von zwei Melodien). Separates Werk für den Automaten. **12 000,–/14 000,–**
Pott & Klöter, Dätzingen

168 Bilderuhr mit Automat, Österreich (?) um 1840.

Öl auf Zinkblech. In einem grotesk gotisierenden Raum sitzen sich Faust und der Teufel beim Schachspiel gegenüber. Hinter dem Tisch steht ein Engel, der das Spiel beobachtet. Die Augen des Teufels wandern langsam hin und her. Im Hintergrund an Wandpfeiler die Uhr. Nach den 1816 und 1834 veröffentlichten Faust-Illustrationen von Moritz Retzsch (1779–1857). 65 cm.
Spindelhemmung. Kurzes starres Pendel. Rechenschlagwerk für volle und halbe Stunden. **8 000,–/9 000,–**
Pott & Klöter, Dätzingen

169 Bilderuhr, Böhmen um 1830.

Öl auf Holz. Die belebte biedermeierliche Szenerie im Vordergrund wird beherrscht von dem mächtigen Prager Rathausturm, der die eingebaute Uhr trägt. 98 cm.
Spindelhemmung. Starres Pendel. Rechenschlagwerk für die vollen Stunden. Zusätzlich Schlagwerk für Viertelstunden. In der ersten Hälfte des 19. Jahrhunderts werden häufig exakte topographische Ansichten als Motive für Bilderuhren verwendet. **9 000,–/10 000,–**

170 Bilderuhr, Frankreich um 1840.

Öl auf Leinwand in originalem Rahmen. Der mächtige Westturm einer an einem Fluß gelegenen Kirche trägt die Uhr. Der Stil des Bildes zeugt vom Weiterleben der romantischen Landschaftsdarstellung bis um die Mitte des 19. Jahrhunderts. 95 cm.
Werk einer französischen Pendule. Hakenhemmung. Pendel. Schloßscheibenschlagwerk für volle und halbe Stunden. Gangdauer 2 Wochen. **7 000,–/8 000,–**
169 und 170: K.-E. Becker, Düsseldorf

169

170

171

172

173

171 Rahmenuhr mit bildlicher Darstellung, Süddeutschland um 1850.
Rahmen Holz, Öl auf Zinkblech. Anders als bei den Bilderuhren ist hier das Zifferblatt nicht in einen architektonischen Zusammenhang eingefügt, sondern schwebt über einer Landschaftsdarstellung mit bäuerlicher Staffage. Zifferblatt Email mit römischen Ziffern. Stahlzeiger. 36 cm. Hakenhemmung. Schloßscheibenschlagwerk für volle und halbe Stunden auf Tonfeder. Holzplatinen. **1 800,–/2 000,–**
L. Stolberg, Graz

172 Rahmenuhr mit Automat, Schwarzwald um 1870.
Rahmen Holz, Öl auf Zinkblech. Dargestellt ist ein Koch, der eine Flasche zum Mund führt. Vor seiner Brust das Zifferblatt Email mit römischen Ziffern. Stahlzeiger. Das Pendel bewegt den sogenannten Augenwender. 36 cm. Hakenhemmung. Schloßscheibenschlag-

werk für volle und halbe Stunden. Werk mit hölzernen Platinen. Messingräder. **2 500,–/2 800,–**
K.-E. Becker, Düsseldorf

173 Rahmenuhr mit Automat, Schwarzwald um 1870.
Rahmen Holz, Front Ölgemälde auf Zinkblech. Ein sein Gläschen prostend hochhaltender Bauer trägt vor seiner Brust das große Zifferblatt aus Email mit römischen Ziffern und Stahlzeigern. Mit dem Pendel ist der sogenannte Augenwender verbunden: Die Augen des Mannes bewegen sich mit dem Pendelschlag hin und her. Bleigewichte in Messinghülsen. 50 cm.
Hakenhemmung. Pendel. Schloßscheibenschlagwerk für volle und halbe Stunden. **2 300,–/2 500,–**
Hist. Uhrensammlung, Furtwangen

174

175

**174 Wanduhr (Rahmenuhr), Süd-
deutschland um 1890.**
In einem schweren ebonisierten Holzrah-
men Glasscheibe, hinter die unten eine
Jagddarstellung aus Papier geklebt ist.
Oben in gleicher Technik Zifferblatt mit
römischen Ziffern. Stahlzeiger. 31 cm.
Werk Messing. Hakenhemmung. Pendel.
Schloßscheibenschlagwerk für volle und
halbe Stunden. Federantrieb. **800,–/900,–**
Pott & Klöter, Dätzingen

**175 Wanduhr (Rahmenuhr), Österreich
um 1830.**
Holz blattvergoldet. Das von einem Rah-
men begrenzte Bildfeld trägt im oberen
Teil den von einem Blütenkranz eingefaß-
ten Ziffernring aus Email mit arabischen
Ziffern. Stahlzeiger. Im unteren Drittel
Ausschnitt für die Pendellinse. 55 cm.
Hakenhemmung. Zwei Schlagwerke für
volle und Viertelstunden auf zwei Tonfe-
dern. **3800,–/4000,–**
P. M. Kegelmann, Frankfurt

176 Wanduhr, Schwarzwald um 1870.
Holz teilweise bemalt. Die Front bildet
die Fassade eines kleinen und vorne
offenen Hauses nach. Im oberen Teil
die Darstellung einer Familienszene,
Großmutter mit zwei Kindern. Der Junge
hält eine Schiefertafel, auf der »Time
is money« zu lesen ist. Unten Zifferblatt
Email mit römischen Ziffern. Stahlzeiger.
38 cm.
Hakenhemmung. Schloßscheibenschlagwerk für volle und halbe Stunden. Gewichtsantrieb. **2500,–/3000,–**
Hist. Uhrensammlung, Furtwangen

SCHWARZWALDUHREN

Seit dem späten 17. Jahrhundert
wurden im Schwarzwald Uhren
hergestellt, bei denen auch das
Werk weitgehend aus Holz bestand. Stets besitzen sie ein
Schlagwerk, häufig zusätzlich noch
ein Weckerwerk. Gelegentlich
sind sie mit Automaten und Or-
gelwerken verbunden. Zwei Blase-
bälge erzeugen den Kuckucksruf,
der schon im 18. Jahrhundert zu
manchen Uhren gehört. Während
des gesamten 19. Jahrhunderts und
noch heute werden Schwarzwald-
uhren gebaut, deren Werk nun
aus Messing und Stahl besteht.

**177 Wanduhr mit Automat, Schwarz-
wald um 1800.**
Holz bemalt. Die hohe Front trägt im
oberen Teil die Darstellung einer Kirchen-
fassade, in deren geöffnetem Portal die
geschnitzte Figur eines Mönchs sichtbar
ist, der ein Glockenseil zieht. Darunter
das Zifferblatt mit arabischen und römischen Ziffern und Stahlzeigern. 44 cm.
Hakenhemmung. Schloßscheibenschlagwerk für die vollen Stunden. Zusätzlich
Viertelstundenschlagwerk auf drei Glok-
ken, die der Mönch zu läuten scheint.
14 000,–/16 000,–
P. Koller, Zürich

178

179

180

**178 Wanduhr (Schwarzwalduhr),
Deutschland um 1840.**
Front Holz, quadratisch mit eingezogenem
Bogenfeld. Bogenfeld und Zwickel mit
Blumen und Früchten bemalt. Zifferblatt
Holz, auf Kreidegrund römische Ziffern.
Messingzeiger. 30 cm.
Hakenhemmung. Pendel. Gewichtsantrieb.
Schloßscheibenschlagwerk für volle und
halbe Stunden. Werkgestell und Platinen
Holz.   1 500,–/1 700,–
Pott & Klöter, Dätzingen

**179 Wanduhr (Schwarzwalduhr),
Deutschland um 1840.**
Front Holz, quadratisch mit eingezogenem
Bogenfeld. Im Bogenfeld Rosen, in den
Zwickeln einfache Dekorationsmotive.
Zifferblatt aus Holz mit arabischen Ziffern
für die Minuten und römischen für die
Stunden. Gegossene Messingzeiger.
35 cm.
Hakenhemmung. Pendel. Gewichtsantrieb.
Schloßscheibenschlagwerk für volle und

halbe Stunden. Räder holzgespindelt.
Werkgestell und Platinen Holz. Gangdauer
1 Woche.   1 500,–/1 700,–
Pott & Klöter, Dätzingen

**180 Wanduhr mit Porzellanschild
(Schwarzwalduhr), Süddeutschland
um 1850.**
Farbig getönte Front, Porzellan, oben
kleine Genreszene. Vorgesetztes Emailzif-
ferblatt mit römischen Ziffern. Im Zentrum
Weckerstellscheibe. Stahlzeiger. 25 cm.
Hakenhemmung. Werkgestell und Platinen
Holz. Schloßscheibenschlagwerk für volle
und halbe Stunden. Weckerwerk auf
zweite Glocke schlagend. Gewichtsantrieb.
                                         1 000,–/1 300,–
Pott & Klöter, Dätzingen

149

181

REISEUHREN DES
19. JAHRHUNDERTS

Kleinere Reiseuhren, fast immer
mit verglastem Messinggehäuse,
wurden im 19. Jahrhundert hauptsächlich in Frankreich in großer
Zahl hergestellt. Meist besitzen
diese Uhren ein Weckerwerk und
häufig auch Schlagwerke. Besonders kostbare Uhren mit astronomischen Angaben wie manche
von A.L. Breguet hergestellten
Zeitmesser gehören heute zu den
teuersten Uhren aus dem letzten
Jahrhundert. Dieser Uhrentyp
wird kaum verändert bis in die
zwanziger Jahre unseres Jahrhun-

derts weiter gebaut. Die schlichte
und funktionale Form und die
Zuverlässigkeit ihrer Werke hat
dazu geführt, daß auch heute wieder solche Reiseuhren nachgebaut
werden.

181 Reiseuhr, Frankreich um 1815.
»Breguet N 3749« auf Zifferblatt.
Silber. Das oben halbrundgeschlossene
Gehäuse aus massivem Silber mit Tragekette hat eine verglaste Vorderseite. Auf
guillochiertem Grund liegt der Zifferring
mit römischen Ziffern und verschiedenen
Anzeigen: Oben Anzeige der Sekunden,
links der Mondphase, rechts Weckereinstellung und unten Kreisausschnitt für
die Abweichung des wahren Mittags ge-
messen in Minuten. Unter dem Ziffernring
die einzelnen Datumsangaben. Stahlzeiger. 13 cm.

Ankerhemmung. Kompensationsunruh.
Zylindrische Spirale. Stoßsicherung der
Unruh. Originalschlüssel.
Zertifikat der Firma Breguet liegt vor.
100 000,–/120 000,–
P. Ineichen, Zürich

182 Tischuhr (Mysterieuse), Frankreich ▷
(?) Anfang des 19. Jhs.
Bronze. Das dosenförmige Gehäuse wird
von drei Tatzenfüßen getragen. Zifferblatt
Glas mit aufgemalten römischen Ziffern.
Unter der gewölbten Glasscheibe wird
durch einen Magneten, der sich unter
dem Zifferblatt dreht, eine eiserne Fliege
bewegt, die durch ihren jeweiligen Platz
die Zeit angibt. 8 cm.
Spindelhemmung. Unruh. Federantrieb.
5 000,–/6 000,–
L. Stolberg, Graz

183 Reiseuhr (Offiziersuhr), Frankreich um 1830. »Robert« auf Zifferblatt. Bronze vergoldet. Die Formen des späten Empire erscheinen an der Uhr vergröbert und gehäuft. Zifferblatt Email mit arabischen Ziffern. Breguet-Zeiger und Weckerstellzeiger Stahl. 26 cm. Spindelhemmung. Rechenschlagwerk für die vollen Stunden. 4/4 Schlagwerk. Weckerwerk.　　　　**10 000,–/11 000,–**
Christie's, Genf

184 Capucine, Frankreich um 1850. Messing. Das im Grundriß rechteckige glatte Gehäuse ruht auf vier kleinen Füßen und wird von vier Vasen bekrönt. Oben Glocke und Tragegriff. Zifferblatt Email mit römischen Ziffern. Breguet-Zeiger und Zeiger für Weckereinstellung. 24 cm. Zylinderhemmung. Unruh. Weckerwerk mit Schnuraufzug. Gangdauer 1 Woche.
　　　　　　　　　6 500,–/7 000,–
M. Zeller, Lindau

185 Reiseuhr, Frankreich (?) um 1880. Bronze. Metallgestell und Tragegriff mit orientalisierendem Dekor in Cloisonné-technik. Zifferblatt Email mit römischen Ziffern. Oben Anzeige der Stunden, zentraler Sekundenzeiger, unten Anzeige der Weckereinstellung. 16 cm. Ankerhemmung. Rechenschlagwerk für volle und halbe Stunden. Repetierwerk. Weckerwerk. Gangdauer 1 Woche.
　　　　　　　　　7 000,–/7 500,–
P. M. Kegelmann, Frankfurt

186 Reiseuhr, Frankreich um 1880. Messing. Seiten und Deckplatte verglast. Zifferblatt Email mit röm. Ziffern. Breguet-Zeiger und zentraler Sekundenzeiger. Unten Anzeige der Weckerstellung. 17 cm. Ankerhemmung. Viertelrepetition. Wecker, Gangdauer 1 Woche.　　**4 800,–/5 200,–**
Pott & Klöter, Dätzingen

183

184

185

186

182

187 Reiseuhr, Frankreich um 1890.
Messing vergoldet. An vier Seiten und
oben verglast. Zifferblatt Email mit römischen Ziffern, Breguet-Zeiger Stahl. Unten
links Anzeige des Wochentags, in der
Mitte Weckeranzeige und rechts Angabe
des Datums. 19 cm.
Zylinderhemmung. Unruh. Schlagwerk
für volle und halbe Stunden. Weckerwerk.
Gangdauer 1 Woche.   **4000,–/4500,–**
K.-E. Becker, Düsseldorf

188 Reiseuhr, Frankreich um 1890.
Messing vergoldet. An vier Seiten und
oben verglast. Zifferblatt Email mit römischen Ziffern. Stahlzeiger. 7 cm.
Zylinderhemmung. Unruh und Zylinderrad
von oben sichtbar. Gangdauer 1 Woche.
Ungewöhnlich kleines Exemplar.

2000,–/2400,–

K.-E. Becker, Düsseldorf

189 Reiseuhr, Frankreich um 1890.
Bronze vergoldet. An den Ecken Säulen
mit korinthischen Kapitellen. Zifferblatt
Email mit arabischen Ziffern. Unten An-
zeige für die Weckereinstellung. Gebläute
Stahlzeiger. 18 cm.
Ankerhemmung. Schlagwerk für volle
und halbe Stunden. Repetition der vollen
Stunden. Gangdauer 1 Woche.

3000,–/3500,–

P. M. Kegelmann, Frankfurt

187
189   188   190

190 Reiseuhr, Frankreich um 1900.
Messing. Seiten und Deckplatte verglast.
Vier Ecksäulen mit korinthischen Kapitel-
len. Front mit durchbrochenen Messingor-
namenten. Zifferblatt Email mit arabischen
Ziffern, unten Anzeige der Weckerstellung.
Stahlzeiger. 15,5 cm.
Zylinderhemmung. Weckerwerk. Gang-
dauer 1 Woche.   **1400,–/1600,–**
Pott & Klöter, Dätzingen

TASCHENUHREN DER ERSTEN HÄLFTE DES 19. JAHRHUNDERTS

Genfer Kunsthandwerker und Uhrmacher schufen seit der zweiten Hälfte des 17. Jahrhunderts kostbare Emailtaschenuhren. Diese Dekorationstechnik wurde zwar bald danach in Frankreich und in Österreich aufgegriffen, die schönsten Beispiele kommen aber fast immer aus der Schweiz. Ornamentaler und floraler Schmuck wird anfangs ebenso häufig verwendet wie figurale Szenen. Die meisten Goldemailuhren sind in der Zeit von 1750 bis etwa 1840 entstanden.

Immer häufiger erhielten damals auch Taschenuhren zusätzliche Anzeigen: zwei oder mehr Zifferblätter für verschiedene Zonenzeiten, Datumsangaben und astronomische Indikationen. Der berühmte französische Uhrmacher A. L. Breguet baute in den ersten Jahrzehnten des Jahrhunderts noch heute hochgeschätzte subtile Chronographenwerke. Zahlreiche Uhren dieser Zeit sind mit mehr oder weniger komplizierten Automaten verbunden, die vielfach mit einem Repetierschlagwerk ausgelöst werden. Besonders beliebt werden in dieser Zeit Taschenuhren, bei denen auf dem Zifferblatt zwei Figuren angebracht sind, die gegen Glocken zu schlagen scheinen, sobald das Schlagwerk ausgelöst wird.

191 Taschenuhr mit Goldemail und Carillon, Schweiz um 1800.
Gold. Der Rand ist geschmückt mit einem mehrfarbigen Band im farbigen Wechsel zwischen Goldgrund und Email. In der Mitte auf blauem Grund Darstellung einer Schale mit großem Blumenbukett in feinster Emailmalerei. Zifferblatt Email mit römischen Ziffern. Breguet-Zeiger und zentraler Sekundenzeiger. 6,7 cm. Zylinderhemmung. Zusätzlich Musikwerk auf Glocken. Schlüsselaufzug.
                    48000,–/50000,–
Christie's, Genf

192 Spindeltaschenuhr, Schweiz um 1810. »Jean Flournoy à Genève« auf Zifferblatt und hinterer Platine.
Kupfer vergoldet mit Emailmalerei. Auf der Rückseite am Rand aufgelötete Blätter und Blüten, im Mittelfeld die Darstellung eines Liebespaares vor Landschaft in Emailmalerei. Zifferblatt Email mit arabischen Ziffern. Vergoldete Zeiger. 5 cm. Spindelhemmung. Kette und Schnecke.
                    6500,–/7000,–
P. Koller, Zürich

191   192

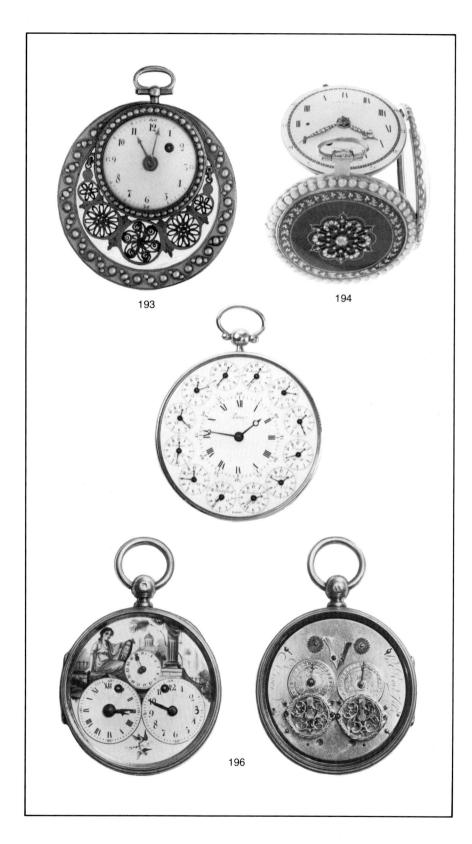

193

194

196

193 Spindeltaschenuhr mit Goldemail, Schweiz um 1800.
Gold. Die Uhr sitzt exzentrisch in einer runden Schmuckfassung, die blau emailliert und mit Perlen besetzt ist. Filigran in dem halbmondförmigen Teil zwischen Uhr und Fassungsrand. Glasrand mit Perlen eingefaßt. Zifferblatt Email mit arabischen Ziffern. Messingzeiger. 4,8 cm. Spindelhemmung. Kette und Schnecke.
8 000,–/8 500,–
P. M. Kegelmann, Frankfurt

194 Taschenuhr mit Goldemail, Frankreich um 1800. »Desmarets à Paris« auf Zifferblatt und Werk.
Gold 18 Kt. Ränder besetzt mit großen Perlen. Deckel mit transluzidem Email auf guillochiertem Grund. In der Mitte brillantenbesetzte Rosette, am Rand Blattranke. Zifferblatt Email mit arabischen und römischen Ziffern, die durch einen zartfarbigen Blätterkranz getrennt werden. Zeiger mit Brillanten. 5,8 cm. Zylinderhemmung. Viertelstundenrepetition. Schlüsselaufzug. **23 000,–/25 000,–**
P. Koller, Zürich

195 Taschenuhr mit Zonenzeiten, Frankreich um 1804 (?). »Robin à Paris 136 an 1804« auf Zifferblatt und hinterer Platine.
Gold 18 Kt. Rückseite guillochiert. Zifferblatt Email. Im Zentrum römische Ziffern für die Stunden. Am Rand 12 weitere kleinere Zifferblätter für die Anzeige der Zeiten verschiedener Metropolen mit der entsprechenden Polhöhe. Auf dem Innendeckel Äquationstabelle und Monatszyklen. Breguet-Zeiger, kleine Stahlzeiger. 6,3 cm.
Ankerhemmung. Schlüsselaufzug.
38 000,–/40 000,–
P. Ineichen, Zürich

196 Spindeltaschenuhr mit Zonenzeiten, Frankreich um 1800. »Le Roy & fils No 6968« auf hinterer Platine.
Gehäuse Silber, beidseitig verglast. Zifferblatt Email mit Darstellung einer sitzenden Frauengestalt vor Landschaft mit Säule und Rundtempel in Emailmalerei. Drei Zifferblätter, oben Anzeige des Datums, links Anzeige mit römischen Ziffern, rechts mit arabischen Ziffern für die Angabe von zwei verschiedenen Zonenzeiten. Rückseitig zwei Unruhbrücken sichtbar. 6 cm.
Spindelhemmung. Zwei selbständige Werke mit Kette und Schnecke.
8 000,–/9 000,–
O. Schwank, Zürich

197

198

199

200

201

197 Spindeltaschenuhr, Schweiz (?) um 1800.
Silber. Auf Front Emailmalerei mit der Darstellung eines Liebesbündnisses zwischen vier Einzelanzeigen für Zeit, Monat, Sonnenauf- und -untergang und Datum. Breguet-Zeiger und gerade Stahlzeiger. 5,6 cm.
Spindelhemmung. Kette und Schnecke.

P. Koller, Zürich　　　**6 000,–/6 500,–**

198 Spindeltaschenuhr mit Automat, Schweiz um 1810.
Gold. Auf der Vorderseite Darstellung zweier antikisierend gewandeter Figuren in vierfarbigem Gold, die gegen zwei Glocken schlagen. Unterhalb des Ziffernringes kann ein Vorhang vor einer erotischen Szene, bei der sich die Figuren aus flachreliefiertem Goldblech bewegen, weggeschoben werden. Ziffernring Email mit römischen Ziffern. Stahlzeiger. Im Zentrum Einblick in einen Teil des Werks. 5,5 cm.

Spindelhemmung. Viertelrepetition auf zwei Tonfedern. Das Automatenwerk wird mit dem Repetierwerk ausgelöst.
　　　　　　　16 000,–/18 000,–
P. M. Kegelmann, Frankfurt

199 Spindeltaschenuhr mit Automat, Schweiz um 1820.
Gold. Metallziffernring mit arabischen Ziffern. In der Mitte Darstellung zweier Putten in vierfarbigem Gold, die gegen zwei Glocken schlagen. Im Zentrum werden die Kadratur des Schlagwerks und ein Teil des Laufwerks sichtbar. 5,7 cm.
Spindelhemmung. Viertelrepetition auf zwei Tonfedern. Der Automat wird mit dem Repetierwerk ausgelöst.
　　　　　　　12 000,–/15 000,–
P. M. Kegelmann, Frankfurt

200 Spindeltaschenuhr mit Automat, Schweiz (?) um 1810. »Vaucher Frères« auf Zifferblatt.

Silber. Auf Zifferblatt aus Email befindet sich in flachem Relief die Figur eines türkisch gekleideten Mannes, dessen Arme als Zeiger dienen und dessen Kopf durch den Anker der Unruh angetrieben sich hin und her bewegt. Links in einem Halbkreis die Anzeige der Minuten, rechts der Stunden. 5,6 cm.
Spindelhemmung. Kette und Schnecke. Zurückspringende Zeiger.　**8 500,–/9 000,–**
P. Inoichen, Zürich

201 Spindeltaschenuhr, Frankreich um 1820.
Silber. Zifferblatt ebenfalls Silber graviert. Oben kreisförmige Unruhbrücke, links und rechts Emailmedaillons jeweils mit der Darstellung einer sitzenden weiblichen Gestalt vor Landschaft. Unten Zifferblatt Email mit arabischen Ziffern. Stahlzeiger. 6 cm.
Spindelhemmung. Kette und Schnecke.
　　　　　　　2 800,–/3 000,–
P. M. Kegelmann, Frankfurt

202

203

204

205

202 Spindeltaschenuhr mit Automat, Schweiz um 1820.
Gold. Auf schwarzem Emailgrund Darstellung eines Soldaten und eines Mädchens in mehrfarbigem Gold, beide schlagen mit einem kleinen Hammer gegen zwei oben hängende Glocken. Im Zentrum Zifferblatt Email mit arabischen Ziffern. Vergoldete Messingzeiger (später). 5,5 cm. Spindelhemmung. Kette und Schnecke, Viertelstundenrepetierschlagwerk auf zwei Tonfedern. Der Automat wird mit dem Repetierwerk ausgelöst.
Uhren mit solchen Darstellungen, die den Einklang der Herzen zeigen, sind häufig Geschenke zur Verlobung oder Hochzeit gewesen. **12 000,–/14 000,–**
P. M. Kegelmann, Frankfurt

203 Spindeltaschenuhr, England um 1830. »Wm Braund/Dartford 5357« auf hinterer Platine.
Gehäuse und Umgehäuse Silber. Zifferblatt Email mit römischen Ziffern. Vergoldete Zeiger. 5,9 cm.
Spindelhemmung. Kette und Schnecke. Unruh außerhalb des Werkgestells über der hinteren Platine mit reich gravierten Kloben für obere Lagerung. Schlüsselaufzug. **1 000,–/1 200,–**
K.-E. Becker, Düsseldorf

204 Taschenuhr mit Chronograph, Frankreich (Paris) um 1825. »Breguet et fils NO. 4129« auf Zifferblatt.
Silber und Gold. Das Silbergehäuse besitzt goldene Glasränder und einen goldenen Bügel. Das eine Zifferblatt für den Chronographen Email mit arabischen Ziffern und einer Einteilung für die Sekunden, links Anzeige der Minuten. Zentraler Sekundenzeiger Stahl gebläut mit Markierungsvorrichtung. Das andere Zifferblatt ist für die Zeitanzeige bestimmt, Email mit römischen Ziffern und Einteilung für Stunden und Sechstelstunden. Ein Stahlzeiger (montre souscription). 5,2 cm.
Ankerhemmung. Kompensationsunruh, Breguet-Spirale. Stoßsicherung. Schlüsselaufzug. **95 000,–/110 000,–**
K. Niedheidt, Düsseldorf

205 Spindeltaschenuhr, Schweiz um 1830.
Silber. Glattes Gehäuse. Zifferblatt Email mit arabischen Ziffern. Breguet-Zeiger. 4,9 cm.
Spindelhemmung. Kette und Schnecke. Durchbrochene und gravierte Spindelbrücke. **800,–/1 000,–**
K.-E. Becker, Düsseldorf

**Spindeltaschenuhr mit Goldemail,
Schweiz um 1800.** »Ante. Moilliet & Co
à Genève« auf Zifferblatt und hinterer
Platine.
Gold. Auf der Rückseite die Darstellung
zweier Mädchen mit Schäfchen in parkar-
tiger Landschaft. Die feine Emailmalerei
wird eingefaßt von goldenen perlenbesetz-
ten Ranken auf rotem Emailgrund. Zifferblatt Email mit arabischen Ziffern. Vergoldete Zeiger. 4,7 cm.
Spindelhemmung. Kette und Schnecke.
                    12 000,–/14 000,–
P. M. Kegelmann, Frankfurt

**Spindeltaschenuhr mit Goldemail,
Schweiz um 1800.**
Gold. Ränder mit kleinen Perlen besetzt.
Auf der Rückseite Darstellung von Venus
und Cupido auf dem von zwei Tauben
gezogenen Wagen in qualitätvoller Email-
malerei. Zifferblatt Email mit arabischen
Ziffern. Vergoldete Zeiger. 5,4 cm.
Spindelhemmung. Kette und Schnecke.
                    18 000,–/20 000,–
P. M. Kegelmann, Frankfurt

**Spindeltaschenuhr mit Goldemail.
Frankreich um 1810.**
Gold. Räder mit kleineren Perlen besetzt.
Auf der Rückseite die Darstellung einer
Dichterkrönung. Zwei Mädchen reichen
einem sitzenden weißgekleideten Dichter
einen Lorbeerkranz. Zifferblatt Email mit
arabischen Ziffern. Vergoldete Zeiger.
5 cm.
Spindelhemmung. Kette und Schnecke.
                    13 000,–/15 000,–
P. M. Kegelmann, Frankfurt

**Taschenuhr mit Goldemail, Frankreich
um 1750.** »Etienne Lenoir à Paris« auf
Zifferblatt und hinterer Platine.
Gold. Gehäuse graviert und punziert.
In farbig sehr differenzierter Emailmalerei
die Darstellung von Nelken, kleinen Rosen
und Irisblüten. Zifferblatt Email mit römi-
schen Ziffern für die Stunden und arabi-
schen für die Minuten. Vergoldete Fili-
granzeiger. 4,6 cm.
Zylinderhemmung. Kette und Schnecke.
Viertelrepetition auf Gehäuse schlagend.
Schlüsselaufzug.   **30 000,–/35 000,–**
P. M. Kegelmann, Frankfurt

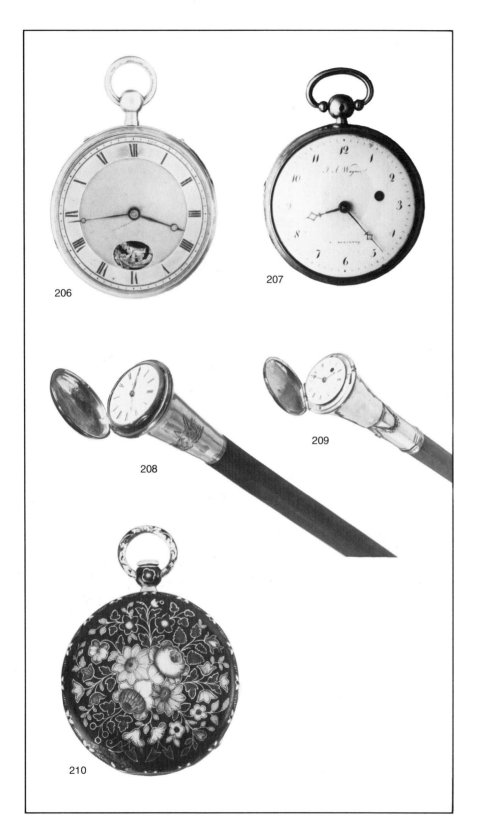

206

207

208

209

210

206 Spindeltaschenuhr mit Automat, Schweiz (?) um 1830.
Gold. Silbernes Zifferblatt mit römischen Ziffern. Breguet-Zeiger. Unterhalb des Zentrums ovaler Ausschnitt mit erotischer Szene in vierfarbigem Goldblech, bei der sich die Figuren bewegen. 5,5 cm. Spindelhemmung. Repetierschlagwerk auf zwei Tonfedern. Der Automat wird mit dem Repetierwerk ausgelöst.
8 500,–/9 000,–
P. M. Kegelmann, Frankfurt

207 Taschenuhr, Frankreich um 1830.
»J. A. Wagner à Borcette N 245« auf Zifferblatt und hinterer Platine.
Silber guillochiert. Zifferblatt Email mit arabischen Ziffern. Vergoldete Zeiger. 5,5 cm.
Zylinderhemmung. Kette und Schnecke. Durchbrochene Unruhbrücke. Schlüsselaufzug.
900,–/1 000,–
Archiv Battenberg

208 Spindeluhr im Knauf eines Spazierstocks, England um 1840. »Davis 55 Wardour Str. London« auf dem Werk.
Auf Knauf aus graviertem Silber Spindeluhr mit Sprungdeckel. Zifferblatt Email mit römischen Ziffern. Stahlzeiger. 4,8 cm.
Werk einer Taschenuhr mit Spindelhemmung. Kette und Schnecke. **2 500,–/2 800,–**
Pott & Klöter, Dätzingen

209 Spindeluhr im Knauf eines Spazierstocks, Frankreich um 1830.
Auf einem Knauf aus graviertem Silber mit plastischen Girlanden Spindeluhr mit Sprungdeckel. Zifferblatt Email mit römischen Ziffern. Stahlzeiger. 3,6 cm.
Werk einer Taschenuhr mit Spindelhemmung. Kette und Schnecke. **2 200,–/2 500,–**
Pott & Klöter, Dätzingen

210 Spindeltaschenuhr mit Goldemail, Frankreich um 1830. »Le Roy Horloger Du Roi Palais Royal No 114 7160« auf Zifferblatt und hinterer Platine.
Gold. Auf dem Gehäuse in einer Mischform zwischen Zellenschmelz und Emailmalerei die dekorative Darstellung eines Blumengebindes. Zifferblatt versilbert mit römischen Ziffern. Gebläute Stahlzeiger. 3,3 cm.
Spindelhemmung. Flache Unruh.
9 000,–/10 000,–
P. Koller, Zürich

**211 Taschenuhr mit Goldemail,
Schweiz um 1830.**
Gold. Floraler Emaildekor auf schwarzem
Grund in Champlevétechnik. Das Zifferblatt
Email mit arabischen Ziffern sitzt exzen-
trisch. Zentrum guillochiert. Breguet-Zei-
ger. 4,2 cm.
Zylinderhemmung. Schlüsselaufzug.

4 000,–/4 500,–

**212 Spindeltaschenuhr mit Automat,
Schweiz um 1830.**
Silber. Auf der Vorderseite Emailmalerei
und Darstellung eines Hafens mit Reiter
und kleiner Windmühle, deren Flügel
sich drehen. In dem runden Ausschnitt
unten erscheint alle 40 Sekunden das
Bild des Mondes. Darüber Zifferblatt mit
arabischen Ziffern. Stahlzeiger. 5,7 cm.
Spindelhemmung. Kette und Schnecke.

6 000,–/6 500,–

**213 Taschenuhr mit Goldemail und
Viertelrepetition, Schweiz um 1840.**
»Woog Genève« auf Zifferblatt.
Gold mit polychromem Email in Chample-
vétechnik. Auf der Rückseite stilisierte
Darstellung einer Muschel, zwischen
den Rippen zarte Blüten und Blätter.
Zifferblatt exzentrisch gesetzt und vergol-
det mit aufgemalten römischen Ziffern.
Vergoldete Zeiger. 4 cm.
Flaches Zylinderwerk. Viertelrepetition.
Schlüsselaufzug. **7 500,–/7 800,–**

**214 Taschenuhr mit Goldemail,
Schweiz um 1840.** »Bautte à Genève«
auf Zifferblatt.
Gold. Der Rand mit einer Einfassung
mit unterschiedlich großen Perlen, die
viermal durch kleine Voluten unterbrochen
wird. Auf dem Deckel mit blauen und
weißen Emaileinlagen und Goldmontierun-
gen ein Blumenbukett in feiner Emailmalerei. Zifferblatt Email mit arabischen Ziffern.
Vergoldete Breguet-Zeiger. 3,9 cm.
Zylinderhemmung. Schlüsselaufzug.

4 500,–/5 000,–

215 Anhängeruhr, Österreich um 1840.
Gold. Gehäuse guillochiert. Der Rand
ist mit kleinen Perlen besetzt. Rechts
und links vom Aufhänger zwei geflügelte
Hermen. Zifferblatt vergoldet und im Zen-
trum guillochiert mit gravierten römischen
Ziffern. Breguet-Zeiger. 5,7 cm.
Spindelhemmung. Kette und Schnecke.

1 800,–/2 000,–

211–215: P. M. Kegelmann, Frankfurt

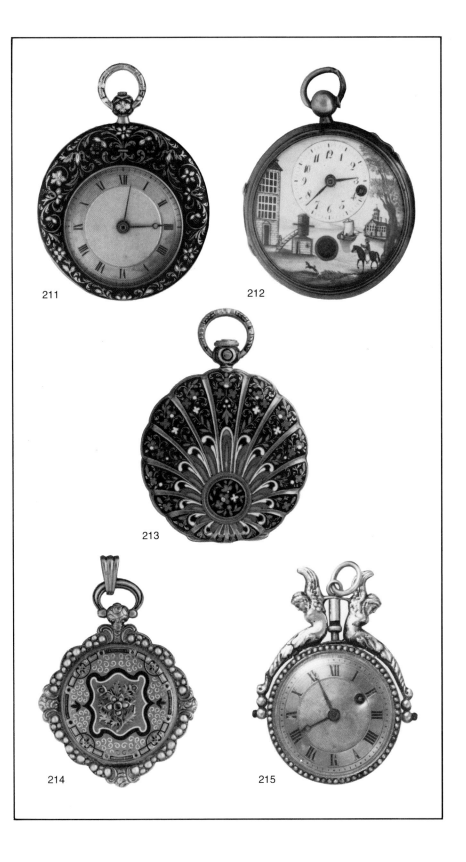

211

212

213

214

215

SCHIFFSCHRONOMETER

Nach vielen Versuchen im 18. Jahrhundert, zuverlässige Marinechronometer zu bauen, gelingt um etwa 1800 mehreren englischen und französischen Uhrmachern die Konstruktion exakter und unempfindlicher Zeitmesser, die bald in großer Zahl hergestellt werden. Die Schiffschronometer der Firma Breguet gehören heute zu den gesuchtesten Sammlerstücken.

216 Schiffschronometer, England um 1870. »John Fletcher 48 Lombard Street London 434« auf Zifferblatt und Plakette. Mahagoni poliert. Werk kardanisch aufgehängt. Zifferblatt graviert und versilbert mit separaten Anzeigen für Stunden, Minuten und Sekunden. Zusätzlich oberhalb des Zentrums Anzeige der Gangreserve. Messingzeiger. Gehäusedurchmesser 23,5 cm.
Chronometerhemmung (Feder). Zylindrische Unruhspirale. Kette und Schnecke. Gangdauer 8 Tage. **10 000,–/12 000,–**
P. M. Kegelmann, Frankfurt

217

**217 Schiffschronometer, Frankreich
um 1840.** »Breguet NO 3529« auf Zifferblatt und hinterer Platine.
Mahagoni poliert. Werk kardanisch aufgehängt. Aufhängung und Werkgehäuse
versilbert. Zifferblatt graviert und versilbert
mit separaten Anzeigen für Stunden,
Minuten und Sekunden. Durchmesser
des Werks 9,2 cm.
Chronometerhemmung (Feder). Kompensationsunruh. Zylindrische freischwingende
Spirale. Zwei Federhäuser. Gangdauer
2 Tage.
Diese Uhr wurde am 19. Juli 1842 an
das französische Marineministerium verkauft.   **45 000,–/48 000,–**
P. M. Kegelmann, Frankfurt

**218 Schiffschronometer, Deutschland
nach 1930.** »A. Lange & Söhne – Glashütte B/Dresden« auf Zifferblatt und hinterer Platine.
Mahagoni poliert. Der verglaste Deckel
aufklappbar, zwei Messingtragegriffe
an den Seiten. Uhrwerkgehäuse Messing,
kardanisch aufgehängt. Zifferblatt graviert
und versilbert mit Anzeige der Minuten,
Stunden und Sekunden (in kleinerem
Kreis vorn) und der Gangreserve (hinten).
Werkgehäuse 12 cm.
Chronometerhemmung (Feder). Kette
und Schnecke. Sekundenkontakt für Ne-
benuhr. Gangdauer 56 Stunden.
                    16 000,– / 18 000,–
K.-E. Becker, Düsseldorf

218

FORMUHREN

Nach dem Vorbild der Formuhren
aus Renaissance und Frühbarock
werden hauptsächlich nach der
Mitte des 19. Jahrhunderts in der
Schweiz, in Frankreich und Österreich kleinere Uhren gebaut, die
häufig als dekorative Broschen
getragen wurden. Sie sind viel
mehr Goldschmiedearbeiten als
technisch interessante Zeitmesser.

219 Formuhr, Frankreich um 1850.
»Lebrun à Chantonay« auf Werk.
Kupfer vergoldet. Die Uhr in der Form
einer Bassgeige trägt auf der Rückseite
in Emailmalerei die Darstellung einer
galanten Szene. Auf der Vorderseite ein
blumenbindender Amor in der gleichen
Technik. Auf den Innenseiten der Deckel
Blumenbuketts auf weißem Grund. Zifferblatt Email mit Stahlzeigern. 14 cm.
Spindelhemmung. Kette und Schnecke.
1800,–/2000,–
P. M. Kegelmann, Frankfurt

220 Formuhr, Österreich um 1850.
Silber vergoldet. Email. Die Uhr in Form
einer Mandoline trägt auf kobaltblauem
Grund in flachem Relief goldene Blüten
und Blätter. Im Zentrum kleines Zifferblatt
Email mit arabischen Ziffern. Zeiger er-
neuert. 8,4 cm.
Spindelhemmung. Kette und Schnecke.
3 200,–/3 500,–
P. M. Kegelmann, Frankfurt

221 Formuhr, Österreich um 1860.
Gold 18 Kt. und Bergkristall. Das Gehäuse
aus Bergkristall in der Form eines sechs-
eckigen Sterns wird von einem Goldband
mit Emailmalerei eingefaßt. Das Werk
ist durch den Bergkristall sichtbar. Zifferblatt Gold mit Dekor in Grubenschmelztechnik. Vergoldete Zeiger. 6 cm.
Spindelhemmung. **4 000,–/4 500,–**
Archiv Battenberg

222 Formuhr, Schweiz um 1880.
Goldemail mit Brillanten. Die Uhr, deren
Form einen Marienkäfer nachbildet, trägt
auf rotem Email kleine schwarze Punkte.
Vier Reihen Brillanten schmücken den
Rücken, dessen Flügel aufklappbar sind.
Als Augen zwei kleinere Rubine. Zifferblatt
Email mit arabischen Ziffern. Breguet-Zei-
ger. 4,8 cm.
Zylinderhemmung. Sehr flache Unruh.
12 000,–/14 000,–
Christie's, Genf

223 Formuhr, Schweiz um 1910.
Gold 18 Kt. Das Gehäuse, besetzt mit
kleinen Brillanten und Saphiren, hat die
Form eines Käfers. Rubine als Augen,
Fühler und Beine Gold. Unter den aufklappbaren Flügeln das Emailzifferblatt
mit arabischen Ziffern. Goldene Zeiger.
5 cm.
Zylinderhemmung. Flache Unruh.
13 000,–/14 000,–
Christie's, Genf

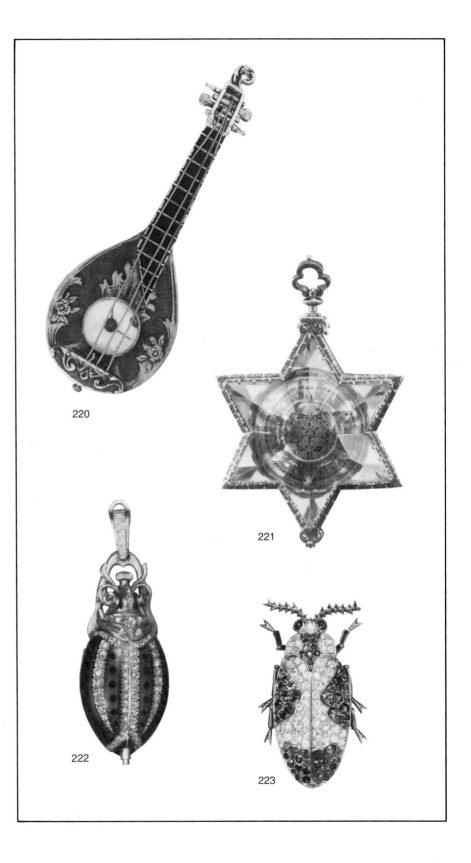

220

221

222

223

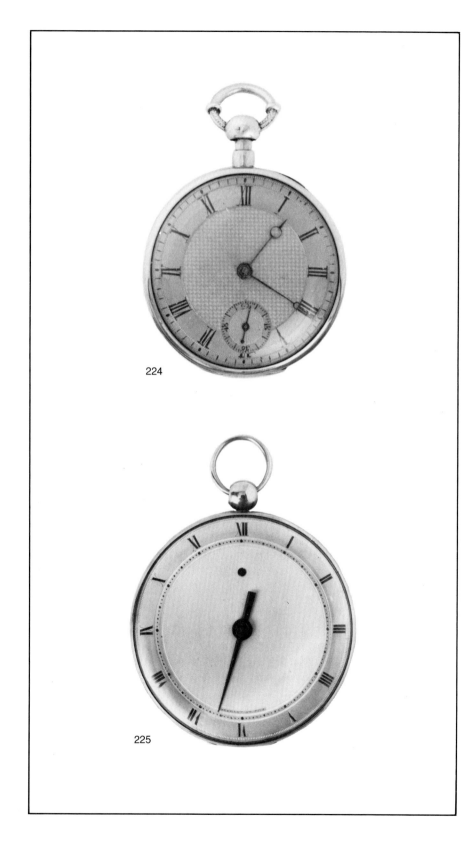

224

225

TASCHENUHREN SEIT DER MITTE DES 19. JAHRHUNDERTS

Noch bis 1850 werden Taschenuhren mit Spindelhemmung gebaut, obwohl seit dem Anfang des 18. Jahrhunderts die zuverlässigere Zylinderhemmung bekannt war. Die Dekoration der Uhren dieser Zeit folgt häufig historischen Vorbildern. Oft werden Email und Niello zum Schmuck der Gehäuse verwendet. Fast stets besitzen die damals entstandenen Taschenuhren die Zylinderhemmung.
Seit etwa 1860 wird der Schlüsselaufzug allgemein von dem Kronenaufzug abgelöst. Diese Entwicklung vereinfacht die Benutzung der Taschenuhren ganz entscheidend.

224 Taschenuhr mit Viertelstundenrepetition, England um 1840. »Barwise London« auf hinterer Platine.
Gold 18 Kt. Zifferblatt Gold mit römischen Ziffern, im Zentrum guillochiert. BreguetZeiger. Unten Anzeige der Sekunden. 5,2 cm.
Duplexhemmung. Viertelstundenrepetition auf zwei Tonfedern. Schlüsselaufzug.
7 000,–/7 500,–
P. M. Kegelmann, Frankfurt

225 Taschenuhr (Souscription), Frankreich um 1840. »Breguet & Fils No 1576« auf Zifferblatt und hinterer Platine.
Gold 18 Kt. Vorder- und Rückseite ebenso wie das Zifferblatt fein guillochiert mit römischen Ziffern für die Stunden und Fünfminuten-Einteilung. Ein gebläuter Stahlzeiger. 5,5 cm.
Zylinderhemmung mit flacher Unruh. Breguet-Spirale.
Zertifikat der Firma Breguet Paris vorhanden. **24 000,–/26 000,–**
P. Koller, Zürich

226 Taschenuhr, Deutschland (?) um 1850.
Nickel. Zifferblatt Email mit Darstellung einer zweitürmigen Architekturfassade in farbigem Email, auf der die kleine runde Anzeige für die Stunden und Minuten ruht. Am Fuß der Fassade Ausschnitt für das imitierte Pendel. Am Rand Ziffernkranz mit arabischen Ziffern für den geraden Sekundenzeiger. 5 cm.
Duplexhemmung. Kette und Schnecke.
Schlüsselaufzug.   **2 000,–/2 200,–**
P. M. Kegelmann, Frankfurt

227 Taschenuhr, Deutschland um 1860.
»A(dolph) Lange Dresden« auf Zifferblatt und hinterer Platine.
Gold 18 Kt. Zifferblatt Email mit römischen Ziffern. Stahlzeiger. 5 cm.
Ankerhemmung. Kompensationsunruh. Breguet-Spirale. Gold-Anker und Ankerrad. Lagersteine in verschraubten Goldchatons. Diamantdeckstein.
Die Zeigerstellung erfolgt bei geöffnetem hinterem Deckel durch Drehen der Krone.
18 000,–/20 000,–
P. M. Kegelmann, Frankfurt

228 Taschenuhr, Schweiz um 1860.
»Vacheron & Constantin« auf einer Werksbrücke.
Gold. Rückseite guillochiert. Zifferblatt Email mit römischen Ziffern. Breguet-Zeiger. 4,8 cm.
Zylinderhemmung. Brückenbauweise.
Schlüsselaufzug.   **2 000,–/2 500,–**
K.-E. Becker, Düsseldorf

229 Taschenuhr, Schweiz um 1860.
Gold 18 Kt. Glattes Gehäuse. Zifferblatt Silber mit arabischen Ziffern für die Anzeige der Minuten. Ein unter dem Pendant befindlicher rechteckiger Ausschnitt gibt die Stunden an. 5,3 cm.
Zylinderhemmung. Schlüsselaufzug.
4 500,–/4 800,–
P. M. Kegelmann, Frankfurt

230 Taschenuhr, Deutschland um 1860.
»A. Lange & Cie Glashütte« auf Zifferblatt.
»Hurt & Wray Glashütte« auf dem Werk.
Silber. Zifferblatt Email mit römischen Ziffern. Unten Anzeige der Sekunden mit arabischen Ziffern. Gebläute Stahlzeiger. 4,6 cm.
Ankerhemmung. Kompensationsunruh. Breguet-Spirale. Diamantdeckstein.
Schlüsselaufzug.   **14 000,–/16 000,–**
Archiv Battenberg

226

227

228

229

230

231

231 Taschenuhr, Schweiz um 1870.
»Roskopf«im Deckel.
Nickel. Zifferblatt Email mit arabischen
und römischen Ziffern. Messingzeiger.
5,5 cm.
Ankerhemmung (Stiftenanker). Zeigerein-
stellung nach Öffnung des Glasrandes
durch direktes Verstellen der Zeiger möglich. 5,4 cm.
Eine der ersten Roskopfuhren.

1 000,–/1 200,–

K.-E. Becker, Düsseldorf

232 Taschenuhr, Schweiz um 1860.
»F. Adam & Son Cornhill London 3556«
auf Zwischendeckel (Verkäufersignatur).
Silber. Zifferblatt versilbert mit aufgesetzten römischen Ziffern. Zentrum graviert
mit kleinen Blüten und Blättern. Stahlzeiger. Unten Anzeige der Sekunden. 4,8 cm.
Ankerhemmung. Schlüsselaufzug.

800,–/1 000,–

Kunsthandel, Düsseldorf

233 Taschenuhr, Schweiz um 1870.
»A. Lenaert-Houbar à Jodoigne« (Verkäufersignatur) auf Zifferblatt und Zwischendeckel.
Silber. Zifferblatt Email mit römischen
und arabischen Ziffern. Stahlzeiger.
4,6 cm.
Zylinderhemmung. Schlüsselaufzug.

400,–/500,–

Kunsthandel, Düsseldorf

Farbtafel 8
Spindeltaschenuhr mit Goldemail,
Frankreich um 1780. »Vauchez à Paris«
auf Zifferblatt und hinterer Platine.
Gold. Die Ränder mit Perlen eingefaßt.
Auf der Rückseite in blau gerahmtem
Feld die Darstellung einer hohen Vase
mit Blumen in Emailmalerei mit kleinen
Billanten. Zifferblatt Email mit arabischen
Ziffern. Vergoldete Zeiger. 4,5 cm.
Spindelhemmung. Kette und Schnecke.

7 000,–/7 500,–

P. M. Kegelmann, Frankfurt

232

233

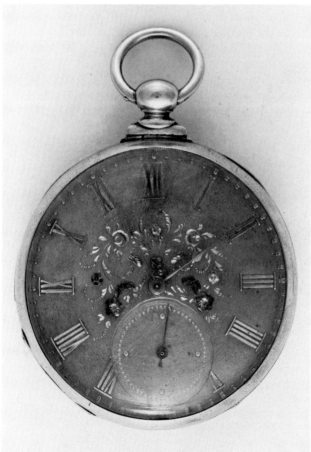

**Spindeltaschenuhr mit Automat und
Viertelrepetition, Frankreich um 1820.**
Gold. Rückseite guillochiert. Front mit
blauem Emailgrund und weißem Emailzif-
ferblatt mit arabischen Ziffern. Breguet-
Zeiger. Zwei Figuren in vierfarbigem Gold
schlagen bei der Auslösung des Repetier-
werks mit kleinen Hämmern auf zwei
oben hängende Glocken. 5,4 cm.
Spindelhemmung. Kette und Schnecke.
Viertelstundenrepetition. Automatenwerk.
                    12 000,–/14 000,–
P. M. Kegelmann, Frankfurt

**Spindeltaschenuhr mit Goldemail,
Schweiz (Genf) um 1800.** »Fres. Vei-
gneur« auf Zifferblatt und Staubdeckel.
Gold. Ränder mit Perlen besetzt. Auf
der Rückseite die Darstellung einer Frau
mit Harfe, vielleicht Polyhymnia, die Muse
der Musik. Sie wird eingefaßt von golde-
nen Palmblättern mit unregelmäßig großen
Perlen auf hellblauem Grund. Zifferblatt
Email mit arabischen Ziffern. Vergoldete
Zeiger. 5,6 cm.
Spindelhemmung. Kette und Schnecke.
                    12 000,–/13 000,–
P. M. Kegelmann, Frankfurt

**Taschenuhr mit Musikwerk und Viertel-
repetition, Frankreich um 1840.**
Messing vergoldet und Horn. Auf der
Rückseite die Darstellung der Arche Noah,
die sich beim Auslösen des Musikwerkes
auf den Wellen zu bewegen scheint. Auf
der Front die Darstellung des Turmbaus
zu Babel. Bei Auslösung beginnen die
Bauleute zu arbeiten. Darüber der Ziffernring aus blauem transluzidem Email mit
arabischen Ziffern und vergoldeten Zeigern. Im Zentrum sich drehende Scheibe
mit drei Teufeln im Feuer der Hölle. 6,4 cm
Zylinderhemmung. Kette und Schnecke.
Viertelstundenrepetition auf zwei Tonfedern. Automatenwerk. **32 000,–/35 000,–**
P. M. Kegelmann, Frankfurt

**Taschenuhr mit Emailmalerei, Schweiz
um 1840.** »Bovet Fleurier« auf Zifferblatt
und hinterer Platine.
Silber vergoldet. Ränder und Pendant
mit kleinen Perlen besetzt. Auf der Rückseite buntfarbige Blumendarstellung in
Emailmalerei. Zifferblatt Email mit römischen Ziffern. Gebläute Stahlzeiger.
6,2 cm.
Ankerhemmung. Schlüsselaufzug.
                    18 000,–/20 000,–
P. M. Kegelmann, Frankfurt

234

235

236

237

234 Damentaschenuhr, England um 1870.
Silber graviert. Zifferblatt Email mit römischen Ziffern, im Zentrum kleine farbige Ranke. 4 cm.
Werk Schweiz. Zylinderhemmung. Schlüsselaufzug.   300,–/350,–
K.-E. Becker, Düsseldorf

235 Holztaschenuhr, Rußland (?) um 1870.
Gehäuse Holz. Zifferblatt Holz mit Elfenbeinfeldern für die Ziffern. Offenliegend Stundenrad und Wechselrad aus Elfenbein. 4,7 cm.
Zylinderhemmung. Laufräder und Platinen Holz. Schlüsselaufzug.
Taschenuhren, die weitgehend aus Holz angefertigt worden sind, stammen fast stets aus der zweiten Hälfte des 19. Jahrhunderts und sind häufig in Rußland entstanden.   10000,–/11000,–
O. Schwank, Zürich

236 Holztaschenuhr, Schwarzwald (?) um 1890.
Gehäuse Wurzelholz. Zifferblatt Holz mit aufgesetztem silbernem Ziffernring. Stahlzeiger. 5 cm.
Werk weitgehend aus Holz. Zylinderhemmung. Unruh Messing. Schlüsselaufzug.
                    7000,–/8000,–
P. Ineichen, Zürich

237 Taschenuhr, Schweiz um 1880.
»No 45575 Patek, Philippe & Co Genève« auf Innendeckel.
Gold 18 Kt. Deckel guillochiert, Rand gerippt. Zifferblatt Email mit arabischen und römischen Ziffern, unten Anzeige der Sekunden. Stahlzeiger. 5 cm.
Ankerhemmung. Kompensationsunruh. Breguet-Spirale.   6000,–/7000,–
Archiv Battenberg

238 Zwei Taschenuhren, Schweiz um 1880.
Silber. Glatte Gehäuse. Zifferblatt Email mit arabischen und römischen Ziffern. Stahlzeiger und zentraler Sekundenzeiger. 5,7 cm.
Werk reich ziseliert und vergoldet. Anker-hemmung. Kompensationsunruh. Bregu-et-Spirale. Schlüsselaufzug.
Auf dem Zifferblatt stehen die chinesischen Schriftzeichen für die Schweizer Firma Juvet. **4 800,–/5 000,–**
P. Ineichen, Zürich

239 Taschenuhr mit Minutenrepetition, Schweiz um 1880. »A. Golay Leresche & Fils Genève« auf Zifferblatt.
Gold 18 Kt. Zifferblatt Email mit arabischen und römischen Ziffern. Unten separate Anzeige der Sekunden. Gebläute Stahlzei-ger. 4,9 cm.
Ankerhemmung. Kompensationsunruh. Breguet-Spirale. Minutenrepetierwerk.
10 000,–/12 000,–
P. M. Kegelmann, Frankfurt

240 Taschenuhr (Savonette), Schweiz um 1880.
Gold 18 Kt. Zifferblatt Email mit römischen Ziffern. 4,9 cm.
Ankerhemmung. Kompensationsunruh. Breguet-Spirale. Springende Zentralse-kunde (seconde morte). **8 000,–/8 500,–**
P. M. Kegelmann, Frankfurt

241 Taschenuhr (Savonette) mit ewi-gem Kalender, England um 1885. »Sir John Bennet London 65/64 Cheapside Maker to the Royal Observatory« auf Werk.
Gold 18 Kt. Glatte Deckel. Auf Sprungdek-kel steigender Löwe mit Spruchband »Semper vigilans« in blauem Email. Ziffer-blatt Email mit arabischen und römischen Ziffern. Oben Anzeige des Datums, links Angabe des Monats, rechts des Mond-standes und unten des Wochentags. Stahlzeiger und zentraler Sekundenzeiger des Chronographen. 5,7 cm.
Ankerhemmung. Kompensationsunruh. Breguet-Spirale. Viertelstundenselbst-schlag. Minutenrepetition. Ewiger Kalender und Chronograph. **80 000,–/90 000,–**
P. Ineichen, Zürich

238

239

240

241

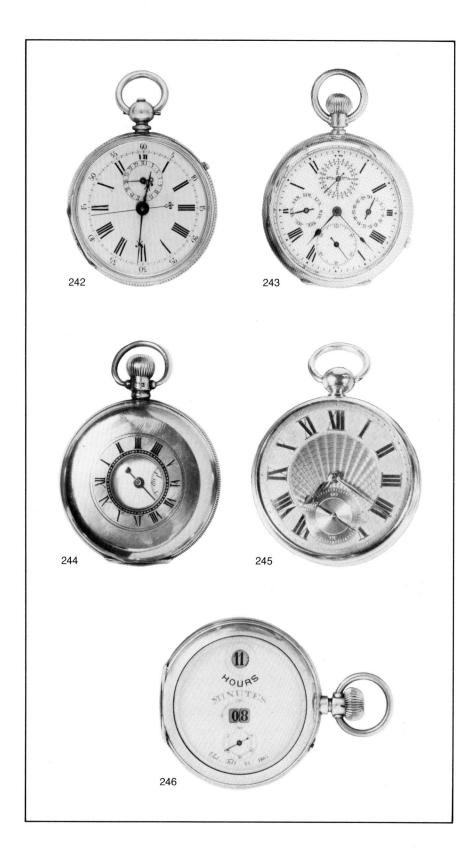

242

243

244

245

246

242 Taschenuhr mit Chronograph, England um 1885.
Silber. Rückseite guillochiert. Zifferblatt Email mit arabischen und römischen Ziffern und zusätzlicher Sekundenangabe im äußeren Ziffernring. Oben Anzeige des Datums. Rechts oben am Gehäuserand Schieber, der die Stoppvorrichtung betätigt. 5,1 cm.
Ankerhemmung. Stoppvorrichtung einfachster Art. Automatische Datumsanzeige.
Schlüsselaufzug.   **1 000,–/1 200,–**
K.-E. Becker, Düsseldorf

243 Taschenuhr mit ewigem Kalender, Schweiz um 1890.
Gold 18 Kt. Zifferblatt Email mit römischen Ziffern. Oben, links und rechts Hilfszifferblätter für Kalenderangaben (Monate, Tage, Datum), unten Sekundenanzeige. 5,2 cm.
Ankerhemmung. Kompensationsunruh. Breguet-Spirale. Zusätzlich Schaltmechanismus für ewigen Kalender.
          14 000,–/16 000,–
P. M. Kegelmann, Frankfurt

244 Taschenuhr (Halbsavonette), Schweiz um 1890.
Silber. Auf Sprungdeckel eingravierter Ziffernring, in der Mitte kreisförmiges Fenster, in dem die Zeiger sichtbar sind, ohne daß der Sprungdeckel geöffnet werden muß. Stahlzeiger. 4,6 cm.
Ankerhemmung. Kompensationsunruh. Breguet-Spirale.   **500,–/600,–**
Pott & Klöter, Dätzingen

245 Taschenuhr mit Chronometerhemmung, England um 1890 (?). »O' Connor London NO 280« auf Zwischendeckel. Gold 14 Kt. Rückseite und Zentrum des Zifferblattes guillochiert. Zifferblatt vergoldet mit aufgesetzten goldenen römischen Ziffern. Unten Anzeige der Sekunden. Vergoldete Zeiger. 5,7 cm.
Chronometerhemmung. Kompensationsunruh. Zylindrische Spirale.   **3 500,–/4 000,–**
Christie's, Genf

246 Taschenuhr mit digitaler Anzeige, Schweiz um 1890. »IWC« im Deckel. Silber. Zifferblatt Email mit rundem Fenster für die springenden Stundenziffern und mit rechteckigem für die Minuten, unten kleine Sekundenanzeige. 5,2 cm.
Ankerhemmung. Kompensationsunruh. Breguet-Spirale.   **3 000,–/3 500,–**
P. M. Kegelmann, Frankfurt

GROSSUHREN DES SPÄTEN
19. JAHRHUNDERTS

Stil- und Motivübernahmen werden auch bei Großuhren gegen Ende des Jahrhunderts sehr beliebt. In Frankreich werden die Pendulen des 18. Jahrhunderts in großer Zahl nachgebaut, in Deutschland sind besonders oft Wanduhren in Renaissanceformen hergestellt worden. Viele technische Spielereien charakterisieren die damals entstandenen Zeitmesser. Die Mysterieuse, ein Uhrentyp ohne zunächst erkennbaren Antrieb, gehört zu den besonders interessanten Uhren.

247 Tischuhr (Mysterieuse), Frankreich um 1880.
Bronze vergoldet. Auf einem im Querschnitt quadratischen Sockel mit Eckpilastern und Dekor in Renaissanceformen tragen zwei Greifen das gläserne Zifferblatt. Aufgemalte römische Ziffern. Ein Stahlzeiger. 33,5 cm.
Ankerhemmung mit stählernem Doppelhemmungsrad, Pendel. Zeigerantrieb durch vom Werk aufsteigende gläserne Röhre, die eine vor dem Zifferblatt befindliche zweite gläserne Scheibe mit dem an ihr befestigten Zeiger dreht. Gangdauer 1 Woche.   **10 000,–/12 000,–**
P. Ineichen, Zürich

248

248 Cartel-Uhr, Österreich um 1880.

»A. Förster K. K. Hoflieferant Wien« auf
Zifferblatt.

Bronze vergoldet. Die dem Stil Louis
XVI nachempfundene Uhr verbindet florale
und architektonische Motive. Das runde
Zifferblatt wird von einer lyraförmigen
Rahmung, die in Hahnenköpfen ausläuft,
gehalten. Sie endet in einem mehrfach
gegliederten Frucht- und Blattgehänge.
Zwischen zwei Vasen erhebt sich ein
rechteckiger girlandengeschmückter Aufbau, der von Lorbeerblättern und einer
Wappenkartusche bekrönt wird.
Zifferblatt Email mit arabischen Ziffern,
die durch eine Blütengirlande eingefäßt
werden. Messingzeiger galvanisch vergoldet. 95 cm.
Hakenhemmung. Pendel. Schloßscheibenschlagwerk. Gangdauer 1 Woche.

3000,–/3500,–

M. Zeller, Lindau

249 Figurenuhr, Frankreich um 1900.

Marmor, Bronze vergoldet und Zinkguß
bruniert. Auf dem geschweiften Sockel
steht eine antikisierend gewandete weibli-
che Figur als Jägerin mit Hund. Ein erleg-
tes Rebhuhn hält sie in der Linken, den
Bogen in der Rechten. Zifferblatt Email
mit arabischen Ziffern. Stahlzeiger. 62 cm.
Hakenhemmung. Schloßscheibenschlagwerk für volle und halbe Stunden. Gangdauer 1 Woche. **1200,–/1400,–**

K.-E. Becker, Düsseldorf

249

250

251

250 Schwingpendeluhr (Mysterieuse), Deutschland um 1900.
Ein Elefant aus brunierter Bronze auf Holzsockel hält mit seinem erhobenen Rüssel die hin- und herschwingende Uhr mit pendelartigem Stab und kugelförmiger Linse. Zifferblatt Email mit arabischen Ziffern. Stahlzeiger. 28 cm. Ankerhemmung und pendelndes Schwunggewicht. Federantrieb.
1 800,–/2 000,–
Pott & Klöter, Dätzingen

251 Schwingpendeluhr (Mysterieuse), Deutschland um 1900. »Junghans« auf dem Zifferblatt.
Zinkguß. Auf profiliertem Holzsockel steht eine tänzerisch bewegte Mädchenfigur und hält in ihrer Rechten die hin- und herschwingende Uhr mit pendelartigem Stab und kugelförmiger Linse. Zifferblatt Email mit arabischen Ziffern. Stahlzeiger. 29,5 cm.

Ankerhemmung. Ein pendelndes Schwunggewicht innerhalb des Werkgehäuses, das die Bewegung erhält. Federantrieb.
1 800,–/2 000,–
P. Ineichen, Zürich

252 Automatenuhr, Schwarzwald um 1890.
Holz, teilweise bemalt. Auf dem gesägten Gehäuse in den vergröberten historisierenden Formen des spaten 19. Jhs. steht die geschnitzte Figur eines Knödelessers. Jede Stunde führt er Knödel zum Mund. Zifferblatt Email mit römischen Ziffern. Stahlzeiger. 42 cm.
Hakenhemmung. Federantrieb. Schloßscheibenschlagwerk für volle und halbe Stunden.
6 000,–/6 500,–
Hist. Uhrensammlung, Furtwangen

173

253

254

TASCHENUHREN DER JAHRHUNDERTWENDE

Um 1900 werden durch den technologischen Fortschritt bei der Uhrenherstellung immer mehr Taschenuhren mit technischen Besonderheiten gebaut: Uhren mit Schleppzeiger, mit automatischem Aufzug, mit Chronographen, mit ewigem Kalender und astronomischen Indikationen. Besonders die von Lange & Söhne in Glashütte seit der Mitte des 19. Jahrhunderts hergestellten, äußerst exakt gearbeiteten Zeitmesser zählen zu technisch interessantesten Sammlerstücken.

Die historisierenden Schmuckformen der Taschenuhren werden kurz vor dem Ende des Jahrhunderts fast überall in Europa von den Motiven und dem Dekor des Art Nouveau verdrängt. Die mehr oder weniger kostbaren Uhren sind meist in der Schweiz in oft größeren Serien hergestellt worden. Als Objekte des Jugendstils werden sie heute gern gesammelt.

253 Taschenuhr, Schweiz um 1910.
»Modernista« im Deckel.
Nickel vergoldet. Zifferblatt vergoldet und guillochiert. Halbkreisförmige Skala für die Anzeige der Minuten mit arabischen Ziffern. Zurückspringender Stahlzeiger.

Darunter Ausschnitt für die springende Stundenziffer. Unten kleine Anzeige für die Sekunden. 5 cm.
Ankerhemmung. **1 600,–/1 800,–**
P. M. Kegelmann, Frankfurt

254 Taschenuhr mit Chronograph, Schweiz um 1900. »Zenith« auf Zifferblatt und hinterer Platine.
Silber. Zifferblatt Email mit innerem Stundenring. Oben separate Anzeige der Minuten des Chronographen, unten der Sekunden des Gehwerks. Äußere Ziffernringe für die Sekunden des Chronographen und die aus 1000 m Distanz sich ergebende Geschwindigkeit pro Stunde.
5,1 cm.
Ankerhemmung. Zusätzlich Chronographenwerk. **1 000,–/1 200,–**
K.-E. Becker, Düsseldorf

255 Taschenuhr (Savonette), Schweiz um 1900. »G. Schulze P. Minutti … München« (Verkäufersignatur) auf Zifferblatt. Silber vergoldet. Vorder- und Rückseite guillochiert. Zifferblatt Email mit arabischen Ziffern für die Minuten und römischen für die Stunden. Oben Anzeige des Monats, links des Wochentags, rechts des Datums und unten der Sekunden und des Mondstands. Stahlzeiger. 7 cm. Ankerhemmung. Kompensationsunruh. Breguet-Spirale.   **2 800,–/3 000,–**
Archiv Battenberg

256 Taschenuhr mit zwei Zonenzeiten, Schweiz um 1900. Nickel graviert und nielliert. Zifferblatt Email. Links Anzeige mit römischen, rechts Anzeige mit türkischen Ziffern, unten kleine Sekundenanzeige. Stahlzeiger. 5,2 cm. Ankerhemmung. Kompensationsunruh. Breguet-Spirale.   **950,–/1 100,–**
P. M. Kegelmann, Frankfurt

257 Taschenuhr (Tourbillon), Schweiz um 1890. »Girard Perregeaux Chaux-de-Fonds« auf dem Zifferblatt. Gold 18 Kt. Zifferblatt Email mit arabischen Ziffern. 5,7 cm. Chronometerhemmung (Wippe). Feingearbeitetes Tourbillondrehgestell. Drei Werksbrücken in Stahl auf vernickelter Grundplatte. Antrieb des Drehgestells vom Sekundenrad (Minutentourbillon).
          90 000,–/95 000,–
P. M. Kegelmann, Frankfurt

258 Taschenuhr (Tourbillon), England um 1900. »Northern Goldsmiths Co. Newcastle« auf hinterer Platine. Gehäuse Gold 18 Kt. Zifferblatt Email mit römischen Ziffern. Stahlzeiger. 5,4 cm. Ankerhemmung. Tourbillondrehgestell. Kompensationsunruh. Breguet-Spirale. Antrieb des fein gearbeiteten Drehgestells vom Sekundenrad.   **65 000,–/70 000,–**
Λ. Colombo, Zürich

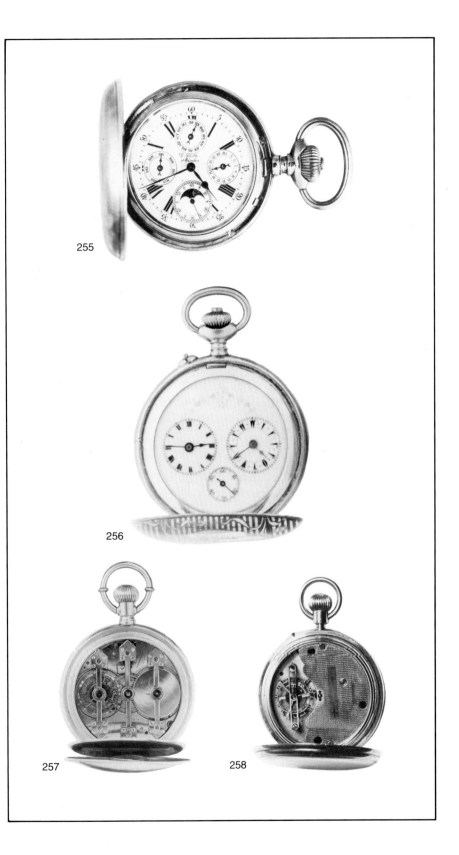

255

256

257   258

259 Taschenuhr (6-Minuten-Tourbillon), England um 1900. »Chas Frodsham ... London 09099 ADF m 62« auf dem Zifferblatt und hinterer Platine.
Gold mit Monogramm auf hinterem Deckel. Zifferblatt Email mit römischen Ziffern. Gebläute Stahlzeiger. 6 cm.
Spitzzahnankerhemmung. Tourbillondrehgestell, leicht und fein gearbeitet. Antrieb vom Kleinbodenrad.   **70 000,–/75 000,–**
P. Ineichen, Zürich

260 Taschenuhr (Tourbillon), Schweiz um 1910. »Alb Pellaton 28766« – »Golay Fils & Stahl à Genève« auf Werk, ähnlich auf Zifferblatt.
Silber. Rückseite guillochiert mit Goldrand. Zifferblatt Silber mit römischen Ziffern, rechts in dem sphärischen Dreieck Anzeige der Sekunden. Breguet-Zeiger Stahl. 5,7 cm.
Chronometerhemmung. Tourbillondrehgestell, das sich jede Minute einmal dreht. Kompensationsunruh. Breguet-Spirale.
Goldenes Hemmungsrad.**90 000,–/95 000,–**
P. Ineichen, Zürich

261 Taschenuhr (Tourbillon), Schweiz um 1900.
Gold. Zifferblatt Email mit römischen Ziffern. Stahlzeiger. 5,8 cm.
Werk mit dreiarmigem stählernem Drehgestell. Chronometerhemmung. Kompensationsunruh und Breguet-Spirale. Das fein gearbeitete Drehgestell dreht sich einmal in der Minute. (Antrieb vom Sekundenrad).
Nur Werk abgebildet.   **75 000,–/80 000,–**
O. Schwank, Zürich

262 Taschenuhr (Tourbillon), Schweiz um 1910. »Mobilis 102042« auf hinterer Platine.
Gehäuse Silber. Front versilbert. In der oberen Hälfte Zifferblatt mit arabischen Ziffern. Stahlzeiger. Darunter größerer runder Ausschnitt, in dem das Drehgestell mit Ankerrad, Anker und Unruh sichtbar ist, das sich einmal in der Minute dreht. Gravierte und vergoldete Brücke für obere Lagerung des Gestells. 5,3 cm.
Ankerhemmung. Schweres Drehgestell.

4 000,–/4 500,–
K.-E. Becker, Düsseldorf

259   261   260   262

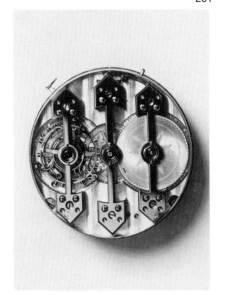

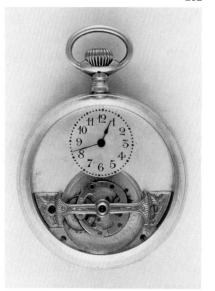

**263 Taschenuhr mit Chronograph
und Schleppzeiger, Schweiz um 1900.**
»Longines« auf Zifferblatt.
Gold 18 Kt. Zifferblatt Email mit arabischen
Ziffern. Oben Minutenanzeige des Chro-
nographen, unten Sekundenanzeige des
Gehwerks. Stahlzeiger. 5,3 cm.
Ankerhemmung. Kompensationsunruh.
Breguet-Spirale. Zusätzlich Chronogra-
phenwerk mit Schleppzeiger (Rattrapante).
                      3500,–/ 3800,–
P. M. Kegelmann, Frankfurt

**264 Taschenuhr mit Selbstaufzug,
Deutschland um 1900.** »A. Lange &
Söhne Glashütte – Sa« auf Zifferblatt
und hinterer Platine.
Gold 18 Kt. Zifferblatt Email mit zwei
Nebenzifferblättern, links Anzeige der
Gangreserve, rechts Anzeige der Sekun-
den. 5,2 cm.
Ankerhemmung. Kompensationsunruh
mit Breguet-Spirale. Diamantdeckstein
für oberes Unruhlager. Verschraubte
Châtons. Selbstaufzug. **95000,–/100000,–**
K. Niedheidt, Düsseldorf

**265 Taschenuhr (Savonnette) mit
Chronograph, Schweiz um 1900.**
Gold 14 Kt. Deckel guillochiert. Zifferblatt
Email mit arabischen Ziffern. Kleine Se-
kundenanzeige links und rechts Minuten-
anzeige des Chronographen. 5,1 cm.
Ankerhemmung. Kompensationsunruh.
Breguet-Spirale. Chronographenwerk.
                      3000,–/3500,–
P. M. Kegelmann, Frankfurt

266

267

268

269

266 Taschenuhr mit Kalender, Schweiz um 1900.
Nickel. Zifferblatt Email mit römischen Ziffern. Oben Anzeige des Monats, links Anzeige des Datums, rechts des Wochentags mit französischer Beschriftung, unten innerhalb der Sekundenanzeige Ausschnitt für Mondstand. Messingzeiger und Stahlzeiger. 5 cm.
Ankerhemmung. **800,–/900,–**
P. M. Kegelmann, Frankfurt

267 Taschenuhr (Savonnette), Schweiz um 1900. »Girard Perregeaux Chaux-de-Fonds« auf Zifferblatt und Federhaus. Gold 18 Kt. Zifferblatt Email mit römischen Ziffern. Stahlzeiger. 5,4 cm.
Ankerhemmung. Kompensationsunruh. Breguet-Spirale. Drei vergoldete Werkbrücken auf versilberter Werkplatte.
11 000,–/13 000,–
P. M. Kegelmann, Frankfurt

268 Damentaschenuhr (Savonnette), Schweiz um 1900.
Gehäuse Gold 14 Kt. mit façetiertem Rand. Zifferblatt Email mit arabischen Ziffern. Vergoldete Zeiger. 3,1 cm.
Zylinderhemmung. **700,–/800,–**
Kunsthandel, Düsseldorf

269 Taschenuhr (Savonnette) mit Automat, Schweiz um 1900.
Gold 18 Kt. Gehäuse und Front guillochiert. Auf der Front in flachem Relief auf hellblauem Emailgrund zwei Gerüstete, die mit Pistolen an zwei kleine Glocken schlagen. Zifferblatt violettes Email mit aufgesetzten vergoldeten arabischen Ziffern. Unten kleine separate Anzeige der Sekunden. Galvanisch vergoldete Zeiger. 5,8 cm.
Ankerhemmung. Kompensationsunruh. Breguet-Spirale. Viertelrepetition, mit der auch die Automaten ausgelöst werden.
10 000,–/12 000,–
P. Ineichen, Zürich

270 Knopflochuhr, Schweiz um 1900.
»Swiss« auf dem Zifferblatt.
Werkgehäuse Stahl bruniert. Durch
schmaleren Hals mit dem Werkgehäuse
verbunden das Gehäuse des Zifferblatts.
Zifferblatt Email mit arabischen Ziffern.
Werkgehäuse 2,9 cm, Ziffergehäuse
1,5 cm.
Zylinderhemmung.   **600,–/700,–**
K.-E. Becker, Düsseldorf

271 Knopflochuhr, Schweiz um 1900.
Stahl bruniert. Durch schmaleren Hals
mit dem Werkgehäuse verbunden das
Gehäuse des Zifferblatts aus Silber. Zifferblatt Email mit arabischen Ziffern, gerahmt
von kleinen Brillanten. Ziffergehäuse
1,6 cm, Werkgehäuse 3 cm.
Zylinderhemmung.   **1 300,–/1 500,–**
K.-E. Becker, Düsseldorf

**272 Taschenuhr (Sector watch),
Schweiz um 1900.** »Sector Watch« auf
Zifferblatt und »Record Watch Co Tramel-
an« auf hinterer Platine.
Silber. Die Uhr in annähernd dreieckiger
Form wird von einem breiten Rand eingefaßt. Zifferblatt Email mit arabischen Ziffern. Stahlzeiger. Die Ziffernskala ist in
einem Viertelkreis angeordnet. Wenn
der Zeiger an das Ende der Skala gerückt
ist, springt er wieder auf den Anfang zurück. 7,5 cm.
Ankerhemmung. Kompensationsunruh.
Breguet-Spirale.
Diese Gehäuseform kam den künstlerischen Vorstellungen des Jugendstils
besonders entgegen.   **4 800,–/5 200,–**
P. Ineichen, Zürich

273 Taschenuhr, Schweiz um 1900.
»Vacheron & Constantin Genève« auf
Zifferblatt.
Gold 18 Kt. Auf dem hinteren Deckel
zwei große Blüten und abstrakter Dekor
mit kleinen Brillanten in flachem Relief.
Zifferblatt Email mit arabischen Ziffern.
Vergoldete Zeiger. 3,2 cm.
Ankerhemmung. Kompensationsunruh.
Breguet-Spirale.   **2 500,–/3 000,–**
P. M. Kegelmann, Frankfurt

**274 Damentaschenuhr mit Silberemail,
Schweiz um 1900.**
Silber teilweise guillochiert mit Emailmale-
rei auf dem hinteren Deckel. Darstellung
einer Brücke mit Ausblick auf einen breiten
Fluß, im Vordergrund Ranken, Blüten
und abstrakter Dekor. Glasrand mit Perlen
besetzt. Zifferblatt Email mit arabischen
Ziffern. Vergoldete Zeiger. 2,8 cm.
Zylinderhemmung.   **800,–/900,–**
P. M. Kegelmann, Frankfurt

270   271

272

273   274

275

276

277

278

279

**275 Taschenuhr mit Goldemail,
Schweiz um 1910.** »Longines« auf Ziffer-
blatt.
Gold guillochiert mit tranzluzidem Email.
Aufgesetzt Weißgoldbänder mit Perlen
und kleinen Brillanten in Form eines Drei-
passes. Zifferblatt Email mit arabischen
Ziffern. Vergoldete Zeiger. 2,8 cm.
Ankerhemmung. Kompensationsunruh.
Breguet-Spirale.   **2 800,–/3 000,–**
P. M. Kegelmann, Frankfurt

276 Taschenuhr, Schweiz 1900.
Gold 14 Kt. Auf der Rückseite in flachem
Relief die Darstellung einer melkenden
Frau. Zifferblatt Email mit arabischen
Ziffern. Stahlzeiger. 4,8 cm.
Ankerhemmung. Kompensationsunruh.
Breguet-Spirale.
Uhren mit solchen Darstellungen waren
häufig Preise bei sportlichen Wettbewer-
ben und Ausstellungen.   **1 000,–/1 200,–**
P. M. Kegelmann, Frankfurt

**277 Taschenuhr (Savonnette), Schweiz
um 1910.** »Longines« auf Zifferblatt.
Gold 18 Kt. Auf dem Sprungdeckel in
flachem Relief die Darstellung zweier
Springreiter. Zifferblatt Email mit arabi-
schen Ziffern. Vergoldete Zeiger. 5,2 cm.
Ankerhemmung. Kompensationsunruh.
Breguet-Spirale.   **2 500,–/3 000,–**
P. M. Kegelmann, Frankfurt

**278 Damentaschenuhr (Savonnette),
Schweiz um 1910.**
Gold 18 Kt. Auf dem Sprungdeckel in
flachem Relief die Darstellung einer Ten-
nisspielerin. Zifferblatt Email mit arabi-
schen Ziffern. Vergoldete Zeiger. 3 cm.
Zylinderhemmung.   **1 300,–/1 500,–**
P. M. Kegelmann, Frankfurt

**279 Taschenuhr (Savonnette), Schweiz
um 1910.**
Gold 18 Kt. Auf dem Sprungdeckel in
flachem Relief die Darstellung dreier Rad-
fahrer vor Bergen. Zifferblatt vergoldet
mit arabischen Ziffern auf Silberfeldern.
Stahlzeiger. 5 cm.
Ankerhemmung. Kompensationsunruh.
Breguet-Spirale.   **1 800,–/2 200,–**
P. M. Kegelmann, Frankfurt

280 Damentaschenuhr, Schweiz um 1910.
Tulasilber. Zifferblatt Email mit arabischen Ziffern von 1–12 und von 13–24. Unten Anzeige der Sekunden. Zeiger vergoldet. 3,4 cm.
Ankerhemmung.　　　　**400,–/450,–**
K.-E. Becker, Düsseldorf

281 Taschenuhr (Savonnette), Deutschland um 1910. »A. Lange & Söhne Glashütte/Sa« auf Zifferblatt, hinterer Platine und Innenseite der Gehäusedeckel.
Gold 18 Kt. Zifferblatt Email mit arabischen Ziffern. Unten Anzeige der Sekunden. Goldzeiger. 5,4 cm.
Ankerhemmung. Goldener Anker und Ankerrad. Kompensationsunruh. Breguet-Spirale. Diamantdeckstein für Unruhlager. Verschraubte goldene Châtons.
　　　　16 000,–/18 000,–
M. Zeller, Lindau

282 Taschenuhr, Schweiz um 1915.
»System Glashütte« auf Zifferblatt, »Wunderwerk« auf Zwischendeckel.
Silber. Zifferblatt mit arabischen Ziffern auf runden Feldern guillochiert und teilweise vergoldet. Unten separate Anzeige der Sekunden. Stahlzeiger. 5,2 cm.
Ankerhemmung. Kompensationsunruh. Breguet-Spirale. Verschraubte Châtons.
　　　　600,–/700,–
K.-E. Becker, Düsseldorf

280

281

282

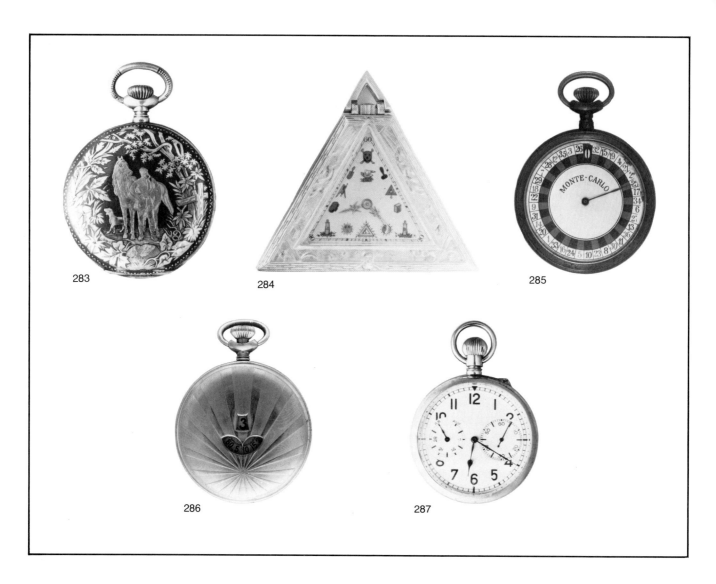

283   284   285

286   287

**283 Taschenuhr (Savonnette), Schweiz
um 1910.**
Tulasilber. Auf dem Vorderdeckel gravierte
und niellierte Darstellung eines Mannes
mit Pferd und Hund, eingefaßt von Ästen
und Blattwerk. Auf der Rückseite Darstellung einer Landschaft mit Mühle. Zifferblatt
Email mit römischen Ziffern. Stahlzeiger.
4,9 cm.
Ankerhemmung. Kompensationsunruh.
Breguet-Spirale.   800,–/1 000,–
Archiv Battenberg

**284 Taschenuhr (Freimaureruhr),
Schweiz um 1910.**
Gold. Die Uhr in der Form eines gleichsei-
tigen Dreiecks trägt auf ihrem emaillierten
Zifferblatt statt der Ziffern freimaurerische
Embleme. 4,9 cm.

Ankerhemmung. Kompensationsunruh.
Breguet-Spirale.   4 000,–/4 500,–
P. M. Kegelmann, Frankfurt

285 Taschenroulette, Schweiz um 1920.
Stahl bruniert. Zifferblatt Papier bedruckt
mit Ring aus schwarzen und roten Feldern, darumliegend die Roulettezahlen.
5,4 cm.
Federantrieb. Der Zeiger wird durch Druck
auf die Krone gestartet. Sein Lauf endet,
wenn man die Krone losläßt.   800,–/900,–
K.-E. Becker, Düsseldorf

**286 Taschenuhr mit digitaler Anzeige,
Schweiz um 1930.**
Messing vernickelt. Front mit strahlenför-
miger Dekoration und zwei Ausschnitten

für die Angabe der Stunden und der Minu-
ten. Rückseite verglast. 4,9 cm.
Stiftenankerhemmung.   700,–/800,–
K.-E. Becker, Düsseldorf

**287 Beobachtungsuhr, Deutschland
1945.** »A. Lange & Söhne Glashütte I
Sa.« auf hinterer Platine.
Silber. Zifferblatt Metall mit phosphoreszie-
render Auflage. Links Anzeige der Gang-
reserve, rechts Anzeige der Sekunden.
Stahlzeiger. 5,9 cm.
Ankerhemmung. Kompensationsunruh.
Breguet-Spirale.   3 500,–/3 800,–
Archiv Battenberg

REGULATOREN

Die Erfindung freier Hemmungen für Pendeluhren in der zweiten Hälfte des 19. Jahrhunderts und die Herstellung der Pendelstangen aus einer Nickelstahllegierung seit etwa 1900 ermöglichte den Bau von Regulatoren mit bisher nicht erreichter Ganggenauigkeit. Sie wurden oft für astronomische Beobachtungen gebraucht und waren vor der Verwendung der Quarzuhren die exaktesten Zeitmesser. Riefler in München und Strasser & Rohde in Glashütte sind die bekanntesten Hersteller solcher Regulatoren.

288 Wanduhr (Regulator), Österreich um 1910.
Mahagoni poliert. Der Kasten ist vorn und an den Seiten verglast. Zifferblatt Messing graviert und versilbert. Außen Einteilung für die Minuten. Oberhalb des Zentrums Ziffernring für die Sekunden, darunter Ziffernring für die Stunden. Gebläute Stahlzeiger. 154 cm.
Graham-Hemmung. Steinpaletten. Anker und Ankerrad steingelagert. Nickelstahlkompensationspendel von Riefler München. Pendelstange mit Auflageteller zur Feinregulierung. Gewichtsantrieb über Rolle. Gangdauer 1 Woche.
22 000,–/24 000,–
Kunsthandel, Düsseldorf

289 Wanduhr (Regulator), Deutschland 1919. »Clemens Riefler München 1919« auf Zifferblatt.
Vier Messingsäulen verbinden Grund- und Deckfläche des dreiseitig verglasten Kastens. Scheiben geätzt. Zifferblatt Messing graviert und versilbert. Außen Anzeige der Minuten, oberhalb des Zentrums Anzeige der Sekunden, darunter der Stunden. Stahlzeiger. 152 cm.
Rieflersche Federkrafthemmung. Das kleine Antriebsgewicht der Uhr wird alle 30 Sekunden elektromagnetisch angehoben.
Pendel mit Temperaturkompensation, barometrischer Kompensation (unterhalb des Zifferblattes) und Schichtungskompensation.
55 000,–/60 000,–
K.-E. Becker, Düsseldorf

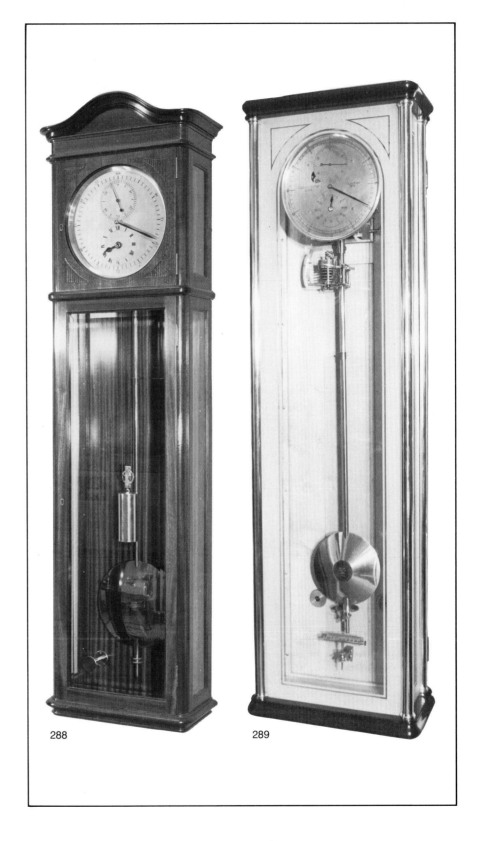

288   289

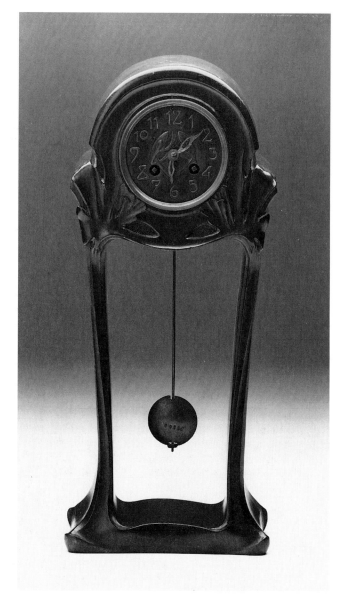

290 Tischuhr (Jugendstil), Deutschland um 1900.
Zinn verkupfert. Ein hoher Sockel mit flachem Jugendstildekor und
geschweiften Füßen trägt die Büste einer Sphinx, deren Kopfschmuck
ein Pfau mit hochgestellten Schwanzfedern ist.
Das Email-Zifferblatt wird gerahmt von einem Glasrand aus Messing.
Arabische Ziffern in historisierender Form. 31 cm. Werk mit Ankerhem-
mung und Unruh.   **2000,–/2500,–**
Kunsthandel, Düsseldorf

291 Tischuhr (Jugendstil), Deutschland nach 1900.
Birnholz gebeizt und poliert. Aus der geschwungenen Bodenplatte
steigen zwei flache Träger, die in stilisierten Blättern enden und das
annähernd kreisförmige Uhrgehäuse halten. Das Zifferblatt besteht
aus getriebenem Kupferblech mit arabischen Ziffern in typischen
Jugendstilformen.
Das aus einem Stück geschnitzte Gehäuse ist wohl eine Einzelanferti-
gung. 46 cm.
Aus Frankreich bezogenes Pendulenwerk mit Ankerhemmung und
Pendel, Rechenschlagwerk für volle und halbe Stunden.
Gangdauer 1 Woche.   **4500,–/5000,–**
Kunsthandel, Düsseldorf

292 Tischuhr (Jugendstil), Deutschland um 1910.
Geäderter Marmor. Eine flache, oben abgeschrägte Basis trägt vier im
Querschnitt quadratische Pfeiler, die das achteckige Werkgehäuse
halten. Zifferblatt Kupfer mit getriebenen Ziffern in erhabenen Feldern.
Das dekorative Pendel besteht aus breitem Stab mit achteckiger Linse
aus Kupfer. 40 cm.
Werk mit Ankerhemmung, Rechenschlagwerk für volle und halbe
Stunden. Gangdauer 1 Woche.   **3 000,–/3 500,–**
Kunsthandel, Düsseldorf

293 Tischuhr, Deutschland um 1910.
Bronze patiniert. Die polygonal gebrochene Basis mit eingezogenem
Mittelteil trägt das Gehäuse, dessen Form bestimmt ist von dem Zu-
sammenspiel geschwungener Flächen und betonter Linearität. Im un-
teren Teil ist hinter facettierter Glasscheibe mit abgerundeten Ecken
das Pendel sichtbar. Der an den Seiten ausladende Kopf faßt das Zif-
ferblatt aus lackiertem Messing mit Ziffern in der Form des späteren
Jugendstils ein. Das Gehäuse wirkt wie eine selbständige abstrakte
Plastik. 24 cm.
Werk mit Ankerhemmung. Gangdauer 1 Woche.   **3 500,–/4 000,–**
Kunsthandel, Düsseldorf

Die lange Tradition der von Figuren gehaltenen Uhren wird zum letzten Mal in der Zeit des Art Deco aufgenommen. Neben den zahlreichen kunstgewerblichen Objekten sind von Künstlern entworfene Figurenuhren seltene Ausnahmen. Sie gehören vielfach eher in die Geschichte der Plastik als in die Geschichte der Zeitmessung.

294 Tischuhr, Deutschland (Meissen) 1920.

Porzellan. Auf einem flachen Sockel sitzen auf reichverzierten Kissen zwei Putten, die zwischen sich das Gehäuse der Uhr halten. Der Entwurf für diese Gruppe stammt von Paul Scheurich (1883–1945) und wurde von der Meissener Porzellanmanufaktur ausgeführt.

Auf dem Boden des Gehäuses befindet sich neben der Schwertermarke die Angabe »No. 1 von 5 Urstücken«. Das Gehäuse ist rückseitig von Paul Scheurich mit dem Pinsel signiert. Damit ist sicher, daß auch die zarte Bemalung der Figuren vom Künstler stammt. 51 cm. Gegenüber dieser »No. 1 von 5 Urstücken« ist die erste in Meißen gefertigte Serie in der Farbigkeit des Inkarnats weniger zart und pastellfarben.

Vgl. Katalog: Meißner Porzellan von 1710 bis zur Gegenwart, Köln 1983, Abb. 13 des Beitrags über P. Scheurich.

Ankerhemmung. Rechenschlagwerk für volle und halbe Stunden. Gangdauer 1 Woche.   **35 000,–/38 000,–**
Kunsthandel, Düsseldorf

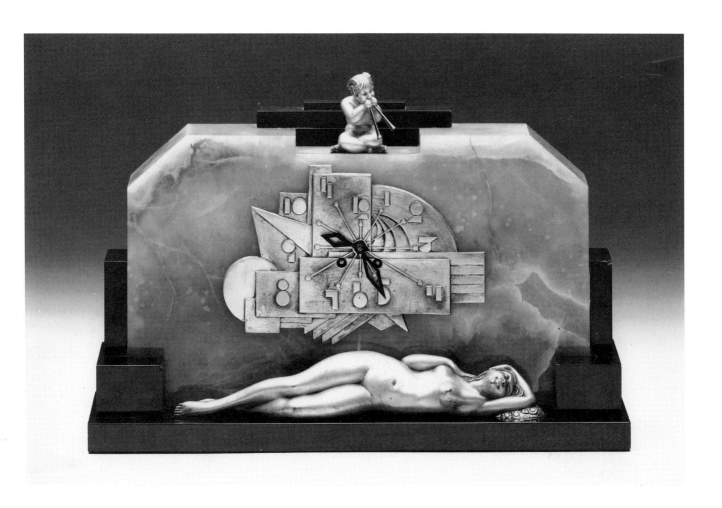

295 Tischuhr (Art Deco), Frankreich um 1925.

Schwarzer Marmor und Onyx. Eine dreifach gestufte Basis trägt die rechteckige Onyxscheibe mit abgeschrägten Ecken. Auf der ersten Stufe befindet sich die versilberte Bronzefigur einer liegenden nackten Frau, deren linker Arm auf einem Kissen ruht, das die Signatur G. Lavroff trägt. Das Zifferblatt besteht aus einem Ensemble geometrischer Formen aus versilberter Bronze in der für die zwanziger Jahre typischen Gestaltung.
In einem Einschnitt der Onyxscheibe ist die sitzende Figur eines Fauns angebracht, der die antike Doppelflöte bläst. 56 cm.
Werk mit Ankerhemmung und Pendel, Rechenschlagwerk für volle und halbe Stunden. Gangdauer 1 Woche.
Der 1895 in Rußland geborene Künstler Georges Lavroff war Schüler der Pariser Kunstakademie.

Die Uhr mit dem bukolischen Motiv des Fauns, der eine Schlafende betrachtet, gehört zu den künstlerisch bedeutenderen Werken des Art Deco.   **9 000,–/10 000,–**
Kunsthandel, Düsseldorf

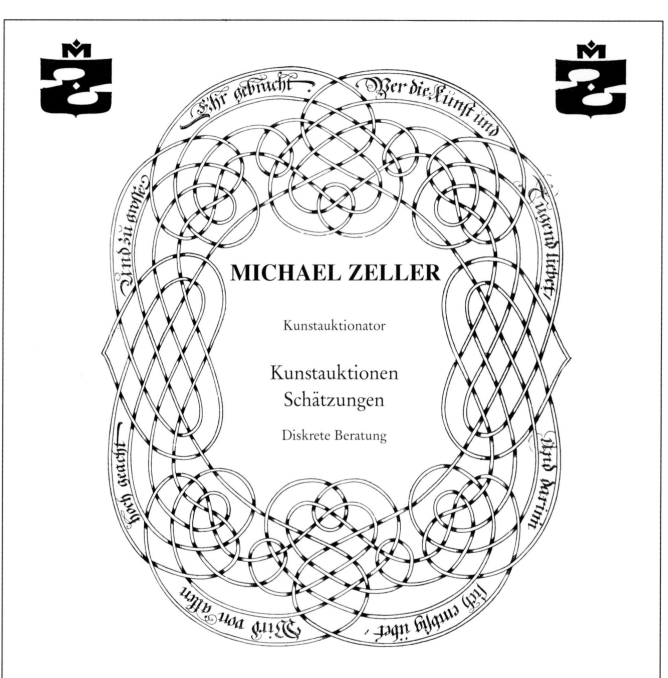

MICHAEL ZELLER

Kunstauktionator

Kunstauktionen
Schätzungen

Diskrete Beratung

INTERNATIONALE BODENSEE-KUNSTAUKTIONEN

Auktionshaus Bindergasse 7
Maximilianstraße und Cramergasse, Postfach 1867, 8990 LINDAU,
Telefon (08382) 4027, Telex 54302 d Zeller, Telefax (08382) 26535

Eine kleine Auswahl seltener, schöner Uhren aus meinem reichhaltigen Repertoire:

Berühmte Schweizer Musik-Spieluhr B. A. Brémond, Genève, Rue Pradier, ausgezeichnet Weltausstellung Paris 1867 mit der Medaille Napoleon Empereur 1867, Schlag auf Gong, Walzenspielwerk mit ca. 250 Zähnen, spielt u. a. „Heil dir im Siegerkranz, heil deutscher Kaiser dir", „Lieb Vaterland magst ruhig sein, fest steht die Wacht am Rhein" usw. Höhe 140 cm, Tiefe 32 cm, Breite 80 cm.

Äquationsuhr, signiert Gibson Belfort, Patent, Werk Nr. 32261, Brocot-Hemmung, sehr seltener Kompensationspendel, Mondphase, ewiger Kalender, Wochentag, Datum, Monat mit Anzeige der Zeitabweichung zur tatsächlichen Sonnenzeit, feuervergoldete Bronze auf Marmorsockel, beide Seitenteile und Rückseite verglast, Höhe 57 cm, Breite 31 cm, Tiefe 18 cm.

Kaminuhr in feuervergoldetem Spät-Rokoko-Gehäuse, ca. 1816, Fadenaufhängung, Schlag auf Glocke, 8-Tage-Werk. Über einen dritten Aufzug wird ein mechanisches Spielwerk in Gang gesetzt, das die oben befindliche Korvette in Bewegung versetzt. Oben rechts steht Napoleon unter Palmen auf Flba. Es wird die Rückkehr Napoleons in den Golf von Juan in Frankreich auf seiner Rückkehr-Korvette dargestellt. Höhe 40 cm, Breite 28 cm, Tiefe 12 cm.

Wiener Regulator, Bodenstanduhr, sign. Franz Foggenberger, Vienne, versilbertes Zifferblatt, Kompensations-Sekundenpendel, 3 an Rollen hängende Messinggewichte, 2 Schlagwerke für vollen und Viertelstundenschlag auf 2 Tonfedern (Wiener Schlag), Repetition auf Anfrage. Höhe 204 cm, Breite 63 cm, Tiefe 34 cm.

Präzisions-Regulator-Wanduhr, sign. Brown Sheffield, Präzisionswerk mit Gewichtantrieb und Quecksilberkompensationspendel, 2türig verglastes Gehäuse, versilbertes Zifferblatt mit Zentralminute, Hilfszifferblätter für Sekunden (oben) und Stunden (unten). Höhe 177 cm, Breite 38 cm, Tiefe 21 cm.

Bodenstanduhr, Frankreich, Präzisions-Regulator, anonymer Meister, Mahagoni poliertes Gehäuse, Pendelkasten mit verglaster Öffnung, in der das Sekunden-Pendel an dem Stab aus temperaturunabhängigem Invar-Stahl sichtbar ist, gewichtsgetriebenes Präzisionswerk, Graham-Hemmung, geschraubte Chatons in der Gangpartie, Räder auf Putzen geschraubt, mit Gegensperre, Gangdauer 6 Wochen. Höhe 204 cm, Breite 48 cm, Tiefe 28 cm.

Gold-Savonette PATEK PHILIPPE Nr. 47339, die persönliche Taschenuhr des Kaisers von Persien, Schah Naßir ed din, 3 Deckel-Gold 750, Repetition über Schieber, Zifferblatt Emaille, römische Zahlen, Vollankerwerk, Chronograph-Chronometer, 5-Minuten-Repetition, guillochiertes Gehäuse. Diese schwere goldene Taschenuhr wurde im Jahre 1873 von Seiner Majestät, dem Schah Naßir ed din aus dem Hause der Kadscharen, am 30. Juni persönlich in Paris bei Patek Philippe gekauft. Verkaufsurkunde durch Schreiben der Firma Patek vorhanden. Dieser große Kadscharen-Schah regierte von 1848 bis 1896 und war der erste persische Herrscher, der jemals Europa besuchte.

3er-Satz PATEK-PHILIPPE 18karätige Gold-Taschenuhren in Original Patek-Philippe-Schatulle. Fein guillochierte Deckel, jeweils 17-steinige Werke von 17½''' bis 18½'''. Patent 13. Jan. 1891 (auf Werke graviert). Werk-Nr. der 17½''' ist 180664, Nr. der 18''' ist 146758 und die Werk-Nr. der 18½''' ist 156176. Diese 3 Gold-Taschenuhren wurden noch nicht getragen und sind in hervorragendem Zustand.

Auch viele weitere schöne antike Raritäten finden Sie in meinem Hause, wie herrliche Lüster, Gemälde, kostbare Schränke, Silber, Glas, Porzellan usw. **Rufen Sie mich an:**

P. Wilhelm, 6630 Saarlouis, VII. Gartenreihe 7, Tel. 06831-43324

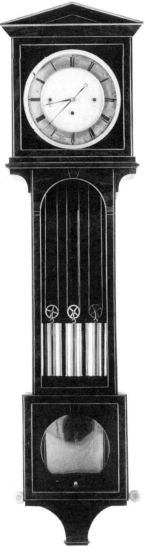

An- und Verkauf antiker Uhren – speziell Türmchenuhren der Renaissance,
französische Pendulen des 17. und 18. Jahrhunderts, Chronometer, Präzisionspendeluhren
und seltene Taschenuhren – fachmännische Reparatur und Restaurierung
von Werken und Gehäusen in eigener Werkstatt.

Karl-Ernst Becker, Antike Uhren,
Haroldstraße 20, 4000 Düsseldorf 1, Telefon 02 11/13 18 81

Freischwingende Lyra-Pendule um 1780
sign. H. Voisin, mit Zentralsekunde, Datum

Lyra-Uhr, sign. Le Roy, Paris um 1790

H. HOLZE

KAMPEN/SYLT

Antike Uhren · Schmuck · Antiquitäten

Callinstraße 48
3000 Hannover 1
Tel. 05 11/70 22 91
nach Vereinbarung

Hauptstraße 8
2285 Kampen/Sylt
Tel. 0 46 51/4 10 70